토대역량과
사회정의

토대역량과
사회정의

초판 1쇄 인쇄 2025년 2월 22일
초판 1쇄 발행 2025년 2월 28일

지은이 존 알렉산더
옮긴이 유성상, 이인영
펴낸이 김승희
펴낸곳 도서출판 살림터

기획 정광일
편집 송승호, 조현주, 이희연
북디자인 꼬리별

인쇄·제본 (주)신화프린팅
종이 (주)명동지류

주소 서울시 양천구 목동동로 293, 2215-1호
전화 02-3141-6553
팩스 02-3141-6555
출판등록 2008년 3월 18일 제313-1990-12호
이메일 gwang80@hanmail.net
블로그 http://blog.naver.com/dkffk1020
한국교육연구네트워크 www.kednetwork.or.kr

ISBN 979-11-5930-315-9 93370

토대역량과
사회정의

존 알렉산더 지음 | 유성상·이인영 옮김

Capabilities and Social Justice
The Political Philosophy
of Amartya Sen and Martha Nussbaum

알림터

감사의 글

이 책의 탈고 과정을 돌아보면서 지난 수년 동안 쌓여있는 감사의 빚 더미에 놀라움을 감출 수 없었다. 그것은 많은 이들에게 받은 영감, 지지 그리고 다양한 도움에 뭔가 되갚을 수 있는 것이 있을지 의심스러울 정도였다. 우선 이 연구 과제에 참여할 기회를 준 Antoon Vandevelde 에게 진심으로 감사드린다. 과제가 진행되는 내내 그는 지지와 격려를 보내주었다. 그뿐만 아니라 그가 이 책의 초고에 대해 비판과 제언을 해주어 전체 글의 논리와 논점을 더 명확하게 다듬을 수 있었다. 그의 날카로운 지성, 철학자다운 지혜, 너그러운 마음은 내가 그를 존경하지 않을 수 없게 하는 요소들이다. 이 글이 완성되어 가는 다양한 시기와 단계에 내 글의 일부를 읽고 중요한 논평을 아끼지 않은 친구들이 많다. 특히 John Baker, Erik Schokkaert, Luc Van Liedekerke, Philippe Van Parijs, André Van de Putte, Herman De Dijn, Yvonne Denier, Jane Buckingham, Joe Arun, S.G. Selvam, Ronald Tinnevelt, Roger Burggraeve, Koen Decancq, Kurt Devooght, Bart Engelen, Stijn Neuteleers, Thomas Nys, Sylvie Loriaux, Jos Philips, Stefan Rummens의 이름을 꼭 언급하고 싶다.

이 연구가 진행되도록 지원해 준 루뱅대학교 연구위원회The Research

Council of the University of Leuven, Belgium에 감사드린다. 이 연구의 일환으로 나는 캠브리지대학교(영국), 하버드대학교(미국), WIDER 그리고 유엔대학교(핀란드)를 연구차 방문할 수 있었다. P. Christie SJ에게도 특별히 감사드린다. 그는 로욜라경영원Loyola Institute of Business Administration 원장으로 지지와 지원을 아끼지 않았다. 또한 돈보스코 수도회의 Camillus Fernando, Stanislaus Swamikannu, Bellarmine Fernando 및 여러 성직자, 특히 인도의 Tamil Nadu와 벨기에의 Piet Palmans와 Jos Claes에게 감사의 마음을 전한다. 이들은 내가 모험과도 같은 이 연구에 착수하고 또 수행할 수 있게끔 기회와 최적의 환경을 마련해주었다. 나는 2001년 12월부터 두 가지 학술모임(the Human Development and Capability Association, HDCA와 the UK Association for Social and Legal Philosophy)에서 이 연구의 각 부분을 쪼개어 발표했다. 이 학술모임의 주최자 혹은 참가자로 내 연구에 의미 있는 논평을 해준 분들, 특히 Ingrid Robeyns, Enrica Chiappero, Flavio Comim, Des Gasper, Gideon Calder, Ananda Duraiappah에게 감사의 마음을 전한다.

지난 수년 동안 사회정의에 관한 다양한 문제에 대해 내 생각을 표현하고자 애써왔다. 이를 가능하게 한 인도의 국영신문 The Hindu와 Frontline의 편집장 Mr N. Ram과 편집 담당 R. Vijaya Sankar 및 동료 편집진들에게 특별히 감사하게 생각한다. 폭넓은 독자들에게 내 생각을 전달할 수 있었던 것은 이들 덕택이다. 그뿐만 아니라 내 글을 세세하게 읽고 교정해준 Claire Dawson에게, 그리고 출간 과정에 기술지원을 해준 Gerard Saverimuttu과 Cyriac Thayil에게 고맙게 생각한다.

연구를 수행하는 긴 시간 동안 가족과 친구들(Rita Dedobbeleer, Rudi Huwaert, Bart Baele, Meyvis 부부, Goethals 부부, Jochim Lourduswamy, Renilde Van de Velde.)로부터 지나칠 정도의 귀한 사랑과 지지를 받았다. 그리고 누구보다도 아마티아 센과 마사 누스바움 두 분께 감사드린다. 이들은 내 연구가 더 도전적이고 가치로운 경험이 될 수 있도록 이끌어 주었다. 2004년 겨울, 센은 하버드대학교 초빙연구원 자격으로 나를 초대해주었고, 연구에 대해 지도를 아끼지 않았다. 누스바움 또한 HDCA 국제학술대회에서 내 발표에 대해 중요한 논점을 제기해주었다. 지금까지 이어지는 이들의 너그러움과 지지에 깊이 감사드린다. 이들의 저서는 철학적으로 풍부한 추론을 바탕으로 사회정의에 대한 열정이 담긴 것으로, 내게 늘 넘쳐흐르는 통찰과 영감의 원천이 되었다. 이 책이 두 분의 이런 복합적인 사유를 조금이나마 제공해 줄 수 있기를 소망하며, 그렇게 된다면 더할 나위 없이 기쁠 것이다.

철학자이자 청소년의 친구 성 돈보스코 서거 120주기를 기념하며

2008년 1월 31일

존 알렉산더 John. M. Alexander

서문

　한 사람의 웰빙과 삶의 질을 어떻게 평가해야 할까? 정의의 문제에
관심을 둔다면, 사람은 어떤 면에서 사회적으로 동등하다거나 불평등
하다고 판단되어야 할까? 이 두 질문은 서로 다른 수준의 연구를 요구
한다. 예를 들어, 우리는 한 사람의 웰빙을 위해 가치 있는 것으로 간주
할 수 있는 광범위한 범위를 생각해 볼 수 있다. 가까스로 살아가는 삶
에서부터 과학적이고 사회적인 성취에 이르기까지, 그리고 여가, 호화
로움, 감정적 성숙, 영적 충족감에 이르기까지. 그러나 이 모든 것이 사
회에서 처한 한 개인의 입장이 평등한지 그렇지 않은지를 판단하는 데
적합한 기준이 된다고 보기 어렵다. 정의론은 웰빙이론과 동등할 수 없
다. 정의를 요구한다는 점에서 판단은 예외 없이 웰빙의 특정한 측면을
확인하고 정확하게 기술하는 일뿐만 아니라 사회에서 동등하게 사람을
다룰 수 있는 합당하고 규범적인 원칙을 찾는 일을 요구한다. 아마티아
센Amartya Sen과 마사 누스바움Martha Nussbaum이 강하게 주장해 온 토
대역량접근이 등장해 위의 두 질문 중 첫 번째 질문에 특유의 답을 제
시한다. 웰빙과 삶의 질, 특히 빈곤과 박탈이라는 상황에서 웰빙과 삶
의 질에 관한 질문 말이다. 그럼에도 토대역량접근은 사회정의라는 이
슈에 두드러진 접근으로서 확장되어야 하는 게 아니냐는 요구에 직면
해 있다.

나는 이 책에서 두 가지 주요한 문제의식을 갖고 인간의 토대역량과 정의에 관한 협정을 탐색했다. 하나는, 토대역량의 체계적이고 철학적인 연구를 발전시키는 것이다. 이를 위해 나는 토대역량을 사회정의를 지향하는 이론적 접근으로 보고 이를 정당화하는 논리를 제공할 수 있는 주장과 특성을 찾아 제시하는 데 초점을 맞출 것이다. 다른 하나는, 토대역량에 관심을 기울이고 이를 연구 주제로 삼는 연구자 중에 토대역량접근을 전적으로 자유주의적 패러다임 내에 끌어다 위치 지으려는 시도에 마음이 편치 않았기 때문이다. 이에 대해 좀 더 철저하게 연구하고 해석·설명하려는 과정을 통해, 토대역량접근이 정의에 대한 자유주의적 개념을 비판하는 데 귀중한 자원이 되는 근거를 제시할 것이다.

이 두 문제의식에 근거한 생각이 이 책의 논의와 구조에 영감을 주며 형성해내는 논점을 파고들기 전에 각각의 문제의식에 관련된 맥락들을 간단히 살펴볼 것이다. 토대역량접근에 관한 센과 누스바움의 협업은 최근 규범경제학, 사회윤리학, 정치철학 영역에서 아주 중요한 역할을 하고 있다. 많은 대학 연구자가 이 주제에 관심을 기울이고 있고, 국제기구 및 비정부민간단체로부터 폭넓은 지지를 받고 있다. 그러나 안타깝게도 지금까지 이루어진 대부분의 이론적 논의는 폭 좁게 이루어졌는데, 센과 누스바움의 교의적 차이를 찾아내려는 것이나 이들의 이론적 접근이 갖는 개념적·정책적 우위가 어떤 것인지에 초점을 맞춘다.

이 책은, 지금까지의 이런 논의가 특히 사회과학이론 및 발전 담론에서 계속 이어지는 대화와 논쟁에 토대역량접근을 위치지음으로써 좀 더 높은 가치적 기여를 만들어내고, 그래서 이런 논의의 방향에서 토대역량의 지적 구조를 만들고 철학적 보강을 확산, 전환시키고자 한다. 토대역량 이론가들의 근본적인 목적이 이 책에서 해석되고, 해명되고, 비판적으로 검토되면서, 나는 사회정의를 구성하는 것이 모두를 위한 기본적인 토대역량을 제공할 수 있는 최상의 조건을 만들어낸다는 명제를 다시 확인하고, 강조하고, 수호할 것이다. 토대역량접근을 다룬 문헌에 익숙한 독자들이라면 이 접근을 주창했던 선구자들은 내가 앞서 제시한 질문의 맥락에 따라 자신들의 이론적 목표를 표명한 게 아니라는 점을 잘 알 것이다. 그럼에도 이런 전반적인 공식화를 통해 토대역량접근을 제시했던 초기 이론가들의 이론적 이상이 무엇이었는지 확인해 볼 수 있을 것이다. 모두에게 기본적인 토대역량을 제공해야 한다는 이상적 목표는 누스바움과 엘리자베스 앤더슨Elizabeth Anderson의 연구에서 핵심적인 동력이다. 이들은 기본 토대역량 목록을 제공하는 데 주저하지 않은 사람들이기도 하다. 물론 누스바움의 경우 앤더슨보다 비교적 좀 더 정교한 목록을 제시하기는 했지만 말이다. 이런 상황이 센에게도 일종의 지침이 되었다. 센은 아직까지 명료한 기본 토대역량 목록을 제공하지 않았는데, 그는 토대역량접근이 민주주의와 공적 사유에 긴밀히 연계된 정의의 복합적이고 공적인 관념이기를 바란다.

엄밀히 말해, 사람들이 가치를 부여하는 삶의 방식을 이끌기 위해 요구되는 경제·사회·정치적 자유를 갖도록 모든 시민에게 기본 토대역량을 제공한다는 이상이 그 자체로 사회정의를 요구하는 주장이라고 할 수는 없다. 이는 빈곤의 특정 형식과 토대역량 박탈은 나쁘고 심지어 추악하며, 특별히 이를 극복할 만한 물적자원과 인적자원이 있는 나름 괜찮은 어떤 사회도 이를 용인해서는 안 된다고 판단한 결과라고 할 수 있다. 그렇다면 사회정의를 요구한다는 것은 정확하게 무엇일까? 뭔가가 사회정의를 요구하고 있다면, 우리는 이것에 어떻게 대응해야 할까? 모든 이를 위한 기본 토대역량을 제공하려는 갈망은 일종의 사회정의를 요구하는 것이라고 할 수 있다. 단, 사회, 즉 누구도 책임지지 않는 사회의 기본구조에 의해 사람들에게 분배되는 삶의 기대에서 모든 토대역량의 불평등은 언뜻 보면 부정의하다. 따라서 이에 반응하는 일종의 대응으로서, 정의론의 하나가 되는 토대역량접근이 취하는 초점은 기준을 낮춰 평준화한다거나 재능, 능력, 잠재력에서 사람들 간의 차이를 없애려는 것이 아니라, 모든 사람이 온당한 삶을 만들어가게 하는 기본 토대역량을 갖추고 또 행사할 수 있도록 정한 물질적·사회적 자원을 가용하게 하는 방식으로 한 사회의 경제적·정치적 제도를 디자인하는 데 있다.

이와 동시에, 사회정의는 단 하나의 원칙에 따른 전통적 직업이 아니라, 원칙의 복수형을 구현하고 일관된 방식으로 서로 다른 원칙에 따른 요구를 조화롭게 하는 특정한 인간 조건 및 제도적 조건을 실현하려는 갈망이라는 점을 아는 것이 중요하다. 이 말이 의미하는 것은 위태한 기본 토대역량, 일부 원칙과 다른 어떤 것보다도 분배 형태에 의존하는 것은 사회정의를 위해 의문시되는 사회에서 획득해야 한다는 점이다. 예를 들어, 적절하게 영양이 공급되어야 한다(영양)거나, 충분히 교육받아야 한다(기초교육)거나, 통상적이고 예방 가능한 질병에 걸리지 않도록 해야 한다(기초 의료)는 등의 토대역량에 관심을 기울인다고 할 때 강조되어야 할 것은, 개인의 능력이나 성취라기보다 사회적 책임성이어야 한다. 결과적으로 모든 시민에게 이런 토대역량을 실현하는 데는 실업급여, 최저임금법, 주요 건강보험, 연금 제공, 차별수정정책 등과 같은 사회안전망이 필요하다. 물론 이런 사회안전망이 얼마나 촘촘해야 하고 사회적 최저 수준을 어느 정도로 보증해야 하느냐에 아직 합의가 이루어지지 않았지만 말이다.

사회적 책임과 연대에 관한 이런 제도적 표현은, 이런 것들이 대리기관과 개인적 책임성을 교체 혹은 훼손하는 것이 아니라 이들의 기능을 촉진하게 한다는 것을 의미하는 정도만큼 정당화될 수 있다. 다른 한편으로, 사회적 지위, 직업, 경력, 명예, 위신, 정치참여와 연관된 좀 더 복잡한 토대역량에 관심을 기울인다면 효율성, 응분, 기회의 공정한 평등 같이 좀 다른 고려사항이 우선하게 될 것이다. 이 모든 것 중에 명심해야 할 핵심은, 모든 이를 위한 기본 토대역량의 이념을 실현하는 것은 동등하게 가치 있는 원칙의 복수형과 복잡한 제도적 구조를 개입시키게 된다는 것이다.

무엇보다, '모든 이를 위한 기본 토대역량'이라는 이념에 담긴 '기본'이란 말의 이해는 아주 특별하다. 센은, 빈곤이 자원 면에서는 상대적이지만 토대역량 면에서는 절대적이라고 지적할 만큼 예리한 통찰력을 보였다. 서로 다른 분량의 자원을 가진 맥락에 의존하더라도 결국 같은 기능성을 달성하도록 요구받는다는 이유 때문이다. 규범적인 노력을 발휘해야 하는 다양한 토대역량을 설명하고자 할 때, '기본'(혹은 '시급'하다거나 '온당'하다는 말과 유사한 개념이라 하더라도)이라고 여겨질 만한 것—문화, 역사, 특정 국가의 경제적 번영 정도, 정치적 성숙도 등—은 상대적인 의미를 갖는다. 한 곳에서 기본적이고 필수적이라고 기술될 만한 것이 다른 맥락에서는 그다지 중요하지 않다거나 너무 호화로운 것으로 여겨질 수 있다. 대부분 사회에서 공유되리라 여겨지는 일상적이거나 상식적인 독서는 다음과 같은 사상, 즉 기본 토대역량 없이는 다른 많은 토대역량의 행사와 발전이 방해받거나 상실된다는 사상에 기인한다. 앞서 말한 바와 같이 적절한 영양과 좋은 건강상태는 교육, 학습, 창의성을 위한 관문에 들어서게 한다. 문해력과 적절한 형식적 공교육이 정보에 기반한 사회적 상호작용과 정치참여를 촉진하는 것과 같이 말이다. 그러나 경험을 통해 일상적인 이해가 편견으로 왜곡되어 있을 수 있으며, 그다지 관대하지 않을 수도 있고 기대에 부응하지 못할 수도 있음을 알 수 있다. 잠재적인 임의성과 불충분성을 극복할 수 있는 한 가지 방법이라면 내용에 살을 붙이고 정치적 목적을 위해 인정될 수 있는 기본 토대역량 목록을 갖추는 것이다. 누스바움과 앤더슨이 했던 것처럼 말이다. 이런 접근은 개입주의와 정당화의 문제에 직면하게 하지만, 원칙적으로 이런 연루는, 제시된 목록이 개방적이란 점, 목록상의 각 항목이 추상적이고 모호한 성격으로 인해 연속적인 입법, 행정, 사법 과정을 거치는 구체적인 맥락에 따라 복수의 세부항목이 등장하게 한다는 점에서 여전히 제어될 수 있다. 또 다른 가능한 선택지는 목록을 만드는 일의 중요성을 상대화하고, 공적 사유와 민주적 제도의 공정한 과정에 더 많은 것을 호소하는 것이다. 기본 토대역량 목록은 사회정의에서 정보를 전달하고 직관의 발현을 억제하는 데 꼭 들어맞는 역할을 할 수 있다. 세계인권선언the Universal Declaration of Human Rights이나 특정 국가의 헌법에서 볼 수 있는 기본권의 목록이 하는 역할처럼 말이다. 그러나 이 목록이 공적 논쟁이나 공공 담론을 통해 가치를 구성하는 더 큰 과정의 대용이 될 수는 없다. 대체로 사회는 정의에 관계된 원칙과 정책이 뭔지에 대해 어느 정도 영향력을 미칠 만한 이해를 갖추고 있으며, 이들을 은연중에 사회적 특질이자 해석적인 사회 대화로 인정하고 있거나, 공적 담론과 정치적 정당화에 이것들을 끌어들인다. 정의에 관한 철학적 관념은 대중의 관념을 거울로 비추듯 반영하지는 않지만, 그렇다고 이들과 완전히 동떨어져 있지도 않다.

이 협정에서 두 번째 문제의식은 토대역량접근이 핵심 사안에서 어떻게 자유주의의 특정한 형태와 결별하는지 기술하는 것이다. '자유주의liberalism'는 사람마다 다른 의미로 개념화되고 있고, 로크Locke, 루소Rousseau, 칸트Kant, 밀Mill, 벌린Berlin, 롤스Rawls, 드워킨Dworkin 및 그 밖에 다수의 위대한 철학자들과 관련되는 개념이다. 그렇지만, 자유주의 전통에 핵심으로 남아 있는 원형의 사상은 각 개인의 도덕적 평등이다. 인간은 그 자체로 목적이며 계급, 카스트, 신념, 젠더에 상관없이 위엄과 존중을 받아야 한다. 토대역량 이론가들은 이런 자유주의적 신조에 강하게 동의한다. 그러나 자유주의는 도덕적 평등이라는 사상과 함께 동반되는 또 하나의 사상을 유증으로 남겼다. 자유를 불간섭으로 여기는 사상 말이다. 즉, 이 사상에 따르면, 개인은 타인(국가, 법, 다른 시민)으로부터 간섭받지 않을 때만 자유롭다고 할 수 있다. 이것이 소위 자유방임적 자유주의의 핵심에 자리 잡고 있다. 그러나 이런 사상의 유산은 다른 진영에서도 다양한 정도로 발견된다.

토대역량 이론가들은 이런 전제조건에 동의하지 않는다. 자유는 간섭 없는 상황뿐만 아니라, 가치 있는 인간 기능성을 실현하는 다양한 토대역량을 보유하는 것을 의미한다. 가난하고 교육받지 못했으며, 실업 상태에 있고 예방 가능한 질병에 시달리는, 혹은 사회적으로 소외된 사람은 국가의 개입 혹은 다른 시민에 의해 방해받을 일이 없을 것이다. 그러나 그는 자유로운 삶에 요구되는 능력과 기회를 결여하고 있다. 이런 모습이 대부분의 현대 자본주의적 자유민주주의 사회에서 분명한 현실이라는 점에서, 사회는 사회구성원의 일부를 동등하게 대하지 못하고 있다는 사실을 강조하는 것이 중요하다. 이는 사회 구성원 일부에게 제한을 가하고 개입하려고 할 때뿐만 아니라 토대역량 결핍과 박탈로 빈곤 속에서 성장하도록 내버려 둔다거나 다양한 형태의 고통에 노출되도록 하면서 발생한다.

따라서 여기서 논의되었다시피 토대역량 이론가들은 개입 자체에 반대하지 않는다. 모든 시민에게 기본 토대역량을 위한 최대한의 여건이 실현되게 할 수 있는 재분배라는 목적과 공공재의 제공을 위한 특정한 조건을 갖춘 '개입'의 형태는 용인한다는 토대역량접근의 정신 내에서는 괜찮다고 여기는 것이다. 특히 이런 개입이 모든 사람의 토대역량을 증진시키고 공정한 법 집행의 권한 하에서, 그리고 인권을 준수하는 범위에서 이루어지도록 요구되는 경우에는 이런 일은 이 말이 지닌 부정적인 의미의 간섭으로 간주하기는 어렵다.

센과 누스바움은 문화적·지적·학문적 배경이 아주 다른 사람들로, 이들은 각자 다른 강조점과 조금은 다른 방향에서 토대역량접근의 핵심적 통찰을 발전시켰다. 센이 서로 관련된 개념을 정의하고 광범위한 결과주의 윤리학이 지지하는 대안적 정의 패러다임의 가능성을 보여주는 반면, 누스바움은 토대역량접근과 아리스토텔레스의 윤리학 및 정치철학의 연계성을 보여주고, 아리스토텔레스 철학과 특정한 자유주의적 학설을 결합한 혼합이론을 개발함으로써 토대역량접근의 이론적 구조를 강화한다. 센은 사회에서 인간의 웰빙과 이들의 지위가 이들에게 가용한 자원, 혹은 이 자원의 효용에 의해 발생되는 심리적 감각뿐만 아니라 '기능성'의 토대와 '가치로운 인간 기능성에 관한 토대역량'을 통해 평가되어야 한다고 보는 후생경제학과 정치철학의 길을 닦았다. 이런 사상에서 개념적 선구자는 기아에 관한 센 연구의 맥락에서 등장하는 '권한'의 개념으로 거슬러 올라가 살펴볼 수 있다. 전통적인 맬더스 Malthusian 이론이 기아를 곡식 공급의 부족으로 설명하는 것과 정반대로, 기근을 설명하는 센의 정치경제학은 좀 쓸쓸한 진실을 그려내고 있다. 수백만 명의 사람들이 기근 동안 굶어 죽는데, 이는 그 지역에서 손에 넣을 수 있는 곡식의 공급이 심각하게 줄어서가 아니라, 이들의 권한이 상실되었기 때문이다. 이때 권한이 의미하는 바는 곡식을 획득하고 건강 및 영양 상태를 실현할 수 있게 하는 능력과 구매력이다. 따라서 기근이나 가난 혹은 다른 주요 사회적 재난에 대항하는 싸움은, 사람들의 권한을 보호하고 증진함으로써, 그리고 이런 (사회적) 재난을 일으키는 경제적 요인과 정치적 요인의 상호 관련성을 인정하고 드러냄으로써 좀 더 효과적으로 전개해 갈 수 있다.

누스바움은 특별히 센의 통찰이 일부 핵심적인 아리스토텔레스 사상을 어떻게 재검토하는지를 보여줌으로써 토대역량접근을 철학화했다는 점에서 그 공을 인정받아야 한다. 아리스토텔레스는 쾌락주의를 거부하고 쾌락, 돈, 부에 집중하는 사람들을 깊이가 없는 사람이라고 비판했다. 아리스토텔레스에 따르면 좋은 삶은 일련의 '가치 있는 인간 기능'에 따라 자신의 생활을 확인하고 그에 따라 구성해내는 것으로 만들어진다. 아리스토텔레스는 시민의 좋은 삶을 촉진하게 하는 적절한 정치 원칙과 제도를 디자인하는 데 주된 관심을 기울이는 동료 정치철학자들에게 좋은 삶에 대한 자신의 이론을 제안한다. 인간 번영을 '두터우면서 모호한 관념'이라고 한 아리스토텔레스의 은유는 누스바움이 앞서 보편적인 토대역량의 목록을 도출하기 위해 사용했던 것으로, 주류 자유주의 이론에 누스바움이 얼마나 불만이 많은지를 보여주며, 아리스토텔레스의 발자취에서 정치철학을 개척하려는 누스바움만의 목표를 설명한다.

한편, 누스바움 또한 아리스토텔레스 사상에 비판적이고 신중하게 접근했다. 아리스토텔레스가 좋은 삶이 가치 있는 인간의 기능과 탁월함을 좇는 것이어야 한다고 생각했음에도, 그는 노예, 수공업자, 이방인, 여성 등과 같이 특정 부류의 사람들은 온전히 사회 정치적인 참여를 누릴 자격이 되지 않는다는 생각에 동조했다. 모든 인간의 존엄성이 동등해야 한다는 생각이 결여된 점은 아리스토텔레스의 사상에서 가장 치명적인 결함이다. 누스바움의 결합 토대역량이론은 이런 빈틈을 메우는 것으로 아리스토텔레스 사상을 재건한다. 토대역량 실패와 박탈에 현대 자유주의가 보이는 냉담함을 토대역량을 지향하는 아리스토텔레스의 사유로 맞서 제거할 수 있기는 하지만, 현대적인 목적에 맞게 아리스토텔레스 철학을 회복시키려면 그의 사상이 바탕을 둔 위계적이고 엘리트주의적인 성향을 새롭게 뜯어고쳐야 한다.

2개 부 7개 장으로 구성된 이 책의 목적이라고 내세운 두 가지를 상기해 보자. 나는 독자들이 이 책에서 '토대역량접근이 사회정의에 나름 그럴듯하고 방어할 만한 해석'이라는 점을 찾아내기 바란다. 1부 1~3장에서는 토대역량접근의 기본 통찰과 개념이 두 개의 다른 영향력 있는 현대정치철학 이론(공리주의와 롤스의 정의론)과 함께 논의되는 방식으로 소개될 것이다. 이 부분에서 나는 이들 이론의 한계가 어떻게 토대역량 중심의 정의를 이해하도록 하는 시작점이 되는지 논의할 것이다. 이때 센과 누스바움 그리고 앤더슨이 토대역량접근에 기여한 바와 최근 철학 문헌에 등장하는 토대역량접근에 대한 주요 반박 내용에 주목할 것이다. 토대역량접근이 이론과 실천이라는 수준에서 모두 풀어내야 할 특유의 난점과 모호성이 있음에도, 1부의 3개 장에서는 정의에 대한 토대역량 기반 이해가 설득적인 비공리주의적 접근으로 등장했다고 결론지을 것이다.

2부 4~7장에서는 토대역량접근에 관련된 철학적 전통과 함께 윤리적이고 정치적인 기본 원칙을 깊고 자세하게 검토할 것이다. 광범위한 결과주의 이론과 개인적 책임을 둘러싼 이슈, 누스바움의 결합 토대역량 이론이 토대역량 기반 사회정의론을 위한 주요 철학적 토대라는 점을 확인하면서, 나는 각각의 이 영역에 관계된 문제와 쟁점을 논의할 것이다. 제7장과 마지막 장에서는 토대역량접근의 전체적 시각을 제공할 것이다. 이때 특별히 토대역량접근이 정치적 관념으로 고양될 수 있다는 방식에 초점을 맞출 것이다. 여기서 두 가지 결론이 제안될 것이다. 첫째, 토대역량접근은 잠재적으로 정의에 관한 자유주의적 관념에 비판을 제공할 것이다. 토대역량접근이 적극적 자유와 공적 사유라는 점에서 모두에게 기본 토대역량 실현이라는 이상을 구현하려 하기 때문이다. 둘째, 토대역량에 기반한 자유주의적 정의 관념에 대한 비판은 공화주의적 자유 개념을 비지배로 통합하기 위해 토대역량접근의 이론적 분석틀을 확장해 사용하도록 함으로써 보다 급진화될 수 있다.

차례

제1부

토대역량접근에 대한 조망

1장
센의 공리주의 비판

    대다수가 그러하듯 우리는 큰 집과 좀 더 호화로운 차를 사겠다며 더 많은 돈을 쓴다 해서 전보다 더 행복해지지 않는다. 근거는 많다. 그러나 우리가 별로 주목을 끌지 않는 재화를 사는 데 더 많은 돈을 쓴다면 어떠할까? 예를 들어 장시간 출퇴근이나 스트레스 받는 일에서 자유로워지는 것처럼 말이다. 그렇게 되면 위와는 아주 다른 그림이 그려질 것이 분명하다. 눈에 띄고 화려한 재화에 돈을 덜 쓰면 덜 쓸수록 과도한 부담을 덜 지게 될 것이고, 가족과 친구에게, 운동과 잠과 여행 그리고 다른 여러 회복적 활동에 시간을 더 많이 쓸 수 있게 된다. 이를 보여줄 수 있는 최고의 증거는, 우리 시간과 돈을 이런저런 비슷한 방식으로 재할당시키는 것이 좀 더 건강하고 오래가며 행복한 삶을 가져온다는 것이다.

    _로버트 프랭크Robert H. Frank, 'How Not to Buy Happiness'

    진보의 비용이 얼마나 되는지, 누가 이 비용을 부담하는지 모르면서 어떻게 진보의 정도를 측정할 수 있겠는가? '시장'은 어떻게 상품―예를 들어, 음식, 의복, 전기, 상하수도 등에 가격을 매길 수 있겠는가? 이런 것들을 생산하는 데 드는 '실제'

비용을 제대로 계산하지 않으면서 말이다.

_아룬다티 로이Arundhati Roy, The Algebra of Infinite Justice

공리주의는 18세기 말부터 특별히 공공철학 영역에서 지배적인 도덕 이론으로 자리 잡아 왔다. 공리주의의 수호자라 할 만한 몇몇 사람들이 개인 도덕성 및 대중의 도덕성 모두에 합당한 포괄적 이론이라고 공리주의를 옹호하기도 했지만 말이다. 공리주의 이론가들의 주요 의도는 사회 정책 및 제도와 함께 개인의 행동이 평가받을 수 있는 단 하나의 기준 혹은 원칙을 탐색하는 것이었다. 공리주의에도 다양한 부류가 있는데, 효용을 정신적인 쾌락 혹은 행복의 상태로 상정할 것인지, 아니면 효용을 '실질적'이거나 '합리적'인 선호의 만족으로 볼 것인지에 따라 구분된다. 그럼에도 공리주의의 기본적 교의는, 사람이란 전체 혹은 평균적인 효용을 극대화하는 그 어떤 것이라도 해야 한다는 것이다. 센은 공리주의의 다양한 형태가 보여주는 한계에 대응해 토대역량접근의 이론적 기초를 발전시켜왔고, 대안적 비공리주의 입장으로서 정의에 대한 토대역량 이론을 다듬었다.

센이 공리주의에 반대하는 한 가지 이유는, 공리주의가 쾌락, 행복, 혹은 선호 만족으로 해석되는 효용 혹은 복리를 최대화하라고 요구하는 웰빙에 주관적인 접근을 취하고 있다는 점이다. 센은 독재적이거나 개입주의적인 접근을 옹호하지 않는데, 이런 접근에 따르면 정부, 정책 결정자, 제3의 이해관계자들은 사람들의 웰빙을 추구하거나 증진한다고 하면서 이들의 의지와 동의에 반하는 접근을 한다. 그러나 센은 사회정의를 향한 정의에 대한 요구의 기초로서 비주관적인 준거를 찾고 있다. 뒤에 논의되는 것처럼 공리주의에 대한 센의 비판은 롤스, 드워킨, 윌리엄스Williams, 엘스터Elster, 스캔론Scanlon의 학설에서 볼 수 있는 공통된 특징과 여러 면에서 겹친다. 그러나 센은 자신의 고유한 경제 철학적 통찰과 관점을 적용해 공리주의의 여러 형태에 문제를 제기한다. 이 중에는 쾌락주의에 대한 아리스토텔레스의 훈계를 되새기게 하는 것이 있는가 하면, 도덕적 감정과 인간 동기의 복잡성에 대해 애덤 스미스Adam Smith가 내놓았던 비평을 회복하려는 것도 있다. 센의 비평Sen, 1980은 일반적으로 두 가지 접근선을 활용한다. 하나는 센이 '우선 원칙 비평'이라고 부른 것으로, 자유, 인권, 형평성, 헌신 등과 같이 좀 더 근본적인 수준에서 효용 원칙과 충돌하는 일반적인 원칙에 호소하는 것으로 이루어져 있다. 다른 하나는 '사례-함의 비평'이라고 알려진 것으로, 우리의 도덕적 직관을 반박하는 특별한 사례를 들어 다양한 공리주의의 형태에 존재하는 모순을 드러내는 것이다. 게다가, 센은 결과론자들의 윤리학[#1.2]이 공리주의와 호모 에코노미쿠스homo economicus를 내세우는 인류학적 학설[#1.3]에 의해 신봉되고 있다는 점을 밝히고 있다. 특히 후자의 경우에는 환원론자들이 내세우는 동기와 합리성에 대한 일반적 경제학 설명의 기초를 이룬다.

1.1 공리주의의 형태

(1) 쾌락주의

공리주의의 아버지로 불리는 제러미 벤담Jeremy Bentham, 1748-1832은 '최대 다수의 최대 행복' 원칙이 사회정책과 개인행동을 평가하는 기준이 되어야 한다고 주장했다. 이를 통해 벤담이 말하려 한 것은 인간 행복의 총합을 가능한 한 크게 만들어야 한다는 것이었다. 그는 '행복'을 쾌락과 고통이라는 정신적 상태로 해석했다. 즉, 삶은 고통의 감각보다 쾌락을 느낄 수 있는 감각의 균형을 얼마만큼 갖게 되느냐에 따라 좋다고 할 수 있다.Bentham, 1970 벤담은 모든 사람은 선험적으로 동등하고 중요하게 다루어져야 한다는 면에서 공리주의를 일종의 '민주적인' 이론이라고 설명한다. 즉, (그에 따르면) '모두는 단일한 한 명의 인간이며 누구도 그 이상의 가치를 지니지 않'는다. 이 원칙은 각 사람의 흥미와 선호는 동등하게 고려되어야 하는 것으로, 누구도 이를 변화시키거나, 사회 선택이라는 상황에서 누군가의 선택(들)을 다른 사람의 선택(들)보다 중요하게 다룰 권한이 없다는 것을 의미한다. 이 점에서 벤담이 행복의 최대화라는 공리주의의 기준을 사회정의의 준거로서 개인의 권리에 적대적인 것으로 생각했다는 점은 중요하다. 벤담에 따르면, 기존 법률과 제도로 특정되는 적극적 권리는 효용을 극대화하는 데 장애가 되거나 도움이 될 수 있는 것으로, (도덕적 권리와 인권을 포함해) 개인의 권리가 지니는 가치는 효용이라는 기준에 따라 판단되어야 한다.

센의 토대역량접근 관점에서 보면, 벤담의 공리주의는 인간 웰빙에 대한 일종의 쾌락주의적 시각이다. 행복은 추구하고 고통과 괴로움은 피하라는 주장에는 나름 매력적인 부분이 있다. 이는 공리주의가 꽤 오랫동안 공공 철학계에서 마음을 끌 만큼 호소력 있는 이론으로 남아 있었던 이유이기도 할 것이다. 그러나 행복을 쾌락적인 감각의 심리적인 상태로 환원시키고 쾌락을 웰빙의 유일한 준거로 옹호하는 것은 큰 문제가 아닐 수 없다. 삶의 질을 순전히 쾌락에 대한 자신의 느낌에 기초해 평가하는 것은 부적절한 판단이다. 쾌락적인 감각은 삶에서 추구하는 유일한 재화가 아니다. 심지어 상당한 정도의 불편과 고통을 감내하면서도 사람들이 추구하려는 가치 있는 것이 많이 있다. 따라서 일종의 대안적인 접근으로서 다양하고 이질적인 '행위(함, doings)'와 '존재(됨, beings)'의 기초에 삶을 평가하는 것이 좀 더 적절해 보인다. 센이 기술적으로 '기능성'이라고 부르는 것에는 영양, 건강, 교육, 사회적 인정, 정치참여 등이 포함된다. 이런 기능성은 쾌락과 행복을 포함한 다양한 정신 상태에 기여하지만, 그럼에도 이런 것들은 이들이 유발하는 심리적 감각과 뚜렷이 구분된다.

게다가, 센의 우선원칙 비평을 적용해 보자면, 공리주의의 쾌락주의적 형식은 거짓된 평등주의적 교의가 된다. 사람들은 다름 아닌 자기 쾌락의 총합이라고 전제되기 때문이다. 공리주의의 대표적인 명제인 '모두는 단일한 한 명의 인간이며 누구도 그 이상의 가치를 지니지 않는다'는 의미로서, 모든 사람은 남자든 여자든, 무슬림이든 기독인이든, 흑인이든 백인이든 상관없이 동등하게 대우받거나 동등한 가치를 지닌다는 말은 진실하다. 그러나 이것은 실제로 동등한 대우가 아니다. 값나가는 물건이나 가치의 구성요소라 할 수 있는 것은 사람이 아닌 사람이 지닌 쾌락 혹은 만족의 경험이기 때문이다. 도덕적 관점에 따라 사람들의 관심이라는 것이 동등하게 중요하다 하더라도, 이런 사상에 어떤 형태를 부여하는 최상의 방법이 각 사람에게 똑같은 비중으로 이들의 욕구를 갖게 하지 않는다. 이런 욕구의 '내용'이나 이런 욕구가 다른 욕구에 미칠 듯한 파급효과를 전혀 고려하지 않는다고 할 때 말이다.Hart, 1979: 829-830; Kymlica, 1990: 26 사람들이 다른 사람에게 해를 가함으로 쾌락을 얻게 되면, 이 또한 쾌락으로 간주해야 하는가? 센이 주장하듯, 평등주의적 판단은 사람들의 쾌락적 경험에 관련된 효용 정보뿐만 아니라, 이런 경험이 사람들의 인권과 헌신과 같은 비효용적인 요인과 갈등을 빚는지 아닌지까지 고려해야 한다. 또한 사례-함의 관점에서 센Sen, 1997a: 16-20은 공리주의가 도덕적으로 반직관적이라는 점을 확인한다. 센은 이동하기 위해 부가적인 돈이 필요한 장애인의 사례와, 자신이 지출할 수 있는 모든 돈에서 큰 만족감을 도출하려는, 소위 쾌락 마술

사라 할 만한 사람의 예를 든다. 이 둘 사이에 한계효용을 동등하게 만들려면 후자에게 돈을 더 주고 실제 돈이 필요한 사람, 즉 장애인에게는 덜 주게 된다.

쾌락주의에 대한 센의 비평과 사람들이 실제 '할' 수 있고 '될' 수 있는 것에서 웰빙을 바라보겠다는 그의 제안에 담긴 철학적 기초는 아리스토텔레스로까지 거슬러 올라가야 하는 오랜 전통에 새겨져 있다. 이런 전통에서 '쾌락'은 '행복'과 구분된다. 『윤리학』 제1권Ethics, Book I에서 그려진 바와 같이, 아리스토텔레스에게 행복eudaimonia은 쾌락적인 즐거움이라기보다 탁월함과 성품의 가치로운 활동을 추구하는 것으로 이루어진다. 그는 이런 가치로운 활동은 다양하고 복수형이라고 주장한다. 예술과 과학, 사랑과 우정, 윤리적 탁월함과 정치적 탁월성, 기타 등등. 아리스토텔레스는 쾌락이 나쁜 것을 의미한다거나 회피해야 하는 것이라 하지 않았다. 그가 절대로 받아들이지 않은 것이 있다면 행복을 쾌락의 삶이라고 한 점이다. 그는, 쾌락은 아무런 방해받지 않은 수행과 행복을 이루는 활동의 성취를 가져오는 것이라고 믿었다. 아리스토텔레스에게 순수한 쾌락의 삶은 인간이 아닌 소에게나 의미 있는 뭔가였다.Ethics I, 5: 68[1] 아렌트Arendt, 1958: 175ff.가 분명히 정리하듯, 아리스토텔레스뿐만 아니라 일반적인 그리스 철학의 전통에서 통상적으로 프락시스praxis와 포이에시스poiesis, 즉 행위와 작업을 구분했다. 그리스 철학자들에게 행위는 활용하고 소비하기 위해 물건을 제조해 만드는 것보다 우위에 있었다. 활동은 자유에 속해 있다고 보았는데, 사람들은 활동과 연설, 논쟁과 논의를 통해 다른 사람들과 동등하게 공적 영역에 참여할 수 있다고 보았고, 이와 동시에 사람들은 자신을 창의성과 탁월성이란

---

1. 앞으로 아리스토텔레스의 저작은 서명(『윤리학』 또는 『수사학』), 권 번호, 장 번호, 참고문헌에 있는 판본의 관련 쪽 번호 순으로 제시된다.

점에서 타인과 구분된다고 보았기 때문이다. 후자(물건을 제조하는 일)는 필요와 일상성에 속한 것으로, 이 속에서 생산자는 소비자의 취향에 순응하고 그들의 입맛에 맞는 것들을 제공해야 한다. 이때, 그리스 철학의 패러다임에서 진정으로 가치를 향유하는 사람은 바이올린을 만드는 사람이 아니라 이를 연주하는 사람이 된다. 이런 맥락에서 쾌락주의는 위에서 제기한 구분을 할 수 없는데, 활동과 행복의 관계를 원인과 결과로 보기 때문이다. 활동은 내재적인 중요성이 있지 않으며 가치로부터 독립적이다. 그리고 활동은 자신들이 만들어내는 경험의 기능에서 도구적으로만 가치 매겨진다.

(2) 공리주의적 자유주의

존 스튜어트 밀John Stuart Mill, 1806-1873은 다른 어떤 공리주의 철학자보다 복잡한 철학자다. 그는 공리주의와 자유주의적 가치에 충성을 다하겠다고 선언했는데, 이 둘을 서로 동등한 정도로 경쟁하는 관념으로 다루었다. 밀은 도덕 철학에서 중요한 위치에 있는데, 공공철학에 비공리주의적 접근을 제안했기 때문이 아니라(사실 그는 철저한 공리주의 지지자다), 그의 철학이 공리주의자인 동시에 자유주의자가 되는 것 사이의 긴장을 보여주기 때문이다.Lyons, 1977; Annas, 1977 밀은 효용의 내용을 세련되게 다듬고 확장한다. '나는 효용을 모든 윤리적 질문에 관한 최종 호소로 간주한다. 그러나 효용은 가장 포괄적인 면에서 진보적인 존재인 인간의 영원한 관심에 근거해야 한다.'Mill, 1995: 81 이에 따라, 밀의 행복에 관한 관념은 '양적인' 경험뿐만 아니라 '질적인' 경험까지 포함하게 되었고, 행복을 '자기발전'과 연계 짓는다. 밀에 따르면, 행복한 사람은 자신의 취향을 세련되게 만들고, 자신의 연민을 늘리며, 자신의 성품과 탁월함의 기준에 깊이 관심을 쏟는다. 이 점에서 보면, 밀은 자신의 행복이란 개념을 통해 공리주의의 아버지라 할 만한 벤담보다 아리스토텔레스에 훨씬 가깝다.

더욱이, 밀은 사회적 수준에서 정말 많은 자유주의적 신조를 진전시켰다. 『자유론On Liberty』에서 밀은 반개입주의를 일반사회정책이라고 옹호하고 '자유의 원칙'을 주장했다. 명목상, 개별 성인의 자유를 제한하는 단 하나의 합당한 이유는 다른 사람에게 끼치는 해를 막기 위한 것이다. 정치경제학에 관한 글에서Mill, 1965 밀은 경제적 경쟁과 자유 교환을 옹호했지만, 또한 공공재 제공에 대한 국가의 역할을 직시한다. 통제받지 않는 자본주의 경제는 이를 제공하지 않을 것이기 때문이다. 정치에 관한 논평을 담은 글Mill, 1974a: 1980에서 밀은 여성들에게 동등한 권리를 부여해야 함과 보편적인 참정권을 포함한 대의민주주의를 주장했다. 여기서 더 많이 교육받은 사람들의 표를 더 많이 계산해야 한다는 복합적 투표 방식으로 한정하기는 하지만 말이다. 그러나 밀Mill, 1974b은 이런 다양한 자유주의적 요구가 더 많은 효용이 만들어지고 최대 행복이 이런 자유주의적 원칙에 입각할 때 성취될 수 있다고 인식한 점에서 일반적인 공리주의의 목적과 일치한다.

공리주의 기반 위에 민주적 권리를 올려놓는 밀의 정당화는 곧 비판의 대상이 되는데, 이 비판의 요지는 시민권, 투표권, 언론의 지유권, 참정권 같은 개인의 권리는 단순한 정의의 요구로, 일반 복지에 우호적으로 기여하는지 그렇지 않은지와 상관없이 내재적으로 중요하다고 지적한다. 밀이 주장하듯, 개인 권리에 강한 헌신을 보이는 데는 행복의 총량을 최대화하려는 활동 혹은 정책을 수행하라는 권고사항이 반드시 포함될 필요가 없다. 이 점에서, 몇몇 페미니스트 사상가들이 지적하듯, 여성 해방에 대한 밀의 지지는 공리주의적 관심사에 기초한 '점진적 개혁 접근'과 말 그대로 여성 평등을 지지하는 '급진적 접근'이 혼란스럽게 섞여 있다.Annas, 1977 여성에 대항하는 확고한 부당성과 불평등은 (남자뿐만 아니라 여성을 포함해) 사람들의 선호를 취하게 하는 접근으로 극복될 수 없다. 이런 사람들의 선호라는 것이 욕구의 최대 만족을 만들어내는 변화일 뿐이거나 그런 변화를 제안하는 것이기 때문이다. 이와 반대로 우리는 비공리주의적 접근을 요구하는데, 이는 문제의 일부라 할 수 있는 기존 선호, 태도, 제도를 취하는 것뿐만 아니라, 남성과 마찬가지로 여성이 특정 불가침 요구의 원천으로 존중되는 평등의 환경을 꾀한다.[2]

자유주의적이고 민주적인 권리(이에 대해서는 7장에서 더 자세하게 다룬다)의 내재적 가치를 바라보는 센의 시각은, 사회적 효용을 최대화한다는 공리주의적 기반 위에 이런 권리를 정당화하려는 밀의 시각에 중요한 교정수단이 된다. 센은 민주주의가 기근을 극복하고 형평성을 이루는 것과 같은 사회적으로 바람직한 많은 목표에 적극적으로 공헌한다는 사상을 옹호한다. 이때의 민주주의는 자유롭고 공정한 선거, 제대로 기능하는 민주적 정부, 활발한 야당, 자유롭고 비판적인 언론 등과 같은 기본적인 의미와 공공 사유와 토론이라는 좀 더 광범위한 의미 모두로 이해된다. 그러나 민주주의 권리는 사회적 목표에 공헌한다는

---

2. 밀이 시도한 것처럼 특정 민주적 권리를 단순히 일반적 복지의 관점에서 도구적으로 정당화하는 것이 아니라 본질적으로 가치 있게 평가하는 것의 중요성은 공식적으로 '파레티안 자유주의자의 불가능성(Impossiblity of a Paretian Liberal)'이라는 센의 '자유주의 역설(liberal paradox)'에서 자명하게 입증되었다(Sen 1970; 1979). 이 역설은 전통적인 복지 접근 방식과 자유의 가치 사이에 근본적인 충돌이 있음을 보여준다. 최근까지 대다수 경제학자들은 파레토 기준을 경제적 정의의 충분조건은 아니지만 필요조건으로 받아들이는 틀 안에서 추론해 왔다(Schokkaert 1992: 70ff.). 센의 자유주의 역설은 순전히 추상적인 수준에서도 파레토 기준이 자유주의와 긴장 관계에 있을 수 있으며, 특히 자유주의가 개인이 사회적 제약 없이 원하는 대로 행동할 수 있는 사적 영역을 가져야 한다는 관점으로 이해될 때 더욱 그러하다는 것을 보여주었다. 센의 자유주의 역설이 만들어낸 방대한 문헌을 살펴보려면 Hausman and McPherson(1996: 174ff.), Schokkaert(1992), Sen(2002a: 381-407)을 참고하라.

점에서 파생되는 중요성뿐만 아니라 이런 권리 자체의 내재적 중요성도 지닌다. 민주주의 권리는 비타협적 요구조항으로 효용 극대화라는 계산에 종속될 수 없다.

(3) 실제적이고 합리적인 선호

벤담이나 밀과 달리 근대 공리주의자들은 효용을 쾌락 혹은 행복의 경험이 아닌 선호의 만족에 관한 경험이라고 특징짓는다. 벤담과 밀에 영향받은 경험주의 이론이나 욕구 이론과 구분되는 것으로 선호 이론은 삶의 질은 한 개인의 선호가 얼마나 충족되었는지의 정도에 따라 좋거나 나쁘다고 평가될 수 있다는 관점을 견지한다.Scanlon, 2000: 113; Parfit, 1984: 493 선호는 사람들이 보이는 행동이나 사람들이 만드는 선택을 통해 '드러난다'고 논의된다.Sen, 2002a: 121-157 사람들의 선호 중 일부는 삶의 목표와 야망과 관련하여 사람들이 원하는 것이라는 점에서 '개인적'이라고 할 만한 것이다. 그러나 다른 선호는 대체로 타인, 공동체 혹은 환경과 관련하여 사람들이 바라는 것이라는 점에서 '사회적'이라거나 '정치적'이라고 할 만한 것이다.Dworkin, 2000: 11ff

선호-만족 관점에 대한 센의 주요 반대는 적응적 선호의 문제다. 선호는 종종 사람들이 성장하고 사회화되는 환경에 의해 형성된다. 이런 선호들은 사람들이 살아가는 법과 제도에 의해 조건 지어지고 형성된다. 센은 특별히 박탈된 환경에서 살고 있는 사람들에게 주목한다.

> 흔들리지 않는 불평등과 박탈의 맥락에서 문제는 특별히 심각하다. 아주 쪼그라든 삶을 살 수밖에 없을 정도로 완전히 박탈당한 사람은 욕구와 성취의 정신적 지표 측면에서 그리 나쁘지 않아 보일 수 있다. 고통이라는 것이 불평 한마디

없이 단념으로 수용된다면 말이다. 사람이 오랜 박탈 상태에 있으면 늘 슬퍼하거나 한탄하지 않으며, 작은 도움의 손길에도 즐거움을 찾고 개인의 욕구를 높지 않은, 즉 '현실적인' 수준으로 낮추려 무척 애쓰게 된다. … 이때 사람의 박탈 정도는 욕구-충족의 지표에 전혀 나타나지 않는다. 그가 적절히 영양을 공급받지도, 온전하게 옷을 차려입지도, 최소한의 교육을 받지도 않았고, 적합한 보금자리를 제공받을 수 없는데도 말이다.Sen, 1992: 55

센이 가리키는 사람들의 유형에는 가정 폭력에 시달리는 아내, 불공정 계약에 사로잡힌 노동자, 억압받는 소수계층, 착취당하는 이민자 등이 포함된다.Sen, 1999a: 62-63 이런 사람들은 극심한 박탈 상태를 견뎌내야 하기에, 혹은 이들이 처한 불행에서 금방 빠져나올 방법이 없기에, 자신들에게 알맞다고 보이는 것에 자신의 선호를 맞추는 경향을 보인다. 엘스터Elster, 1982는 이런 현상을 설명하기 위해 '신 포도' 비유를 사용했다. 우화 속의 여우가 얻을 수 없는 높이의 포도를 실 것이라고 생각한 것과 유사하게, 이런 상황에 처한 사람은 자신의 손이 닿지 않는 것은 정확하게 상대도 하지 않기 때문이다. 심하게 가혹하거나 강압적인 상황에서 자기 웰빙에 관한 사람들의 인식과 욕구는 삶의 질을 평가하는 데 믿을 만한 지침이 되기에는 너무 유동적이다. 이들의 삶이 적절한 영양, 문해력, 좋은 건강, 노동의 자유와 같은 몇몇 기본적인 기능성을 '객관적으로' 결여하고 있다 해도, 이들의 '주관적인' 시각은 상황에 대한 전망을 오판할 수 있도록 한다.[3]

마르크스주의자들은 '허위의식'이라는 이론으로 이 문제에 주목했다. 이는 노동자들의 인식이 자본주의 경제와 제도에 의해 왜곡되어 사회주의라는 이들의 진정한 관심을 제대로 볼 수 없게 되는 상황을 일컫는다. 사회 공학을 향한 출발점으로 모든 적응적이라 할 만한 선호를 일괄적으로 취급하는 것은 현명하지도 않고, 편협하거나 해롭다고까지 할 수 있다. 사람들은 헌신하거나 자율적 이성이란 점에서 특정한 선택사항을 버리거나 자기에게 알맞은 선택사항의 폭을 좁히겠다고 할 수 있다. 사회 정책과 정치적 숙의는 자신의 의식과 통제 없이 형성되는 적응적 선호에만 신경을 곤두세우고 대응하면 된다.

일반적으로 센은 사회적 약자들에게서 볼 수 있는 문제에 주의를 기울여 왔다. 그러나 유사한 사유방식에 따라, 선호기반 시각은 '비싼 취향'이란 점에서도 문제가 있다고 할 수 있다.Dworking, 2000: 48ff. 적응적 선호의 사례에서 문제 대상은 자신의 웰빙 요소로 정당하게 요구될 만한 것을 바라지 않는데, 비싼 취향의 사례에서 개인은 값비싼 선호를 가지고 있고 사회가 이를 지급해 줄 것이라 기대한다. 사회가 비싼 연회나 이국적인 휴가를 원하는 사람들의 선호를 충족시켜야 하는가? 선호 충족 이론에 따른다면, 사람들의 비싼 취향은 충족되어야 한다. 그렇지 않다면 그들은 이런 충족감 없이 불행할 것이고 어떤 면에서는 돈이 별로 안 드는 취향을 지닌 유사한 환경의 사람들보다 더 고약한 상황에 처했다고 여길 것이다. 그러나 대부분의 사람은 사회정책은 이런 선호에 대응해서는 안 되고, 모든 개인은 자신의 비싼 취향에 값을 치러야 한다고 생각한다.[4] 인종차별적, 가학적, 여타 반사회적 선호 또한 유사한

---

3. 예를 들어, 센(1987c: 52-53)은 전 인도 위생 및 공중보건 연구소(All India Insitute of Hygiene and Public Health)가 1944년 캘커타(현 콜카타) 인근 지역에서 실시한 이 지역 과부들의 건강상태에 관한 설문을 통해 이에 대해 설명한다. 놀랍게도 조사대상자 중 홀아비의 48.5%와 비교하여 과부의 2.5%만이 자신의 건강상태가 '나쁘다'고 했다. 일반적으로 과부들은 건강과 영양 면에서 더 박탈당하는 경향이 있기에 이는 실제 상황과 매우 대조적이다.

난점이 있다. 분명히 이런 선호를 지닌 사람들이 자신의 선호가 충족되지 않았을 때 더 불행해진다는 근거에 따라 이들의 선호를 충족시키는 것은 나쁜 일이 된다.

추상적인 수준에서 사람들의 선호를 충족하는 일은 중요해 보인다. 그렇게 하는 것이 소비자 주권을 지지하기 때문이다. 그럼에도 부가적인 조건 없이 자격이 인정되지 않는 선호 충족 이론은 윤리적으로 불만족스러운 함의로 이어진다. 적응적 선호의 사례에서 제안하는 것은 우리가 강압적이고 가혹한 환경 때문에 잘못 형성되었건 그렇지 않건 상관없이 선호는 선호 그 자체로 받아들여야 한다는 점이다. 고비용 혹은 반사회적 선호의 사례와 관련하여 이런 선호 또한 사회 정책적 고려 사항에 받아들여져야 한다고 주장된다.

이런 고민스러운 논쟁에 나름 가망성 있고 설득적인 대응이라면, 선호-충족 시각을 버리고 웰빙에 관한 객관적 이론을 추인하는 것이다. 스캔론Scanlon, 1975이 제안하듯, 웰빙은 특정한 '객관적 준거'에 의해 평가될 수 있다. 웰빙의 내용에 대해 가치의 선호가 아닌 가치의 추론된 '합의'에 호소하는 '시급성'이 그렇다. 예를 들어, 스캔론은 '시급성'이라는 개념은 도움을 줘야 한다는 의무감에서 합의에 도달하게 하는 데 결정적인 역할을 할 수 있다고 설명한다. 일반적으로 우리는 종교행사

---

4. 여기서 나는 철학자와 학자들의 입장뿐만 아니라 사회정의에 대한 상식적 또는 대중적 개념 또한 염두에 두고 있다. 사람들이 사회정의를 어떻게 생각하는지에 관한 실증적 연구를 면밀히 살펴보면, 사람들의 값비싼 취향에 보조금을 지급해서는 안 되며, 약화하는 적응 선호에 사회가 무언가 해야 한다는 데 분명히 의견이 일치한다. 또한, 상식적인 관점은 정의에 대한 요구를 충족하려면 복지주의적이지 않은 여러 기준이 포함되어야 한다는 생각도 지지한다. 사회정의에 대한 대중적인 개념에 대해 이해를 돕는 논의는 Schokkaert의 'Mr. Fairmind is Post-welfarist: Opinions on Distributive Justice'(1998); Elster (1992); Miller, D. (2001: 61ff.)를 참조하라. 정의 이론이 단순히 대중적 신념과 의견의 집합일 수는 없지만, 그럼에도 철학자들이 옹호하는 정의 개념은 대중적 개념과 거리가 멀고 무감각할 수는 없다.

의 필요성을 충족하기보다 배고픈 사람의 배를 채우는 데, 그리고 오락을 요구하는 사람보다 건강에 대한 요구를 들어주는 데 더 큰 의무감을 느낀다. 관심 대상이 후자를 위해 자신이 받는 도움을 사용하기를 선호한다 하더라도 말이다.

'착취'라는 개념은 센Sen, 1978; 1992: 118ff. 뿐만 아니라 뢰머Roemer, 1988, 앤더슨Anderson, 1999, 반 파레이스Van Parijs, 1995, 코헨Cohen, 2000 등에게서도 자주 등장하는 주제로, 웰빙의 박탈된 여건을 들여다보는 또 다른 객관적 준거가 될 수 있다. 우리는 사회·경제적 관계가 착취적인지 아닌지에 대해 정당한 합의에 이를 수 있을 것이다. 착취가 봉건제, 자본주의, 아동노동 등과 같이 정말 광범위하고 다양한 범위에 걸쳐있다는 사실에도 불구하고 말이다. 다른 말로, 시급성과 착취는 개인의 선호에 완전히 의존하지 않고도 웰빙에 관한 특정한 객관적 내용을 가리킨다. 그러나 이런 객관주의적 접근은 선호를 무시할 필요나 사람들이 반드시 선호하는 것에 대해 온정주의적이지 않아도 된다. 사실 객관적인 시간에 터해 누군가는 개인의 선호가 보이는 편차를 '허용'할 수 있으며 개인의 자율성을 중요하게 여길 수 있다. 그러나 주관적인 선호를 이 이론의 기초로 삼을 필요는 없다. 앞으로 이어질 2장과 3장은 두 개의 유연한 객관적 이론에 대해 논의할 것이다. 하나는 '기본재'에 기초한 롤스의 이론이고, 다른 하나는 '기능성'과 '토대역량'에 기초한 센의 이론이다.

조금 덜 분명한 측면이 있기는 하지만, 선호 충족 시각의 문제에 대응하는 두 번째 유형은 웰빙에 객관적인 경로를 찾아내려는 것이 아니라 공리주의라는 큰 틀에 머물면서 선호-충족 시각을 수정 보완하려는 것이다. 웰빙이 실제 선호를 충족한다는 입장을 고수하기보다는, 수정된 이론에서 웰빙은 '합리적'인 선호, '진실된' 선호, 혹은 '제대로 알려진' 선호를 충족하는 것으로 이루어진다는 새로운 시각을 제시한다. 합리적인 선호는 개인이 정보와 합리성의 이상적인 조건에서 갖게 되는 선호를 의미한다. 이에 따라, 사회 정책은 사람들의 '때 묻은' 혹은 '정제되지 않은' 선호보다 '정화된' 선호에만 반응해야 한다.Goodin, 1995: 132ff. 정상적으로 정화하는 과정은 '자기 정화'의 형태로 일어나는데, 이 과정에서 개인은 제도적 기대와 자신들이 처한 맥락에 따라 자신의 선호를 정련하게 된다. 그러나 이런 과정은 집합적인 의사결정 맥락에서도 일어나는데, 이 과정에서 대중을 위해 일하는 공무원과 정책결정자는 개인의 세세한 조사를 무시할 만한 특정 그릇된 선호를 제거하거나 검열한다. 예를 들어, 하사니Harsanyi, 1982는 이렇게 수정된 시각을 다음과 같이 옹호한다.

> 우리가 해야 할 일은 개인이 천명한 선호와 그의 진정한 선호를 구분 짓는 것이다. 그가 천명한 선호가 관찰된 행동(잘못된 사실에 입각한 신념, 부주의한 논리적 분석, 한순간 합리적 선택을 대단히 방해할 수 있는 강한 감정에 기초한 선호도 포함)에 의해 천명된 것이라면 실제 선호가 된다. 이와 달리, 개인의 진정한 선호는 관련된 모든 실질적 정보를 갖고 있고, 가장 가능성 높은 주의를 기울여 추론되었으며, 합리적 선택에 가장 친화적인 마음의 상태에 있다고 한다면 갖게 되는 선호가 된다.Harsanyi, 1982: 55

웰빙이 실제 선호가 아닌 합리적인 선호에 기초해 평가되어야 한다는 시각을 견지하는 것에 더해, 하사니는 사회정책 문제에서 특정한 반사회적 선호—예를 들면 가학증, 질시, 분노, 원한은 포함되어서는 안 된다고 지적한다.Harsanyi, 1982: 58 그에게 이런 선호를 포함하지 않는다는 주장의 배경에는 '일반적인 선의지와 인간 연민'이 있고, 공리주의적 윤리학이 우리 모두를 똑같은 '도덕적 공동체'의 일원으로 만든다는 사상이 깔려 있다.

선호 충족이론을 모순적 문제가 드러나 있는 그대로 밀고 나가기보다는 이렇게 수정된 방식으로 방어하는 것이 더 나았을 게다. 그러나 합리적인 선호와 실제 선호의 구별에 필요한 준거를 제대로 내놓지 못한다는 점에서 수정된 이론 또한 모호하기는 매한가지다. 이 이론을 실행하기 원하는 경제학자들은 도대체 사람들이 선호하는 것이 무엇인지 파악하려 힘든 시간을 보낼 뿐만 아니라 이런 선호 중에 '합리적'이고 '세련되며' '정보가 잘 전달되는' 선호가 무엇인지 판단해야 하는 문제에 봉착하게 된다.Hausman & McPherson, 1996: 79-81 게다가, 수정된 이론은 적응적 선호, 예를 들어 가정폭력에 시달리는 아내의 사례에서 볼 수 있는 문제를 제기한 센의 관심사에 효과적으로 답하기 어렵다. 심각한 박탈 상태에 있는 사람들의 문제는 모든 정보가 충만하고 합리적으로 선택된 선호라는 추상적이고 이상적인 세계에는 존재하지 않는다. 극심한 조작과 억압의 조건은 '합리적인' 선택에 친화적이기 어렵다. 따라서 누군가 불특정 환경에서 합리적으로 선호하는 것을 묻는 것은 선호가 갖는 상황적이고 제도적인 우연성에 대한 사실을 간과하게 된다.

원칙적으로 사람은 모호함을 잘 정돈된 이론으로 만들기 위해 합리적 선택의 특정한 준거를 명확히 함으로써 이 문제를 극복할 수 있다. 그러나 이렇게 하기 위해서는 가치에 관한 객관적 이론이 필요하다. 하사니가 했던 것과 같이 많은 반사회적 선호를 확인하고 검열해야 할지 모른다. 이런 작업이 사회적 효용에 긍정적으로 기여하고 또 이를 최대화하게 되더라도 말이다. 적응적 선호의 사례에서 우리는 합리적 선택

과정이 가난한 사람들에게 작동하게 하는 비착취적이고 비강압적인 조건을 확인하고 제자리를 찾아주어야 할지 모른다. 그러나 이 작업을 시작하려고 할 때, 우리는 소위 표준적인 공리주의 접근에서 멀어지게 되고, 웰빙에 관한 객관적 이론의 방향으로 나아가게 된다.

따라서 공리주의는 수년에 걸쳐 사람이 효용 혹은 복지에 귀속시키는 내용의 유형에 기대어 여러 다른 주장을 이어왔다. 공리주의를 적절한 도덕 이론으로 만들어보고자 가능한 한 특정 요소를 다듬고 수정하면서 공리주의 또한 진화해 왔다. 그러나 센의 토대역량이론 관점에서 선호이론과 함께 경험이론은 인간 웰빙의 질을 평가하는 데 적절하지 않다고 판명되었다. 주관적일 뿐만 아니라 비효용적 정보, 예를 들어 기능성, 토대역량, 권리, 의무를 제외시키기 때문이다. 센Sen, 1979: 478은 '동일 노동, 동일 임금'이나 '착취 근절' 혹은 '굶주림 해결 우선' 같은 원칙을 통합하기 원하는 사회윤리학은 비효용적 정보를 사용하도록 해야 한다는 시각을 옹호했다. 사회적으로 양심적인 공리주의는 이런 논쟁거리를 제기하지 않는다기보다는, 이런 원리가 몇몇 도구적 바탕 위에서 방어하려고 한다. 소위 효용이라는 개념의 토대에서 판단되는 결과에 호의적으로 영향을 미친다는 점에서 말이다. 따라서 공리주의자가 자기 입장에서 규정하는 자유의 실현이나 권리-의무 충족에 가치를 두지 않는 한, 이들의 도덕적 접근에는 근본적인 틈이 있다.

1.2 공리주의와 결과주의

공리주의는 일종의 결과론적 신조다. 전통적으로는 목적론적 신조라고 불렸다. 행위, 규칙 동기, 제도를 결과에 기초해 평가한다는 점에서,

즉 결과를 효용 및 복지 측면에서 평가한다는 점에서 그렇다. 이에 따라, 정말 단순한 형태로 이야기하자면, 행위 공리주의는 어떤 행위가 적어도 다른 대안적 행위만큼이나 효용의 총합이 높은 상황이라는 결과를 가져온다면 그 행위는 옳다는 입장을 견지한다. 규칙 공리주의는, 일반적인 준수가 적어도 대안적이면서 실행 가능한 규칙의 채택으로 결과 짓게 되는 상태만큼 좋은 상태를 만들어 내리라고 기대될 수 있는 규칙에 따른다면 이때의 행위는 옳다는 시각을 갖고 있다.Smart, 1973; Sen, 1979 또한 결과주의 윤리로서 공리주의에는 두 가지 특성이 더 결합되어 있다. 첫째, '총량에 따른 순위 매기기'. 결과적 상태의 가치는 개인의 효용을 한데 모으거나 전부 더한 것에 의해 결정되기 때문이다. 둘째, '최대 다수의 최대 행복'이라는 공리주의의 명제가 의미하듯, 공리주의의 결과주의는 최대화하는 효용의 총량 혹은 평균을 요구한다. 뭔가가 좋다면 자신이 더 큰 것을 생산할 수 있을 때 그보다 적은 것을 생산하겠다고 선택하는 것은 비합리적이라는 이유 때문이다. 인간 복지가 가치 있는 목적이라고 하면, 그것을 온전히 증진하면 할수록 그것은 더 좋아지게 된다.

일반적으로, 그리고 더 특수하게 공리주의에 개입하는 결과주의의 유형인 결과론적 윤리는 도덕 철학자들에게 광범위하게 비판받아 왔다. 윌리엄스Williams, 1973: 81는, "공리주의의 몇몇 바람직하지 않은 특성은 일반적인 결과주의 구조에서 기인한다. 이 외의 (공리주의의) 다른 특성은 특별히 행복이라는 관심사의 성격에서 기인한"다고 지적한다. 센은 다른 선도적 경제학자 및 철학자들과 함께 공리주의의 결과론적 도덕성이 지닌 의미에 주의를 집중하고 이를 대체할 방안을 찾고자 했다.

(1) 희생의 논리

복지 결과를 최대화하는 것은 공공재를 위해 개인을 희생하게 한다는 바탕 때문에 종종 비난받는다. 이는 사회의 위계적 관념에 대항하는 사회 철학에서 흔히 볼 수 있는 비판이다. 여기서 공공재는 특권을 누리는 소수에 의해 개념화된다. 군주제나 귀족정에서는 왕과 귀족들의 이익이 평민들의 이익에 앞선다. 봉건제 사회에서 토지 소유 엘리트, 즉 '부유층'의 복지는 '그렇지 않은 계층'의 복지보다 더 비중이 있다. 헤겔 철학에서 볼 수 있듯 좀 더 철학화된 관념에서, 개인의 희생은 존재의 좀 더 고상한 형식을 향한 역사와 사회의 변증법적 과정의 일부로 정당화되고 있다. 이와 상반되게 공리주의는 평등주의 이론으로 등장하는데, 공리주의가 모든 사람은 똑같이 중요하다는 시각을 옹호하기 때문이다.[5] 그러나 공리주의는 평등주의적 관심사를 실현하는 최상의 방법은 특정한 복지 관념이라 여겨지는 재화를 최대화하는 것임을 제안한다.

롤스는 이것을 공리주의 근본적인 약점으로 본다. "공리주의는 개인의 차이를 심각하게 고려하지 않는다"고 비판한다.Rawls, 1971: 187 롤스에 따르면, 공리주의는 두 가지 바탕에서 개인의 차이를 무시한다. 첫째, 공리주의는 개인과 사회 간의 허위 유사성을 만들어내고 있다. 단일한 개인이 나중의 더 큰 만족을 위해 현재의 만족을 희생하는 것은 극히 정상적이다. 사실, 이런 미래 이익에 대항하는 현재 희생에 대한 비용-편익 분석은 신중함과 개인의 실천적 합리성의 일부다. 그런데 똑같은 원칙을 사회적 차원에 적용하는 것은 뭘 제대로 모르고 하는 일인데, 개인적인 사례에서 동일인의 삶 전반에 걸쳐 서로 다른 시기에 비

---

5. 실제로 영국의 공리주의 지식인과 정치 활동가들은 특히 봉건 엘리트주의에 대한 적대적인 견해와 민주주의의 확장, 법률 개혁 및 복지 조항에 대한 진보적인 정치적 견해 때문에 '철학적 급진주의자(Philosophical Radicals)'로 인식되었다. Kymlicka (1990: 45ff.)를 참조하라.

용-편익 분석이 발생한다는 사실 때문이다. 그런데 이를 사회적인 차원에서 본다면 다른 개인 간에 이런 일이 발생하게 된다. 둘째, 공리주의의 목적론적 학설은 가치를 복지의 정해진 관념에 위치시키고, 그 가치가 자신의 이익을 최대화하라고 요구한다. 이것이 의미하는 바는 이상적이라고 제안된 것이 사람을 특정 불가피한 요구나 권리의 '자원'으로서 존중하는 것이 아니라, 특정한 사람이 유용한 기여를 할 수 있거나 혹 그럴 수 없는 목표teleos로 존중해야 한다는 것이다. 센과 윌리엄스 Williams, 1982: 4가 주장하듯, 공리주의의 목적론에서 사람은 더 이상 개인으로 간주되지 않고 국가의 석유 소비 분석에서 개인 석유 탱크 정도로 여겨진다. 공리주의의 목적론은 '모두가 단일한 한 명의 인간이며 누구도 그 이상의 가치를 지니지 않'는다는 명제에서 표현된 평등주의적 신조와 긴장관계에 있다. 그럼에도 목적론은 형평성#1.2a에 대해 불완전한 해석을 하고 있을 뿐이다. 사람을 동등한 방식으로 대우하는 것이 아니라 오로지 이들의 욕구를 가치로운 것으로 대우하기 때문이다.[6]

자기 권리와 요구사항이 있는 사람들 사이의 차이를 소홀히 한다는 비판은 칸트의 원칙을 표현하는 롤스주의의 방식이다. 즉, 인간은 그 자체로 목적이며 다른 사회적 목적 혹은 목표를 위한 수단으로 취급되어서는 안 된다는 것이다. 『도덕 형이상학Metaphysics of Morals』에서 칸트는 "목적의 왕국에서 모든 것은 값 혹은 존엄 둘 중의 하나를 지닌다. 값을 가진 것은 이와 동등한 다른 어떤 것으로 대체될 수 있다. 한편

---

6. Kymlicka(1990: 30-35)는 공리주의에 대한 롤스의 비판이 공리주의를 도덕적·정치적 이론으로 옹호할 수 있는 목적론적 근거와 평등주의적 근거를 명확히 구분하지 못한다고 지적한다. 롤스는 이 두 가지가 동일하다고 가정하고 혼동하는 것으로 보인다. 실제로 Dworkin(2000: 62-64)이 지적했듯이, 다양한 형태의 공리주의를 공공철학에서 여전히 매력적인 이론으로 만드는 것은 목적론적 주장보다는 평등주의적 주장이다.

모든 가격보다 위에 놓이는 것, 즉 더 이상 동등한 가치가 없다고 인정되는 것은 존엄이다."Kant, 1997: 42 이에 따라, 칸트는 사람은 '값'이 아닌 '존엄'이므로 존중받아야 하고 다른 목적에 수단으로 종속되어서는 안 된다고 했다. 롤스도 사회적 삶이 이득을 공유하는 것뿐만 아니라 사회적 협력에서 생기는 부담도 관련시킨다는 사실을 잘 알고 있었다. 그리고 한 사회가 사회적·경제적·정치적 제도를 조직, 운영하는 방식에서 승자와 패자는 있기 마련이다.

벌린Berlin, 1969: 167ff.이 주장하듯, 사회에서는 손실이 없을 수 없다. 개인이든 사회든 삶에서 갈등과 비극이라는 구성 요소는 한꺼번에 제거될 수 없다. 우리는 종종 자유나 형평성, 혹은 정의, 안전, 행복 같은 동등하게 근본적인 가치 간에, 그리고 이들을 가장 잘 증진하게 하는 다양한 방식의 알맞은 제도 사이에서 불가피한 선택 상황에 직면한다. 이렇게 어려운 선택을 하고 서로 균형을 잡는 것은 결코 쉽지 않다. 이런 선택과 균형을 맞추는 상황에서 일정한 정도의 손실과 희생이 생기게 된다. 공리주의에 부족한 것은 사회적 협력의 부담이 균형있게 분배될 수 있도록 하는 것에 기초하는 정의의 공정한 조건과 원칙이다. 공리주의가 지배하는 사회는 '행복한' 사회일 것이다. 그러나 상당히 의심스러운 것은 그 사회가 정의로운 사회일 것이냐는 점이다. 예를 들어, 롤스의 기본적 자유 우선 원칙과 차등의 원칙#2.1은 공공재를 위하여 개인을 희생한다는 논리와 부딪친다. 롤스는 기본적 자유에 절대적인 우선권을 배정함으로써 기본적 자유와 다른 사회적 목표 사이의 이해득실 절충을 인정하기 거부했다. 여기에 더해, 그는 차등의 원칙을 도입함으로써 사회정의론의 핵심에 사회에서 가장 소외된 구성원의 운명을 증진하는 것이 단지 사회 복지를 최대화하는 것에 앞서는 문제제기여야 한다고 보았다.

(2) 개인적 진정성

공리주의 윤리는 공공철학뿐만 아니라 개인 윤리 영역에서도 많은 문제가 있다. 전통적 공리주의에서 도덕적 행위자는 전체적으로 가장 최선의 결과를 만들어내는 행동은 무엇이든 해야 한다. 뭔가 상당히 끔찍한 일을 저지르는 것을 의미하더라도 말이다. 10건의 살인 사건이 한 살인 사건으로 예방될 수 있다면, 공리주의는 이런 방식으로 일을 할 것을 권고한다. 전체 도시를 살릴 수 있도록 폭파범의 어린 자녀를 고문해서 폭파범으로 하여금 폭탄이 설치된 장소를 자백하도록 할 수 있다면, 공리주의는 당신이 이런 일을 할 수 있는 정도가 아니라 당신은 반드시 그 아이를 고문해야 한다고 할 것이다. 순전한 공리주의 이론은 살인사건과 고문하는 것이 그 자체로 잘못이고, 따라서 더 호의적인 결과를 가져올 수 있다고 해도 용인되어서는 안 된다고 하지 않는다. 몇 가지 점에서, 공리주의는 지나치게 많은 것을 요구하는 도덕론이다. 공리주의는 개인이 조금이라도 전체적으로 선을 증진할 수 있을 때 그 개인은 특별한 관계성이나 헌신의 중요성에 매달려서는 안 된다고 요구하기 때문이다. 내 아내와 아이들을 버림으로써 멋대로 살아가는 예술가가 되는 것으로 세상이 더 많은 득을 얻게 된다면, 공리주의 관점에서는 그렇게 하는 것이 옳게 된다. 내가 내 가족에게 지는 책임은 세상에서 내가 한 개인으로 갖는 의무감과 아무런 차이가 없다.

윌리엄스가 반박하듯, 공리주의가 도덕적 행위자를 요구하는 것은 상당히 극단적이어서 개인의 진정성을 훼손한다. 공리주의는 '진정성을 하나의 가치로서 거의 이해할 수 없게 만들어 버리고', '우리가 공동의 선에 대한 관심과 같은 것들을 위하여 진정성을 잊어버려야 한다'고 제안한다.^{Williams, 1973: 99} 윌리엄스는 이를 상당히 이상하다고 보는데, 도덕성은 상태만이 가치롭다고 여겨지고 행위의 경중은 다른 상태와의 비교를 통해서만 판단하는 결정 절차나 계산 활동이 아니기 때문이다. 만약 이렇게 된다면, 이와 반대로, 도덕성은 행동규칙 세우기, 관계성 산정하지 않기, 그리고 '행위자 상대적' 의무 등을 포함하는 정말 많은 것의 범위를 제공해야 한다. 추상적인 관점에서 하나의 상태는 다른 상태보다 낫다고 할 수 있을지 모르지만, 우리는 특정 행위자가 그렇게 하는 것을 자신의 의무로 여겨야 한다고 생각하지는 않는 것 같다. 물론 하나의 선택지가 될 수는 있지만 말이다. '행위자 중립'의 관점에서는 10건의 살인사건을 해결하기 위해 한 건의 살인을 저지르는 것, 도시가 사라져 멸망하게 놔두기보다 어린아이를 고문하는 일이 해야 할 최선의 일이 된다는 것은 타당할지 모른다. 그러나 이는 이 상황에서 내가 행위자로서 무엇을 할 것인지 혹은 무엇을 했을지에 관한 도덕적 관점과 정말 많은 차이가 있다. 공리주의의 최대화라는 기준은 도덕성에 관련된 복잡성을 설명해내거나 형성하지 못한다.

게다가 공리주의적 계산에 따라 행동하는 도덕적 행위자는 세상의 모든 사람이 그와 똑같은 관계성을 지니며, 따라서 그는 세상의 모든 사람이 갖고 있을 요구사항을 충족해 줄 의무를 지고 있다고 가정한다. 윌리엄스가 보기에 공리주의적 행위자가 내리는 도덕적 결정은 '그가 자신의 자리에서 영향을 미칠 수 있는 모든 만족에 관한 함수다. 이것이 의미하는 바는, 다른 사람의 프로젝트는 무한한 정도로 그의 판단을 결정한다.'Williams, 1973: 115 무한한 책임을 도덕적 행위자에게 부과하는 것, 윌리엄스가 '소극적 책임negative responsibility'이라고 부른 것은 우리가 어떻게 다른 개인과의 관계적 삶을 살아야 하는가에 대해 평범한 직관을 일관된 방식으로 설명하지 않는 듯하다. 행위자가 더 많은 의무로 둘러싸이게 할 가능성을 배제하지 않으면서도 우리는 도덕론이 가족, 친구, 지역사회, 국가 등에 특별한 관계성과 구체적인 맥락에 따른 헌신을 예우하도록 해야 한다고 본다.

(3) 결과주의 vs. 의무론

공리주의와 연관된 결과주의 유형은 공공 윤리와 개인 윤리에서 반 직관적인 결론에 이르게 하는 듯하다. 공적 도덕성 영역에서 효용 최대 화는 공공재를 위해 개인의 권리를 희생하도록 이끈다. 개인 윤리 차원 에서 공리주의는 도덕적 행위자의 의무에 대해 비현실적인 결론에 닿 게 한다. 개인에게 최선의 결과를 만들어내도록 행동하라는 요구가 전 제되기 때문에, 특별한 관계성과 구체적인 맥락에 따른 의무에 별 중요 성을 부여하지 않는다. 그런데 이런 것들은 도덕적 추론에 아주 중요한 측면이다.

공리주의와 이와 관련된 결과주의 구조의 문제에 대한 통상적 반응 은 의무론적 윤리를 대안적 관점으로 제안하는 것이다. 의무론적 윤리 의 관점에서 사람들은 자신의 행위가 결과를 최대화하기 때문이 아니 라 의무감 때문에 행동한다. 이는 소위 십계명 시각이라고 할 수 있는 데, 여기서 도덕성은 '하라'는 것과 '하지 말라'는 것에 대한 중요 사항 의 목록이다. 그 자체로 옳고 그른 것을 다루는 목록은 이 목록에 따 라 하는 행위가 어떤 결과를 가져오는지와는 아무런 상관이 없다. 예를 들어, 도덕 철학에서 칸트주의는 공리주의적 결과론에 대한 전통적 대 안으로 여겨진다. 칸트는 규범과 의무라는 기초 위에 도덕성을 두고자 했다. 어떤 행위의 옳음과 그름은 순전히 그 뒤에 놓인 행위 원칙에 의 존한다. 특별히 행위자가 이 원칙을 모든 가능한 여건에서 모든 사람이 따라야 할 것으로 여길지 말지에 대해서 말이다.

그러나 순수한 의무론은 공리주의적 결과주의만큼이나 방어하기 어 렵다. 너무도 자주, 개인 생활뿐만 아니라 공적 사안에서 사람들은 충돌하는 가치 간에 '힘든 선택'을 내려야 한다. 충돌하는 모든 상황에 적용될 만한 확립된 규범의 위계란 어디에도 존재하지 않는다. 또한, 현실 세계에서 최고의 도덕규범이라도 모든 사람이 다 지키는 것은 아니다. 4장에서 논의하듯, 센은 결과주의에 관심을 갖게 되지만 결과주의와 의무론 사이에서 사회 윤리에 '광범위한 결과주의'적 입장을 제안하는 것으로 전통적인 반대 입장을 극복할 방안을 모색하게 된다. 광범위한 결과주의가 함의하는 바는, 상태는 복지라는 바탕에서뿐만 아니라 규칙, 규범, 가치에 대한 존중, 그리고 기본적인 인간의 토대역량에 대한 충족의 바탕에서도 평가된다. 행위 자체는 내재적으로 가치 있는 것으로 취급되고 상태의 평가 과정에서 필수적인 부분이 된다.

1.3 인간은 이성을 지닌 바보인가?

개인행동에 대한 표준적인 경제학 설명은 호모 에코노미쿠스 모델에서 시작한다. 호모 에코노미쿠스는 어떤 환경에 처한 인간이든 자신의 이익을 좇아 행동하고 가능한 한 자신의 이익을 최대화하려는 방법을 선택하려 한다는 시각을 견지한다. 이 모델이 기초하는 사상은 개인의 이익을 추구하는 것이 최대 다수의 최대 행복과 맞닿아 있다는 것이다. 인간을 바라보는 이런 이기주의적 시각은 생산, 교환, 소비 등 경제적 행동의 기초로 여겨질 뿐만 아니라, 사회적 상호작용과 도덕적 행동의 배경을 이루는 동기가 된다고 전제된다.[7] 자기 이익에 근거한 행동은 종

---

7. 이런 견해는 Herbert Spencer와 그의 추종자들에 의해 전파된 사회적 다윈주의와 연관될 수 있다. 사회적 다윈주의자들은 인간 사이의 선의와 협력이 아니라 순전히 개인의 경쟁과 대립에 의해 사회가 진보한다는 관점을 가지고 있다. 센의 'On the Darwinian View of Progress'(2002a: 484-500)를 참고하라.

종 합리적 선택이 다른 누군가의 선호가 아닌 자신의 선호를 일관되게 추구하는 것에 의해 결정된다고 보는 합리성과도 관련이 있다.

(1) 헌신과 동기의 복수성

철학자뿐만 아니라 많은 경제학자가 이런 표준적 경제모델을 인간 행동에 대해 환원적이고 후퇴한 이해로 보는 것은 상당히 타당하다. 사람이 자기 이익과 복리를 좇아 행동한다는 사상은 부분적으로만 타당하다. 종종 사람들은 자기 자녀, 가족, 지역사회 및 기타 사항에 대해 진실로 걱정하고 돌본다. 사람들이 이렇게 하는 것은 이기적인 이해관심에서 나오는 것이 아니라, 자신들이 아끼는 대상의 이익을 돌보는 데서 나온다. 이런 연계성에서 센[Sen, 1977; 1982a; 2005]은 동정과 헌신을 구분하여 이타적 행동의 가능한 토대로 제시한다.

> 동정심은 다른 사람의 입장에 영향받는 개인의 복지를 가리키는 말로, 부정적일 경우에는 반감까지 포함한다(예: 불행한 모습을 보았을 때 우울해지는 느낌 등). 한편 헌신은 개인의 복지와 (동정심을 갖든 그렇지 않든) 행위의 선택 사이에 탄탄하게 이어진 연결을 끊는 것에 관련된다(예: 한 개인이 직접 불행한 일을 겪지 않는다 하더라도 그 불행을 제거하기 위해 도움을 주는 행위 등). 동정심만으로는 개인 복지 최대화에서 이탈하게 하지 않지만, 헌신은 이런 전제를 거부하는 데 개입한다.[Sen, 1982a: 7-8]

헌신은 동정심 이상의 어떤 것으로, 기본 경제학 모델이 전제하는 것을 허문다. 사람이 동정심에 의해서만 움직인다면, 대부분의 타인을 대하는 행위는 자기 이익이란 면에서 설명될 수 있다. 사람들이 타인을 돌보는 이유는 다른 사람의 상황이 자기 복지에 어떤 방식으로든 영향을 끼치기 때문이다. 그러나 자기 복지와 직접적인 관련이 없을 때도 사람들은 이타적인데, 이런 상황이 자신의 복지를 최소화하거나 자신의 복지에 반하는 것일 때도 이타적일 수 있다. 즉, 동정심은 타인의 이익에 더 비중을 두는 것인 반면, 헌신은 도덕적 관심사가 자신의 선호보다 우선하는 것을 포함한다.

정치적 행위는 이런 사례의 하나라고 할 수 있는데, 사람들은 정치적 행위를 통해 헌신적 행동을 보여준다. 대규모 선거에서 개인의 투표가 특정 결과에 영향을 미치리라는 가망성은 불확실하거나 극도로 미미하다. 그러나 사람들은 상당한 노력과 위험을 감수해야 하는 환경에서도 선거에 참여한다. 이는 이런 행위에 기대되는 효용을 최대화하기 때문이라기보다는, 단순히 정책, 정치인, 정부에 관한 자신의 선택을 '상징적으로' 나타내고 싶어서다. 반전, 반세계화, 환경보호 혹은 다른 형태의 대중적 시위의 사례들을 살펴보면, 사람들은 이런 대중적 시위가 실질적인 효과를 가져올 뿐만 아니라, 이런 주제를 사회정의의 문제로 바라보고 이런 주제와 함께하기 원하기 때문이다. 집단 행위를 위해 사람들을 한데 모으게 하는 것은 단순한 이기심이 아닌 헌신이며, 순수한 자기 충족 선호가 아닌 판단의 문제다. 대중교통이라든가 깨끗한 환경, 사회안전같이 공공재를 제공하는 데 기여하고 협력하도록 하는 사람들의 의지 또한 이와 같다고 할 수 있다. 공공재는 집합적으로 '소비된다'는 점에서 비경쟁적이고 비배제적이다. 일단 이런 공공재가 사용가능한 상태가 되면, 개인은 이로부터 타인이 혜택을 입지 못하도록 막을 수 없다. 누군가가 자기만의 소비에 신경 쓴다면, 다양한 공공재를 제공해야 할 경제적 인센티브도 정치적 정당화도 필요없을 것이다.[8]

그렇다면 사람들이 개인, 가치, 제도에 헌신할 수 있고, 또한 그러므로 이들은 늘 이타적으로 행동한다고 결론내릴 수 있을까? 이렇게 하는 것은 경제학이 인간을 자기 이익에 충실한 이기적인 모델로 그리고 있는 것만큼이나 비현실적이다. 경제적 심성이 시장에서든 시장이 아닌 상황에서든 인간 행위를 만들어내도록 하는 데 '실재'한다는 사실을 부인할 수 없다.Pettit, 1995 즉, 이기심은 경제적 거래를 포함해 정말 많은 선택에 중요한 역할을 한다. 또한 이기적이거나 이타적인 행동은 자신이 살아가는 환경과 사회, 경제, 법적 제도에 크게 의존한다. 사람들은 내전이나 궁핍한 시기에 이기적이고 덜 신뢰하는 경향을 보인다. 그런가 하면 평화로운 시기에는 사교적이고 서로 돌보는 경향을 띤다.Vandevelde, 2005 대가족과 전통적인 마을 공동체에서 자란 사람들은 도시나 핵가족 환경에서 자란 사람들보다 좀 더 수용적이고 협력적인 경향을 보인다. 다시 말하지만, 이는 만병통치약처럼 확립된 규범이 아니다. 사람들은 늘 놀랄 만한 일들에 둘러싸여 있고, 개인은 기대치를 공공연히 무시한다. 그러나 인간 동기와 합리성에 대한 포괄적인 설명으로 지탱되기 어려운 것은 사람들이 전적으로 이기적인 방식으로 행동한다는 시각이다.

게다가, 주류 경제학 이론은 개인이 단일한 선호 배열 성향이 있고 합리성은 이런 선호 배열에 따라 선택하는 것이라는 전제에서 작동한다. 센Sen, 1977은 이것이 인간 합리성에 대해 정말 이상하게 기술한 것으로 보았다. 사람들은 다양한 상황(부모, 연인, 동료, 지지자, 시민 기타)에 적용할 단일한 선호 배열 집합을 갖고 있지 않다. 오히려 사람들은

---

8. 죄수의 딜레마와 관련된 경제 및 철학 문헌에서도 사회적 협력, 무임승차 및 공공재 제공에서 인간의 행동 및 행위의 복잡성을 설명한다. 센의 'Goals, Commitment, and Identity'(Sen, 2002a: 206-224)와 Hausman and McPherson(1996: 180ff.) 등을 참고하라.

하나 이상의 선호 배열 집합을 갖고 있으며, 종종 다양한 동기에 영향을 받아 여러 선호 배열 집합 사이에서 구별하고 고민한다. 센이 보기에 인간은 '이성을 지닌 바보'가 아니다. 전적으로 이기적인 선호에 의해 자신의 행위를 좇는 존재가 아닌 것이다. 따라서 인간 행위는 복수의 동기, 즉 헌신, 도덕규범, 제도 등 개인의 웰빙을 추구하는 것에 영향 받는다는 주장이 더 적절하다. 인간 행위와 합리성에서 복수의 동기를 상정하는 것은 우리의 평범한 경험세계에서 볼 수 있다. 그렇지 않다 해도, 적어도 우리가 그렇다고 주장할 수 있다.Sen, 1977; Pettit, 1995 우리는 타인과의 상호작용에서 광범위하고 다양하게 이런저런 고려사항을 따져보게 된다. 능력merit이 있는지, 아름다운지, 매력적인 면이 있는지, 존경할 만한지, 우정을 나눌 만한지, 공정한지, 정의로운지, 협력적인지, 긍휼한 마음이 있는지 등. 우리는 분명히 다양한 동기에 의해 움직일 뿐만 아니라, 서로 신뢰하고 이기적인 요구를 초월하고 가끔은 이를 논박할 만한 요구에 응답한다. 그래서 우리는 타인에게 호의를 베풀어달라고 편하게 요청하고, 미래 전망의 기초를 타인이 자기와의 약속과 헌신을 예우하리라는 희망에 둔다.

예를 들어, 가족, 계층, 종교, 언어, 직장에 '집단 충성'의 형식으로 자신의 헌신된 행동을 보이는 것은 상당히 복잡한 현상이다. 이를 극히 좁은 이기적 관점에만 맞춰 설명하기란 어렵다. 집단 충성에 기초한 행위는 이타심과 이기심의 혼합이다.Sen, 1987a: 19-22 어떤 면에서 이런 행위에는 자기 희생이 요구되기도 하고, 다른 측면에서는 개인 이득의 충족이 높아지기도 한다. 자기희생과 자기 이익, 베푸는 것과 얻게 되는 것의 상대적인 균형은 무척 변화무쌍하고 집합적 노력에서는 비대칭적인 경우도 있다. 특정한 요구를 내세우며 투쟁하는 노동조합에서 강조점은 누가 집단에 헌신하느냐뿐만 아니라 모든 조합원이 이런 협력을 통해 어떤 식으로든 이익을 얻게 되느냐는 것이다. 그러나 가족 관계나 사회적 이슈를 다루는 집단의 맥락에서는 그만두는 비중이 클 수 있다. 그리고 사람들은 자신이 보상으로 받는 것을 거의 따지지 않는다.

자본주의가 사회주의를 무너뜨리고 자본주의의 성공이 대체로 개인의 탐욕스러운 행동에 기인한다고들 한다. 그러나 이렇게 한쪽으로 기운 시각은 자본주의 시장을 움직이는 엔진으로 여겨지는 시장 메커니즘이 작동하고, 비시장 제도의 탄탄한 기반이 있을 때만 작동한다는 사실을 감추게 된다.Sen, 2002a: 501-530 계약에서 제기되는 권리를 보호하고 또 증진하도록 하는 정치적이고 법적인 구조는 시장을 원활히 움직이게 하는 데 필수적이다. 일반적으로 상호신뢰와 기업윤리에 친화적인 환경은 시장의 성공에 없어서는 안 되는 것들이다.Alexander & Vandevelde, 2006 순전한 자본주의 경제의 기능과 추정되는 성공을 포괄적으로 분석하는 일은 개인의 탐욕뿐만 아니라 개인의 행동과 제도적 배치에 도덕 가치가 담당하는 역할에 대해서도 꼼꼼하게 살펴야 한다.

(2) 애덤 스미스, 센, 그리고 호모 에코노미쿠스를 넘어

인간은 일차적으로 선호에 이끌려 움직인다는 시각을 정당화하기 위해 18세기 경제철학자 애덤 스미스를 불러들이는 것은, 공리주의 이론이 엄청난 영향력을 지니는 시대의 경제학자들 사이에서 드문 일이 아니다. 이런 시각을 지지하기 위해 등장하는 인용문들은 주로 이렇다. "우리가 저녁을 준비해 먹을 수 있는 것은 정육점 주인이나 주류상 혹은 빵가게 주인의 자비 때문이 아니라 그들의 이익에 대한 관심 때문이다. 우리는 그들의 인간성이 아닌 그들의 자기애에 호소하는 것이고, 우리가 그들에게 말하는 것은 우리의 필요가 아니라, 그들이 얻을 이익에 관한 것이다."Smith, 1976: 26-27 센Sen, 1986; 1987a은 이 문구 및 다른 인용문들이 경제학과 정치학에서 스미스가 가졌던 광범위한 관심사와 상당히 반목하는 시각이 마치 스미스에게서 기인하는 양 독립적으로 떨어져 나올 수 있는 것인지 묻는다. 센은 이 문구에 질문을 제기해 독해할 필요가 있다고 지적한다. 이 문구가 담긴 『국부론The Wealth of Nations』에서 스미스의 관심사는 자기애를 인간 전체 행동의 동기로 확립하는 것이 아니라, '노동 분업'과 일상적인 '시장 거래' 기능이 얼마나 복잡한지를 보여주는 것이었다. 스미스는 확실히 '보이지 않는 손'을 통해 개인의 자기 이익 추구가 모두에게 이로운 결과를 가져다주고 공공재에 기여할 것이라는 시각을 견지했다. 그럼에도 그는 제어되지 않은 사익의 추구는 사회적 자원의 낭비로 이어질 것이라고도 생각했다. 예를 들어, 그는 고리대금업에 법적 제한을 해야 한다고 제언했다. 정부는 고발될 수 있는 최고 이자율을 고정해야 한다는 점에서 말이다.

이윤이 허용되는 국가에서 고리대금업의 부당청구를 방지하기 위해 법은 일반적으로 벌금을 물리지 않고도 취할 수 있는 최고 이자율을 고쳐야 한다. 법적 이율은 최저 시장 이율보다 너무 높지 않아야 한다. 관찰한 바에 의하면 약간 높아야 한다는 의견이 많기는 하지만 말이다. 예를 들어, 영국에서 법적 이율이 8~10% 정도로 높게 고정된다면, 대여된 돈의 대부분은 낭봉꾼과 사기꾼들에게 다시 대여될 것이다. 이들만이 이렇게 높은 이율을 감당할 수 있기 때문이다. 빌리는 돈으로 벌어들이리라 생각하는 돈보다 많은 돈을 그 돈의 대가로 지불해야 한다면, 정신이 제대로 된 사람이라면 이런 경쟁에 뛰어들려고 모험하지 않을 것이다. 한 국가의 많은 자본은 따라서 이 자본을 이용해 대체로 이익을 낼 만한 사람들 손 밖에 있게 될 것이고, 이 자본을 낭비하고 파괴할 자들 손에 처박 히게 될 것이다.Smith, 1976: 356-357

스미스는 시장이 제대로 작동하는 한 개입주의 정책에 반대했다고 알려져 있다. 이 사례에서 보면, 그는 분명히 대부에서 일반적으로 이 자 부과를 금지하는 유형과는 정반대 입장이다. 그러나 그는 국가의 법 적 제한과 개입을 옹호한다. 특정 개인—스미스는 이들을 '난봉꾼과 사 기꾼'이라고 불렀다—의 고삐 풀린 사익 추구가 적절한 시장 기능을 왜 곡하고 궁극적으로 사회적 손실로 이어지게 될 것이기 때문이다. 즉, 스 미스는 정육점 주인·주류상·빵집 주인 사례를 통해 자기 이익에서 생 길 수 있는 상호 이익을 강조하면서, 방탕자·기획자 사례에서 볼 수 있 듯 순전히 근시안적인 행동으로 발생할 수 있는 바람직하지 않은 결과 를 깊이 염려했다.

센은 스미스에 대해 덜 편견에 사로잡힌 독해를 통해 그의 견해가 전 체적으로 고려된다고 할 때, 스미스는 '다원주의'와 인간행위에 대한 풍 부한 이해를 옹호하는 인물로 등장한다고 했다. 센의 글 중에 정말 많 이 인용되는 '이성을 지닌 바보'Rational Fools, 1977에서, 스미스는 케네스 애로Kenneth Arrow와 프랭크 한Frank Hahn으로부터 한 번 인용한 것이 전부다.

애덤 스미스로부터 오늘날에 이르도록 오랜 기간 상당히 인 상적인 경제학자들이 있다. 이들은 자기 이익에서 동기를 얻 고, 가격 신호에 인도되는 탈중심적 경제학이 잘 개념화되어 있다는 점에서 가능한 대안적 성향을 지닌 다른 대안적 분배 보다 더 우월한 것으로 간주될 수 있는 경제적 자원의 분배와 양립 가능함을 보이려고 했다. … 경제학 전통에 익숙하지 않은 사람들에게 이런 주장이 얼마나 놀라운 것인지 이해하는 것이 중요하다. 다음 질문, '개인 탐욕에 이끌리고 많은 수의 다양한 주체에 의해 통제되는 경제란 어떤 것일까?'에 상식적인 답변을 해보면 '재앙, 혼돈일 것이다' 정도가 아닐까? 이와 상당히 다른 답변이 오랫동안 진실되다고 주장되어 왔고, 실제로 경제학자가 아닌 정말 많은 사람의 경제적 사고에 깊이 스며들어 왔다. 이것만으로도 이 문제를 심각하게 조사해 볼 이유가 충분하다.Arrow & Hahn, 1971: vi, in Sen, 1977: 321

이 문구를 인용한 의도는, 표준 경제학 모델에 대한 센의 비평이 실제 경제철학 전통의 회복으로, 이는 인간 동기와 행동의 복잡성을 설명하는 것이다. 게다가, 위에서 언급한 논문에 이어지는 센의 연구Sen, 1981; 1986; 1987a; 1999a에서 스미스는 '잊혀진' 전통이자 토대역량접근에 영향을 주는 주요 인물로 대표된다. 스미스 사상에서 적어도 세 가지 측면이 센의 공리주의 비판 및 토대역량접근의 이론적 기초와 맥을 같이 한다.

i) 스미스가 이해하기로, 자기 이익은 이해타산과 혼동되어서는 안 된다.Sen, 1986 스미스에 따르면, 자기 이익은 두 가지 특질, 즉 한편으로는 이성과 이해, 다른 한편으로는 자기명령의 연합이다. 스미스가 스토아 철학에서 빌려온 것으로 보이는 자기명령이라는 개념은 자기 이익을 넘어서는 것으로, 자기명령은 자기 이익을 검토하고 자기 이익의 추구를 제한한다. 스미스의 도덕심리학에 기반을 둔 스토아 철학의 뿌리는 왜 스미스가 자기규율과 동정을 인간 행동의 일부로 중요하게 보는지 분명

하게 보여준다. 게다가, 스미스의 이해에 따르면 개인에게만 도움이 되는 이해타산과 함께 스미스는 '인간성, 정의, 관대함, 공공 정신' 등 타인에게 호의적이라 여겨지는 특질들을 강조한다. 따라서 벤담의 쾌락주의[#1.1] 같은 일원적인 접근과 상반되게, 스미스의 도덕철학은 다원적 접근이라고 주장될 수 있다. 과거에 스미스에 대한 논평가들은 소위 '애덤 스미스 문제Adam Smith Problem'로 불리는 문제, 즉 스미스의 감정주의 윤리를 그의 이기적 경제학-정치학에 어떻게 끼워 맞출 것인가에 관해 드물지 않게 논쟁했다. 센이 제안하는 방식에 따라, 몇몇 학자들예: Griswold, 1999; Muller, 1995이 스미스를 자기 이익이라기보다는 가치의 복수성과 인간 동기의 풍부함에 관심을 기울인 철학자라고 확인하게 된다.[9]

ii) 센의 토대역량접근은 기근과 굶주림의 원인을 조사하는 연구에서 시작되었다.[#3.1] 기근의 원인에 대한 분석에서 센은 수백만의 사람들이 기근 동안 죽는 것이 식량 제공 감소 때문이 아니라, '권한' 실패, 혹은 권한 박탈 때문이라고 보았다. 즉, 실업상태로 인한 식량 구입 능력 부족과 식량 시장 등의 기능장애 등이 원인이었다. 이 점에서, 많은 '편견에 사로잡힌' 스미스 독해와 달리 센은 기근에 대한 이런 권한 및 토대역량 기반 분석을 위한 개념적 자원이 스미스에게서 발견될 수 있다는 점을 예리하게 지적한다. 스미스Smith, 1976: 526ff.는 일반적으로 기근의 유일한 원인으로 시장 메커니즘을 탓하면서 기근 문제를 해결하겠다고 시장 거래를 억압하는 데 반대했다. 그러나 기근에 대한 스미스의 분석은, 기근이 식량 공급 감소에 의해 발생하는 '진짜 희소성'으로 생기는

---

9. 예를 들어, Griswold(1999)는 스미스가 계몽주의에 대한 비판가일 뿐 아니라 옹호자임을 보여준다. 스미스는 경제적 자유, 정치적 자유, 개인의 존엄성, 종교적 관용의 옹호자인 한편, 인간을 심오한 사회적 존재로 보아 공감과 공동체 가치에 기초한 윤리를 발전시켰다.

것이 아니라 낮은 실질임금 및 실업 같은 시장메커니즘으로 생긴 경제 과정에서 일어날 수 있음을 인정했다. 이는 일반적으로는 공공 정책, 특수하게는 기근 문제에 스미스의 윤리적 접근이 가난한 사람들의 권한을 지원하는 시장 작동을 보완하기 위해 개입 전략(예: 직업 프로그램을 통한 수입 창출 등)에 호의적이라는 의미를 갖는다.

iii) 스미스는 『국부론The Wealth of Nations』에서 어떻게 하면 '필수품'(재화 및 상품)이 소비 가능성을 창출해 낼 뿐만 아니라, '수치심을 일으키지 않고 대중들에게 나타나는' 토대역량을 실현하는 데 중요한 역할을 할 수 있을지에 대해 논의한다.

> 내가 이해하는 생필품이란 생활 유지를 위해 없어서는 안 될 필수품뿐만 아니라, 나라의 관습에 따라 명예를 지키는 사람에게, 심지어 가장 낮은 계급의 사람이라 할지라도, 없을 경우 부끄럽게 여겨지는 무엇이든 포함한다. 예를 들어 린넨 셔츠는 엄밀히 말해서 생활필수품은 아니다. 그리스인과 로마인들은 린넨이 없었지만 매우 편안하게 살았을 것이다. 그러나 현재 유럽 대부분 지역에서 명예로운 일용직 노동자는 린넨 셔츠 없이 대중에 나서는 것을 부끄러워할 것이며, 그 결핍은 극도로 나쁜 접촉 없이는 잘 빠질 수 없다고 생각되는 수치스러운 빈곤 정도를 나타내는 것으로 여겨진다. 같은 방식으로 관습에 따라 가죽 신발은 영국 생활의 필수품이 되었다. 남녀 불문하고 명예를 지키는 가난한 사람들은 가죽 신발 없이 대중에 나서는 것이 부끄러울 것이다. … 프랑스에서 가죽 신발은 남성이나 여성 모두에게 필수품이 아니다. 가장 낮은 계층

의 남녀는 어떠한 불명예도 느끼지 않으며 때로는 나무 신발

을 신고, 또 어떤 때는 맨발로 대중에 나선다.Smith 1976: 869-870

　스미스가 보여주는 통찰, 즉 '필수품'은 사회적 존경이라는 토대역량을 실현하는 데 가치 있고, 이런 토대역량을 실현하는 것이 사회마다 다르다는 통찰은 빈곤과 불평등에 대한 센의 토대역량 기반 분석과 분명한 연계성이 있다. 다양한 기능성과 토대역량을 성취하는 데 재화와 상품은 도구적으로만 가치 있다는 생각이 토대역량접근의 핵심이다. 사람들의 웰빙에 대한 실질적 평가는 수입이나 상품 등 그들이 소유한 것이 아니라, 그들이 할 수 있는 것에 초점이 맞춰져야 한다. 더 나아가, 센은 빈곤이 상품 영역에서는 '상대적'이지만 토대역량 영역에서는 '절대적'이라고 보았다. 이 말이 의미하는 바는 어떤 사람의 절대적인 수입이 전 세계적 기준에서 볼 때 높다 하더라도 부자 나라에서 상대적으로 가난한 것은 굉장히 불리한 토대역량 조건이다. 보통 부유한 국가에서 같은 정도의 사회적 기능을 실현하기 위해 충분한 상품을 구매하는 데는 더 많은 수입이 필요하다.

　이상에서 스미스의 경제철학적 시각과 센의 토대역량접근의 개념적 연관성은 다음과 같은 사실, 즉 우리는 자기 이익, 인간에 대한 호모에코노미쿠스적 모델을 넘어서야 한다는 사실을 가리킨다. 또한 이들은 인간 동기에 대한 더 복잡한 시각을 인정하고 가치 있는 것을 더 많이 포함시키는 것이 경제학적 관심사의 정신에 위배된다고 할 수 없다는 점도 지적한다. 사실 이들은 경제학과 도덕 철학, 효율성 고려와 윤리적 가치가 경쟁 관계에 있는 것이 아니라 상호 이익을 주는 접근이라고 보는 전통을 회복하는 길을 닦았다.

1.4. 대안적 패러다임의 탐색

윌리엄스Williams, 1973: 150는 "우리가 공리주의에 대해 더 이상 듣지 않게 될 날이 멀지 않았다"며 공리주의에 대해 예견했다. 하지만 공리주의의 붕괴를 알리는 메시지가 아직 몇몇 철학자와 그보다 많은 경제학자의 귀에는 도달하지 않았다는 것이 타당할 것이다. 이는 공리주의가 부흥하며 현대의 비판과 도전에 적응하는 한편, 새로 등장하는 대안적 이론이 사회 정책적 고려에 적절하게 작동할 수 있을 만큼 준비되지 않았기 때문이다. 몇몇 경제학자들은 대안적 이론들이 개념적으로는 상당한 설득력이 있다 하더라도, 사회 공학적 차원에서 너무 혼란스럽고 그다지 도움이 되지 않는다고 여긴다.

우리는 주로 공리주의를 정치적 결과를 가져오는 윤리적 이론으로 다루었다. 공리주의는 윤리론으로서 웰빙을 평가하는 가장 적합한 방법이 복지, 즉 쾌락, 행복, 혹은 선호 충족 등의 규정 개념에 기초하여 이루어져야 한다고 말한다. 공리주의는 정치 공동체로서 삶의 행실에서 옳은 것과 그른 것, 선한 것과 악한 것에 지침을 제공하고 우리가 공동으로 할 것을 표명한다는 점에서 정치적 신조이기도 하다. 경제학자이자 철학자로서, 센은 윤리론으로서의 공리주의와 우리가 정치 영역에서 공리주의 원칙을 따를 경우의 함의에 대해 선도적인 비평가로 활동했다. 이 장은 특별히 토대역량접근의 근본적인 주장과 함께 공리주의에 맞섰던 센의 비평이 지니는 주요한 세 가지 측면에 초점을 맞췄다.

첫째, 공리주의의 다양한 형태는 웰빙에 주관적인 접근 방식으로 확인되는데, 주관적인 평가에서 두드러진 어떤 것으로 취급되지 않더라도 가치 있어 보이는 요소들은 배제한다. 공리주의는 삶에서 현저하게 중요한 것을 다루는 듯하다. 고통과 괴로움의 감소라든가 행복의 증진,

선호의 충족 등. 그럼에도 공리주의가 합리적으로 가치 있다고 여겨지는 모든 것을 다루는지는 의심스럽다. 둘째, 공리주의와 연계된 결과주의 유형은 공공재의 최대화를 요구한다. 이는 사회정의에 그다지 매력적이지 않은 결론으로 이끈다. 공공재를 위해 개인을 희생하도록 하는 이론 대신, 우리는 개인의 권리와 토대역량을 중요하고 침해할 수 없는 것으로 기술하고 보호하려는 이론에 더 기울게 된다. 셋째, 정의론은 풍부하고 동시에 현실적인 인간상과 인간 행위의 동기를 보이고자 노력해야 한다. 불행하게도, 표준 경제학적 이해는 자기 이익에 기초한 편향적이고 단순화된 인류학적 이미지(호모 에코노미쿠스)에 안주해 왔다. 이것이 모든 공리주의에서 진실이 아니라는 점을 알아야 한다. 밀과 같은 공리주의적 자유주의자는 인간의 더 풍부한 관념을 순수하게 공리주의적인 패러다임에 통합해야 한다는 것의 긴장을 구현한다.

공리주의에 대한 불만족은 웰빙에 대한 비주관적이고 비공리주의적인 준거를 찾게 해 왔다. '시급성' '착취' '기능성' '토대역량' '인권' 등의 관련 개념은 웰빙에 대한 객관적 이론의 전망을 암시한다. 2장에서 다루게 될 이런 이론 중 하나가 '기본재'라는 생각에 기초한 롤스의 이론이다. 이들 이론은 객관적이다. 객관적이란 의미는 개인이 자신을 위해 선호하고 선택하는 것에 반대한다는 것이 아니라, 정의의 요구로서 대중적이고 추론된 합의에 출현할 가능성이 가장 높다는 것이다.

2장
롤스 정의론 재검토

난 당신에게 부적을 줄 것이다. 언제든 의심이 들 때마다 혹은 자아가 너무 커질 때면 다음 내용에 따라 시험해 보라. 당신이 한 번쯤 보았을 가장 가난한 사람 혹은 가장 나약한 사람의 얼굴을 떠올려라. 그리고 자신에게 질문해 보라. 당신이 생각하는 단계가 그 사람에게 쓸만한 것인지 아닌지. 이렇게 해서 그에게 어떤 도움이 되겠는가? 이것이 자기 삶과 운명을 통제할 수 있도록 그를 회복할 것인가? 다른 말로 해보면, 굶주리고 영적으로 허기진 수백만의 사람들을 자치Swaraj, Self-rule로 이끌 것인가? 그러면 당신이 가진 의심과 당신 자신이 녹아 사라지고 있음을 알게 될 것이다.

_1947년 8월, 마하트마 간디Mahatma Gandhi

주기를 거부하는 것, 초대하지 못하는 것은 받아들이기 거부하는 것과 같이 전쟁 선포다. 이는 동맹과 공유와의 유대를 거부하는 것이다.

_마르셀 모스Marcel Mauss, The Gift

롤스는 일반적으로 20세기 영어권에서 가장 중요하고 영향력이 큰 정치철학자로 평가된다. 그는 19세기와 20세기 전반기 주류 이론계에 만연한 공리주의의 영향을 뒤엎었다고 격찬받는다. 좀 더 건설적으로 말하자면, 롤스는 정치철학에서 전통적인 사회계약 신조를 새롭게 했고, 이를 혁신적으로 회복했다고 인정받는다. 이를 통해 그는 공리주의에 성공적으로 대항하는 대안적이고 체계적인 정의론을 옹호, 정당화하고자 했다. 기념비적인 저서 『정의론The Theory of Justice, TJ』[1]1971[1]에서 롤스는 먼저 공정으로서 정의를 개념화한 이론의 기본 교의를 개괄한다. 이 책에서 그는 주요한 사회 제도가 기본 권리와 의무를 배분하고, 사회협력에서 발생하는 이익의 공정한 배분을 결정하게 하는 원리가 무엇이어야 하는지에 주로 관심을 쏟았다. 이것이 의미하는 바는 롤스가 정의하는 공정으로서의 정의론은 주로 롤스가 사회의 '기본 구조'라고 칭한 것에 적용하기 위한 것으로, 정치 시스템, 법구조, 경쟁적 시장 및 가족 같은 주요 사회제도가 삶에서 갖는 전망을 결정하기 위해 상호작용하는 방식에 적용하려는 것이었다.

나중에 또 다른 중요한 저서인 『정치적 자유주의Political Liberalism, PL』1993에서 롤스는 정의론에 관한 원래 이론의 틀을 거의 바꾸지 않은 채 이를 정당한 다원주의와 공적 이성에 규제받는 자유주의적 제헌 민주주의라는 '정치적 관념'으로 세밀하게 다듬었다. 정의론에서 롤스는 공정으로서 정의를 공리주의, 완전주의 혹은 다른 일반 관념에 대한 혹평으로 발전시키고 있다. 그는 이를 모든 사회에서 목적으로 추구되어야 할 보편적인 도덕 이상으로 묘사한다. 롤스는 정치적 자유주의에서 공리주의자나 다른 도덕론자들을 패퇴시키는 데 더 이상 신경쓰지 않

---

1. 앞으로 롤스의 『정의론(Theory of Justice)』(1971)과 『정치적 자유주의(Political Liberalism』(1993)는 각각 'TJ'와 'PL'로 표기한다. 『정의론(A Theory of Justice)』(1999) 개정판은 'TJ 개정판'이라고 칭한다.

는다. 그는 자유주의적 헌법 민주주의 문화에 관심을 쏟고 있다.

지금까지 롤스의 이론에 맞서 토대역량 이론가들이 발전시킨 비평은 두 가지로 나뉜다. 하나는 센과 키테이[Eva F. Kittay, #2.2]에 의해, 다른 하나는 누스바움에 의해 제기되었다. 센은 정의론이 사회에서 사람들의 웰빙이나 그들의 위치를 평가할 때 기본재에 기초하지 않고 오히려 기본 토대역량이란 점에서 평가받아야 한다고 지적한다. 센이 보기에 롤스의 기본재 설명은 기본재가 가치로운 기능성으로 전환되는 데 개인 간 토대역량의 차이에 충분히 관심을 기울이지 않고 있다. 키테이는 롤스의 이론이 토대역량 부족과 식솔들과 돌봄을 제공하는 사람들에게 요구되는 것을 통합하는 데 실패했다고 비판한다. 한편, 누스바움은 롤스의 이론에서 사회 계약적 성질에 집중한다. 롤스는 자기 이론에 반대하는 토대역량접근에 적극적으로 의견을 내고 또 대응했다.[2] 그는 자기 이론이 토대역량접근에 반한다는 점을 인정하고 자기 이론을 옹호하면서, 토대역량을 인정하게 되면 그에 따라 선이라는 포괄적 관념을 동반하고, 따라서 토대역량접근을 자유주의적 정치 관념으로 제시하는 데 부적절하다고 지적했다.

대체로 토대역량접근의 관점에서 롤스의 정의론을 옹호하거나 반대하는 논쟁이 지니는 장점은 적어도 다음과 같은 몇 가지 논점을 제기한다는 데 있다. 롤스 이론에 대해 토대역량 기반 비평은 어느 정도로 정당화될 수 있는가? 토대역량 이론가들이 주장하듯 롤스의 이론이 정의라는 특정 측면에서 부적절하다면, 토대역량접근은 이 쟁점을 다루는 데 좀 더 나은 대안을 제공할 수 있을까? 롤스의 이론과 토대역량접

---

2. 롤스는 TJ에서 사회적 선택 이론에 대한 센의 공헌과 공리주의에 대한 그의 비판을 관대히 각주로 언급했다. 그러나 롤스는 PL과 그 이후 다른 저술에서 자신의 이론에 대한 센의 토대역량 기반 비판에 구체적으로 대응했다. 롤스(PL, 178-190; 2001: 176ff.)를 참고하라.

근은 서로 대항적인 접근으로 경쟁하는 건가? 이 두 가지 접근 사이에 진행되는 대화는 적어도 특정 전선에서 이 두 접근은 의견이 모아지고 있고, 정의라는 현대적 도전을 제기하는 데 상보적이라고 이야기한다. 그러나 두 접근은 애초 출발점이 다르고, 사회정의의 이해에 독자적인 요소를 제공하므로 두 접근이 하나로 쉽게 만나 통합할 수 없다는 점도 강조해야 한다.[#2.4] 토대역량접근은 좋은 삶의 요소가 무엇인지 탐색하는 데서 출발하고, 선에 기반한 사회정의에의 접근을 유지한다. 롤스의 정치적 자유주의에는 선을 정의하려는 시도도, 선을 추구하려는 노력도 없다. 롤스와 그를 따르는 추종자들에게 사회정의를 이루는 데 필요한 요구조건은 선에 관한 회의론 정도에서 결별한 것이자 그것이 동반하는 것으로 여겨진다. 즉, 토대역량 이론가들에는 이런 조건이 합리적인 사람이 정의에 대한 대중적 관념으로 인정할 수 있는 인간의 선과 웰빙의 다원적 요소를 탐색하는 일과 관련된다. 게다가, 롤스의 이론과 토대역량접근의 차이는 이들이 사회 협력과 그에 기초한 개인의 정치적 관념을 그려내는 방식에 있다.

2.1 롤스 정의론의 핵심 주장

롤스 이론의 중요성을 온전히 인식하고 토대역량접근에 맞서 어떤 강점과 약점이 있는지 평가하기 위해, 롤스가 정의의 '실질적 이상'[3]을 제시하고자 노력했음을 기억할 필요가 있다. 여기서 '이상적'이란 말은

---

3. 롤스는 『인민의 법(Law of Peoples)』(1999b: 7)에서 '현실적 유토피아(realistic utopia)'라는 표현을 사용하여 국제 관계와 정의의 영역에서 자신의 이론을 확장하는 것을 설명했다. 이 작업은 TJ와 PL 이후 쓰여졌지만, 돌이켜 이 용어를 롤스의 프로젝트 전체를 특징짓는 데 사용할 수 있다. Freeman(2003: 2-3)을 참고하라.

이 용어가 '제대로 질서 잡힌 사회'의 이상적 조건을 위해 만들어졌다는 의미다. 여기서 전제는 자유롭고 평등을 누리는 합리적인 사람은 모두 같은 정의의 관념을 수용한다는 것이다. 그리고 롤스의 정의 개념이 완벽한 이타주의자에게도, 형편없는 이기주의자에게도, 도덕적인 현자에게도 사악한 악마에게도 적용되지 않지만, 사회·경제·정치 제도의 바른 유형이 주어진 상황에서 인간이 있는 힘을 다해 해낼 수 있는 것에 적용된다고 의미한다는 점에서 '실질적'이다. 현실적이고 이상적인 차원에 더해, 롤스 이론에서는 단순한 합리성과 구별되는 합당성 reasonableness이 중요하다.TJ, 17-20; PL, 81-82; Rawls 1999a: 316-317 롤스는 제대로 질서 잡힌 사회에서 시민은 자기 입장에서 이익이 되는 것을 추구하는 데 관심을 기울인다는 점에서 합리적rational일 뿐만 아니라 합당하다reasonable고 전제한다. 이들은 타인과 공정한 협력의 조건을 제안하고 또 이를 지키려고 하며, 다른 사람의 웰빙에 대해 자신이 한 행동의 결과를 고려하기 때문이다. 합당성은 사람들이 다른 합당한 사람이 인정하고 승인한 원칙과 제도에 따라 타인과 함께 살려 한다는 것을 함의한다. 또한 사람들은 다른 합당한 사람들이 잘 알고 있고 또 받아들이도록 지원하는 정치적 원칙과 정책에 대해 이성과 논쟁을 통해 정당화하고 싶어 한다.

롤스는 사회적 협력에서 개인의 이익을 평가하는 데 가장 적절한 측정방식으로 '사회적 기본 재화'(간단하게 '기본재')를 제안한다. 정의론에서 기본재는 합리적 개인이 자신이 지닌 선이란 개념을 추구할 수 있기 위해 원하는 '모든 목적을 위한 수단'으로 정의된다.TJ, 92 후속 저서예: PL, 178-179에서 기본재는 '모든 목적을 위한 수단'이 아니라, 정의를 감각할 수 있는 능력과 선 관념을 채택하고 추구할 수 있는 능력의 두 가지 도덕적 힘을 지닌 합리적 개인이 원하는 재화로 정의된다. 기본재의 목록은 다음 다섯 가지를 포함한다.

- 기본권리와 자유
- 이동 및 직업선택의 자유
- 공직 권력 및 특권, 책임적 지위
- 소득 및 부
- 자기 존중의 사회적 기초(사회적 인정)

롤스는 이어 기본재로 정리한 위의 목록이 시민들에게 공정하게 배분될 수 있는 것에 기반을 두어 정의의 두 가지 원칙을 제안한다. 롤스는 이 두 원칙이 사회적 협력의 공정한 조건으로 자유롭고 평등한 사람들에게 받아들여질 거라고 주장했다. 이 두 가지 원칙은 다음과 같다.

1. 각 개인은 평등한 기본권과 자유의 충분히 적절한 체계에 대해 동등한 권리 주장을 갖는바, 이 체계는 모두를 위한 동일한 체계와 양립 가능하며, 이 체계에서는 평등한 정치적 자유, 그리고 바로 그 자유만이 가치를 보장받는다.
2. 사회·경제적 불평등은 다음 두 조건을 만족시켜야 한다. 하나는 기회균등의 원칙(2a)으로, 이런 제반 불평등은 기회의 공정한 조건에서 모두에게 개방되어 있는 직위와 직책에 결부되어 있어야 한다. 다른 하나는 최소 수혜자 우선성의 원칙(2b)으로, 이런 불평등은 사회의 최소 수혜 구성원들의 최대 이익이 되어야 한다.PL. 5-6

제1원칙을 흔히 평등한 자유의 원칙이라고 한다. 롤스는 이 원칙이 보호하는 가장 중요한 기본 자유의 목록을 제공한다—정치적 자유(투표하고 공무직에 당선될 권리)와 언론 집회의 자유, 양심의 자유와 사상의 자유, 정신적 억압 및 신체적 학대와 절단으로부터의 자유를 포함하는 개인의 자유, 재산권, 법 집행 개념에서 정의되는 것과 같이 임의적 체포와 포박으로부터의 자유.[TJ, 61] 제2원칙은 공정한 기회 균등의 원칙인 첫 번째 부분과 차등의 원칙인 두 번째 부분으로 구분된다.

이에 더해, 롤스는 이 원칙들 가운데 엄격한 사전적 우선순위를 부여한다. 제1원칙은 제2원칙보다 우선하며, 제2원칙의 첫 번째 부분은 두 번째 부분보다 우선한다. 즉, 어느 누구도 다른 두 원칙에서 혜택을 보겠다고 자신의 기본적 자유를 교환의 대상으로 삼아서는 안 된다. 한 개인이 누리는 시민적이고 정치적인 자유가 공정한 기회의 평등을 좀 더 충족하거나 사회에서 최소 혜택을 받는 구성원들에게 좀 더 많은 향상을 가져다준다고 할 때, 시민적이고 정치적인 자유를 감소시키는 일에 나서서는 안 된다. 또한, 공정한 기회 균등의 원칙은 차등의 원칙보다 사전적 우선순위를 갖는다. #1.2에서 언급했듯이, 롤스의 정의 원칙 간 사전적 우선순위 규정은 공리주의에 대한 비판이다. 공리주의에서는 기본적 자유와 기회의 불균등한 배분이 정당화될 수 있다. 이런 불균등한 분배가 '최대 다수의 최대 행복'에 기여할 때 한해서 말이다. 그러나 롤스는 이런 협상을 아예 거부한 것이다.

정치적 정당화라는 쟁점은 롤스가 공정함으로 정의론을 내세우는 데 핵심적인 위치를 차지한다. 개인은 왜 기본재 정책과 정의의 원칙을 받아들여야 하는가? 롤스는 두 가지 논점을 제시한다. 왜 합당한 사람이 다른 제안(예를 들어, 공리주의, 직관주의, 완벽주의 등)이 아닌 자신의 정의 원칙을 받아들이는지를 설명하면서 말이다. 첫째, 롤스는 자신이 제안하는 정의 원칙이 정의의 문제에 대해 우리의 '숙의 신념'과 일치한다고 보았다. 우리는 모든 개인이 적어도 다른 개인이나 국가에 의해 임의로 침해받아서는 안 되는 제한된 수의 기본권과 자유가 보장되어야 한다는 사상을 지지하는 경향을 보인다. 더 나아가, 전통적으로 사람들은 정치적 직위, 사회적 지위, 기업 전망에서 동등한 경쟁이라는 점에서 '형식적인 기회의 평등'이 있었고, 인종, 종교, 성 등의 이유로 누구도 차별받지 않는다면 경제·사회적 불평등을 묵과하는 경향을 보였다. 예를 들어, 이런 규범이 만족스러울 수 있는 사회라면 상대적으로 부유하고 좋은 입장인 아이들만이 필요한 기술과 능력을 얻을 수 있고, 따라서 경쟁적 지위를 차지할 때 다른 사람들보다 우위를 점할 수 있는 사회일 것이다.

롤스는 이런 상황은 정의가 요구하는 것에 관한 우리의 가장 깊은 직관에 반하는 것이라고 말한다. 형식적일 뿐인 기회의 평등 대신 우리는 '공정한 기회의 평등'을 쉽게 받아들인다. 이 '공정한 기회의 평등'은 사회 제도가 같은 태생적 능력과 야망을 지닌 어떤 개인이라도 경쟁적 성공을 위해 같은 정도의 전망을 갖게 되기를 요구한다. 여기에 더해, 높은 사회적 지위와 고위공무직에 있는 사람은 사회의 자원을 좀 더 많이 혹은 무제한으로 사용할 권한을 자동으로 부여받은 것이 아니다. 이상적인 사회협력을 위해서는 사회에서 가장 취약한 상태에 놓인 집단의 운명에 주의를 기울이고, 한 사회의 직위와 지위가 경쟁에 터해 배분된다는 의미의 능력주의와 이런 직위와 지위에 따르는 부와 소득의 재분배와 조합하는 방법을 찾으라고 요구한다. 롤스는 자신의 원칙이 정의에 관한 몇몇 숙의 신념에 좀 더 가깝다고 주장했다.

첫 번째보다 좀 더 혁신적이라고 볼 수 있는 롤스의 두 번째 논점은, 롤스가 정의 원칙을 도출하는 데 사용한 절차 혹은 '해설 장치'TJ, 21라고 불리는 원초적 입장으로 구성된다. 그는 전통적인 사회계약론에서 자연 상태와 유사한 원초적 입장을 제시한다. 이는 가설적인 입장으로, 시민의 대표자들은 제대로 질서 잡힌 사회에서 이 입장을 통해 자기 사회의 기본 구조를 통제하게 되는 정의 원칙을 선택한다. 롤스는 사람들이 '무지의 장막' 뒤에 있으면서 자기 사회의 기본 제도를 형성하게 하는 정의의 원칙을 선택하는 방식으로 이 원초적 입장을 만든다. 무지의 장막은 참여자들이 자신에 대한 특정한 사실(예를 들어, 사회적 지위, 능력, 재능, 인종, 젠더, 계급 등)을 잘 모른다는 점에서 정말 두텁다. 그뿐만 아니라 참여자들은 자기 목표와 가치, 그리고 좀 더 일반적으로 자기 삶의 계획 및 선의 관념에 대해 잘 모른다. 이들이 아는 것은 사회 과학이 제공하는 일반적인 사실, 즉 인간 심리학, 사회 작용, 기본적인 경제, 정치적인 원칙 등이다.

이런 무지의 장막 뒤에 있는 생각들은 사람이 자신을 사회적 지위, 환경 혹은 삶의 계획에서 분리해 추상화할 때 특정인에게 편중되지 않고 모든 사람에게 동등할 수 있는 정의의 원칙에 이를 수 있게 한다. 원초적 입장은 불확실함에 처한 상황인데, 이런 상황에서 사람들은 실제 생활에서 무엇을 해야 할지, 자신의 관심이 다른 사람의 관심보다 더 나은 것인지 그렇지 않은지 모른다. 이것이 사람들을 특정한 자기 입장에서 떨어뜨려 놓게 하는데, 이상적으로 모두에게 동등할 수 있는 원칙을 제안하기 위함이다. 롤스는 이렇게 구성된 가설적인 원초적 입장에서 참여자들이 기본재 기준과 자신의 두 가지 정의 원칙을 선택할 것이라고 주장했다.

롤스의 이론과 이 이론이 발전해 가는 양상을 자세히 살펴보는 것이 중요하기는 하지만, 토대역량접근과의 비교라는 목적을 위해, 현재 정치철학에서 롤스의 이론을 영향력 있는 이론으로 만드는 주요 특성을 개괄하는 것이 더 나을 것이다.

i. 롤스의 이론은 개인을 침해할 수 없는 요구권한의 원천으로 간주한다

롤스의 이론을 이끌고 특징짓는 단순하면서도 엄중한 직관적 사상은 다음과 같다. "각 사람에게는 사회 전체의 복지조차 우선할 수 없는 정의에 기초한 불가침성이 있다. 이런 이유로, 정의는 몇몇 사람들을 위한 자유의 상실이 타인이 공유하는 좀 더 큰 선에 의해 정당화되는 것을 거부한다."[TJ, 3-4, 저자 강조] 롤스의 이론에서 각 사람의 불가침성은 특정한 기본적 자유가 절대적으로 중요하고 협상할 수 있는 대상이 아니라는 사실에 근거해 옹호된다. 롤스는 이 점을 반복해 강조하는데, 시민을 제대로 질서 잡힌 사회에서 '타당한 요구권한의 자기 발생 원천'[Rawls, 1980: 543]이자 '타당한 요구권한의 자기 확증 원천'[PL, 32]으로 묘사한다.[4] #1.2에서 지적하듯, 이는 각 사람의 평가할 수 없을 만큼 귀중한 가치와 존엄에 대해 칸트가 제시했던 명제를 표현하는 방식이다. 동시에, 시민을 특정 권리와 요구권한의 원천으로 봄으로써 롤스는 효용의 원칙을 거부한다. 공리주의에서 사람은 타당한 요구권한의 원천이 아니라 공공재를 위한 복지의 원천으로 간주된다.[5]

---

4. '자기 발생'에서 '자기 확증'으로 용어를 바꾼 것은 롤스의 이론이 개인주의적이라는 공동체주의의 비판을 명확히 하기 위함일 것이다. 전자는 개인과 개인의 이기적 권리만 중요하다는 인상을 주지만, 후자는 개인이 타인의 권리와 이익도 고려하여 지지하거나 확증할 수 있다고 생각할 여지를 준다.
5. 롤스(PL, 33)는 노예제도의 경우 이것이 어떻게 극단적인 지점까지 가게 되는지 지적한다. 노예는 요구권한의 원천으로 간주되지 않으며, 임무와 의무를 가질 수 있다고 간주되지 않는다. 예를 들어, 노예 학대를 금지하는 법률은 노예의 요구권한이 아니라, 노예 소유주 또는 사회의 일반적인 복지에서 비롯된 요구권한에 근거한다.

ii. 롤스의 이론은 개인적 책임을 증진한다

롤스의 이론은 성과 이론이 아니다. 롤스의 이론은 기초적인 자유와 기회라는 기본재의 공정한 분배를 목표로 하지, 이런 기본재를 가지고 사람들이 무엇을 하는지, 그래서 무엇을 성취했는지를 다루지 않는다. 롤스의 이론은 개인적 책임의 공간을 만들고, 개인에게 책임을 부여받은 행위자로 행동하게 한다. 일단 기본재가 공정하게 배분되는 상황에서 누구는 이를 신중하게 사용하고 다른 누구는 이를 낭비한다고 할때, 정의의 이름으로 후자가 보상되어서는 안 된다. 롤스는 다음과 같이 설명한다.

> 공정함으로서의 정의는 … 자신이 성취한 것의 만족감을 최대화하기보다는 그것이 얼마나 만족스러운지 측정하기 위해 자신에게 가용한 권리와 기회에서 자신이 만들어내는 활용을 회고하지 않는다. 그뿐만 아니라 선에 관한 다양한 관념의 상대적 장점을 평가하려고도 하지 않는다. 그 대신, 사회 구성원은 자기 위치에서 선에 대해 자신의 관념을 조율해 낼 수 있을 만큼 합리적인 인간이라고 전제된다.TJ, 94, 저자 강조

이는 사람들이 행위자로서 책임을 지고 선 관념을 조정해야 함을 의미한다. 특히, 공정한 사회협력 조건에서 그들이 기대할 수 있는 기본재의 총량에 따라 그들의 취향과 야망을 조정해야 함을 의미한다. 따라서, 값비싼 취향과 야망을 지닌 사람들은 사회가 이런 것을 취하도록 보조해주리라 기대하기보다는 자신이 정상적으로 값을 치러야만 한다.

몇몇 철학자들은 롤스의 이론이 효과적인 책임감에 이르는지 의구심을 표하기도 한다.Dworkin, 2000:330-331; Arneson, 1990; Kymlicka, 1990:73ff. 롤스

의 이론에서 차등의 원칙은 특정 그룹에 속하지 않은 사람들에게 끼칠 수 있는 영향을 제대로 고려하지 않은 채 더 열악한 상황에 놓인 사람들의 여건을 개선하도록 요구한다. 사람들이 어렵게 획득한 금전적 수입과 부는 더 열악한 상황에 놓인 사람들을 위한 복지 프로그램을 지원하기 위한 세금 용도로 빠져나간다. 이런 복지 프로그램의 수혜자들이 일을 하지 않겠다거나, 이들의 기본적 자유와 기회를 효과적으로 사용하지 않는데도 말이다. 차등의 원칙은 최상층의 희생이 최하층의 희생보다 낫다는 전제에 따른다. 롤스가 사회적 목표를 위해 개인의 요구 권한이 희생되어서는 안 된다는 희망사항을 개진했음에도 말이다. 또한 여기에 인센티브 문제가 결부되어 있다. 천부적으로 뛰어난 능력이 있고, 이를 꾸준히 잘 활용하는 사람들은 자유시장에서보다 차이 원칙의 체제에서 획득할 수 있는 것이 훨씬 적어질 것이다.

롤스는 근면하고 천성적으로 재능 있는 사람들이 불만을 제기하고, 이들이 효율성에 일면 부정적인 영향을 끼칠 것이라고 내다봤다. 그럼에도 롤스는 이를 아무런 분배가 이루어지지 않는 것보다 좀 더 합당한 제도라고 여겼다. 그가 주장하듯, "우리는 제도의 조건이란 게 합당할 경우에만 모두의 자발적 협력을 요청할 수 있다. 따라서, 차등의 원칙은 모두의 선을 위해 실질적 제도가 필요한 상황일 때, 재능이 더 많은 사람들 또는 사회적 환경에서 더 운이 좋은 사람들이 다른 사람들의 협력을 기대할 수 있는 공정한 토대로 보인다."[TJ, 103] 또한, 롤스에게 차등 원칙의 조건에 종속된 불평등을 감내하라는 것은 자존감을 위한 사회적 토대의 '적당한' 수준을 유지한다는 '사회적 책임'의 관점에서 볼 때 중요하다. 즉, 어떤 시민도 너무 가난해서 정상적인 사회생활에 적당하게 참여할 수 없어서는 안 된다.[TJ, 535][6]

iii. 롤스의 이론은 존재론적 개인주의가 아닌 윤리적 개인주의를 수반한다

대부분의 자유주의 이론가들과 마찬가지로 롤스 이론이 착목하는 주된 초점은 개인에 맞추어져 있다. 사회의 다양한 경제·정치 제도는 개인의 권리와 기회를 신장시키는 데 얼마나 기여했는지에 따라 평가된다. 롤스는 인간과 개인이 중요하게 여기는 공동체적 가치가 사회적 특성이 있다는 점을 부인하려는 것은 아니었다. 그럼에도 롤스는 정의론의 근본적 기초가 개인의 자유와 권리여야 한다고 생각했다. 정의론의 핵심적인 문구를 통해 그는 자신의 입장을 이렇게 분명히 밝힌다.

> 공정함으로서의 정의는 공동체의 가치에서 중심적인 위치를 차지한다. … 여기서 핵심은, 우리가 제도적, 공동체적, 연대적 활동의 본래적 재화인 사회적 가치를 이론적 기초에서 개인주의적인 정의의 관념에 따라 설명하기 원한다는 점이다. 명료성이란 이유로, 우리는 아직 채 개념화되지 않은 공동체의 개념에 의존하기를 원치 않고, 사회가 상호 관계에서 다른 모든 구성원과 구별되는 존재로서 혹은 이들 구성원의 총합보다 우월하다는 유기적인 전체라는 가정을 받아들이지 않는다. … 이런 관념에 따라, 아무리 개인주의적으로 보여도 우리는 궁극적으로 공동체의 가치를 설명해내야 한다. 그렇지 않으면 정의론은 성공할 수 없다.TJ, 264-65, 저자 강조

---

6. 5장에서는 사회정의 이론과 관련하여 개인 책임의 원칙에 대해 자세히 설명한다. 이 장에서는 토대역량접근의 관점에서 롤스의 생각을 발전시킨다. 드워킨과 다른 자유주의 이론은 사회적 책임과 개인의 책임의 상호 의존성에 대해 더 넓은 범위를 상상할 필요가 있다.

공동체주의자 대부분[7]은 개인에 초점을 맞추고, 공동체의 가치보다 개인의 우선권에 부합하려는 롤스의 이론이 심각한 오류로 이끈다는 점을 지적한다. 공동체주의자들이 롤스의 주장에서 비롯된 것이라고 밝히는 흔한 오류는 개인의 관념에 관한 것이다. 개인은 본래 인간의 목표에 구분되는 것으로, 심지어 그보다 우월하다는 점, 혹은 선의 가치나 선의 관념에 관한 것이다.[8] 이런 롤스 이론에 대한 오류의 이유는, 롤스가 원초적 입장의 장치를 어떻게 사용하는지 추적해 보게 한다. 기본재의 분배에 관한 정의로운 합의는 이 합의에 참여한 사람들이 무지의 장막 뒤로 물러서 있는 경우에만 도달할 수 있다. 이 무지의 장막은 이들에게서 특수성과 공동체성, 소위 이들의 타고난 재능, 사회적 지위, 특유의 선에 대한 관념을 빼앗아 가 버린다.

공동체주의자들은 롤스가 제안하는 한 개인이 지닌 타고난 특성과 목표로부터 급진적인 분리는 심리학적으로 불가능할 뿐만 아니라 사회 정의에 대한 추론에 전혀 도움이 되지 않는다고 지적한다. 이와 대조적으로, 공동체주의자들은 언어, 의미체계, 도덕규범, 사회화 과정 등의 복잡한 연결망이 '권위적 지평'을 만든다는 시각을 옹호한다. 이 권위적 지평으로부터 개인은 필수적으로 자기 이해와 선에 관한 관념을 도출해내게 된다. 게다가, 롤스의 이론이 공동체의 가치를 고려한다는 점을 일면 인정하더라도, 공동체주의자들은 공동체에 상관되는 개인에 대한

---

7. 공동체주의는 샌델과 같은 다양한 이론가들로 구성된다. 맥킨타이어, 테일러, 왈쩌 등 지적 궤적은 매우 다양하다. 따라서 나는 롤스의 이론에 적용될 수 있는 일부 중요한 논증과 어떻게 롤스 또는 롤스주의자가 공동체주의 비판에 대응할 것인지에 대해서만 고려할 것이다. Mulhall & Swift(2003); Sandel(1982)를 참고하라.

8. 롤스는 『정의론』에서 다음과 같이 명시적으로 언급할 때 그런 인상을 보인다: '자아는 어떤 목적에도 우선하여 존재한다'(TJ, 560). Kymlicka는 롤스의 이런 진술이 공동체적 소속과 내재성을 부정하는 것이 아니라, 자신과 비판적으로 거리를 두어 공동체적 가치와 계획을 평가할 수 있는 개인의 능력을 강조하는 것으로 이해해야 한다는 점을 설명했다. Kymlicka(1990: 207ff.)를 참고하라.

특수한 이해에 편견이 가득하다는 점을 지적한다. 롤스에게 사회는 자신의 이익을 추구하기 위한 연합체에 지나지 않는 것으로 보인다. 내용면에서 공동체적이고 자신의 것만큼 가치 있는 타인의 가치를 평가하는 선의 관념은 옆으로 제쳐져 있다.

공동체주의자들의 관심사에 대한 롤스의 대응은 이런 방식을 취한다. 롤스의 이론이 개인의 자유와 권리에 초점을 맞추고 있기 때문에, 롤스의 이론은 존재론적 개인주의보다는 윤리적 개인주의를 수반하는 것으로 간주될 수 있다. 존재론적 개인주의에서, 사람은 원자적인 개인으로 존재할 수 있으며, 실제로 그렇게 존재한다는 점, 그리고 이들이 사회에 의존하는 것은 다소 그렇기는 하지만, 사회가 없다고 존재할 수 없는 것은 아니라는 의미가 담겨있다. 개인은 다른 개인이나 개인의 집합단위, 예를 들어 가족이나 자신들의 필요를 충족하기 위한 이보다 큰 규모의 다른 연합체를 필요로 한다. 그러나 이런 의존은 개인의 존재에 본래 중요한 것은 아니다. 이에 반해, 윤리적 개인주의는 개인과 개인의 이익을 도덕적 분석의 기초 단위로 다룬다. 사회·경제·정치 제도의 규범적 가치는 개인에게 미치는 효과에 달려 있다. 그러나 이는 개인이 사회와의 관련성 혹은 공동체적 가치와 전통에 뿌리깊이 박혀있다는 점을 부정하거나 거부한다는 시각에 따른 것이 아니다.

사실, 롤스는 개인이 사회에 깊이 뿌리 박혀있는 존재라는 점과 개인을 위한 권위적 지평이 얼마나 중요한지 잘 알고 있었다. '사회적 삶은 생각하고 말하는 능력을 개발하기 위한 조건이다. … 우리의 계획과 상황이 오랜 전통의 집합적 노력의 결과인 신념과 사상의 체계뿐만 아니라 사회적 환경을 대체로 전제한다고 기술해왔다는 점에 의심할 여지가 없다.'[TJ, 522] 그래서 롤스는 자신의 이론을 사회정의에의 '제도적' 접근이라고 생각하고, 정의의 주체로서 사회의 '기본 구조'에 초점을 맞추었다. 사회의 기본 경제, 정치 제도는 '그 사회의 시민이 갖게 되는 요구와 갈망'을 만들어내고 '자신이 되고 싶어 하는 부류의 사람 혹은 자신의 현재 모습 일부'를 결정한다.TJ, 259

그러나 롤스가 수용하기를 거부하는 것은, 우리가 공동체적 가치를 비판적 평가와 세밀한 검토 없이 그저 주어진 것으로 수용해야 한다는 점이다. 롤스가 공동체적 가치의 중요성을 대체로 인정했다는 점은 상당히 중요하다. 실제 그는 가정생활, 교회, 대학, 학술단체 및 민간 협회 등의 맥락에서 이런 공동체의 가치가 번영한다는 점을 보기 좋아했다. 그러나 그가 거부한 것은 정치 영역에서 공동체의 가치를 전유하고 정당화하는 것이었다. 테일러Taylor, 1985b; 1995b; 1995c 같은 일부 공동체주의자들은 확신하기 어려운 이런 부분을 확인하게 되는데, 정치 영역에서 공유된 공동체적 가치와 시민적 덕목을 긍정하지 않고 개인의 자유와 국가 간의 더욱 긴밀한 관계성을 꾀하는 것은 어렵다. 공유된 이해와 가치는 정치 논쟁에서 적절한 출발점이 된다. 사람들은 의심할 필요 없이 자신들의 원하는 바를 행한다는 점에서 당연히 자유롭고자 한다. 그러나 사람들은 자신의 선택이 공동체적으로 인정받고 또 가치 있다고 평가받기를 원한다. 공동체주의자들은 롤스의 자유주의가 이런 점을 실현할 수 있는지에 의구심을 갖는다.

iv. 롤스의 이론은 정의에 관한 독립적인 정치적 관념이다

앞서 지적한 바와 같이, 롤스가 『정의론』에서 시작해 『정치적 자유주의』에 이르기까지 개진한 중요한 변화는 후자, 즉 정치적 자유주의에서 롤스의 정의에 대한 관념이 '정치적' 관념으로 명확하게 제시되고 있다는 점이다. 롤스 자신도 이 점을 인정한다.

포괄적 교리와 정치적 관념의 구분은 불행하게도 『정의론』에는 빠져있다. 내가 믿기로 거의 모든 공정함으로서의 정의가 갖는 구조와 실질적 내용은 정치적 관념으로서 일종의 관념에 아무런 변화 없이 이어지지만, 전체로서의 이런 시각을 이해하는 것은 상당히 달라졌다.PL, 177, n.3

롤스에게 근본적 중요성의 문제에 관한 시민 사이의 깊고도 해결할 수 없는 차이는 '인간 삶의 영원한 조건'이다. 사람들은 종교적, 도덕적, 철학적 신념이 다르고, 이런 포괄적 관념 어느 것에 기초해 공정함으로서의 정의를 내세우는 원칙과 제도를 정당화할 수 있게 된다. 그러나 『정치적 자유주의』에서 롤스는 공정함으로서의 정의는 종교적, 도덕적, 일반 철학적 관념에서 독립한, 혹은 별개의 것으로 간주되어야 한다고 분명히 밝힌다. 독립적인 이론은 도덕적 원칙의 원천으로서 다음과 같은 철학적 질문, 즉 '우리가 이를 어떻게 알 수 있게 되는지'와 같은 질문을 피하려고 한다. 이런 질문들은 시민들의 완전한 양심적 자유를 유지하고 그들에게 모든 것이 합당하게 수용할 수 있는 '중립적인' 관념을 제공하기 위해 기피되어야 한다. 따라서, 다른 것과 정의의 정치적 관념을 구분하도록 하는 것은 선에 관한 자신의 관념이 어떤 것이든 헌법적 민주주의를 토대로 살아가는 시민으로서 능력을 지닌 사람들이 공유할 수 있는 정의의 개념과 원칙을 수긍하게끔 노력한다. 이런 정의에 관한 독립적인 정치 관념만이 시민 사이에서 이뤄지는 합의의 합당한 토대가 될 수 있다.

일부 사람들은 정의에 관한 정치적 관념을 옹호하는 롤스의 논점을 잘못 해석했다. 그가 이 개념을 통해 모든 형태의 선에 관한 관념에 '관용'하는 것이라고 본 것이다. 공정함으로써 정의는 종교적, 도덕적 혹은 형이상학적 탐구에 관한 판단을 유예하지 않기 때문에 모든 포괄적 관념에 중립적일 수 있다는 것이다. 이는 롤스의 이론을 대단히 잘못 해석한 것이다. 롤스의 정치적 관념은 '개방적' 다원주의라거나 '다원주의 자체'가 아닌, '합당한' 다원주의에 기반한다. 이는 이런 관념을 구성하게 하는 내용과 상관없이 모든 선의 관념에 조건 없이 개방되어 있는 이론이 아니다. 그보다는 공정함으로써 정의의 원칙과 제도와 공존할 수 있는 합당한 관념에만 개방적이다. 예를 들어, 노예제, 불가촉천민제, 양심의 자유에 대한 침해 등을 묵과하거나 적극적으로 장려하는 포괄적인 교의는 받아들여질 여지가 없다.

2.2 누가 가장 혜택받지 못하는 사람들인가?

(1) 센의 비평

센Sen, 1980: 213ff.은 기본재가 사회에서 사람들의 이익과 지위를 평가하는 적절한 척도라는 롤스의 생각을 비판한다. 센은, 사람들의 신체적 특징, 재능, 환경의 차이 정도가 기본재를 다양한 기능성으로 바꾸게 하는 데 중요한 역할을 한다고 지적한다. 이런 점에서 센이 생각하는 가장 분명한 사례는 휠체어를 타고 있는 사람이다. 혼자 움직일 수 있는 사람과 장애가 있는 사람 사이의 기본재의 양을 똑같게 하는 것은 장애가 있는 사람이 움직이고, 장애자에 대한 사회적 차별을 극복하는 것을 포함해 다른 기능성을 얻기 위해 더 많은 물질과 사회적 자원을 요구한다는 사실을 간과한다. 그렇다면 사회에서 최소 수혜자의 상황을 개선하도록 요구하는 롤스의 차등의 원칙은 어떠한가? 휠체어에 탄 사람의 몫에 호의적이지 않은가? 센이 지적하듯, '차등의 원칙'은 휠체어를 탄 사람에게 장애인인 그의 입장에 더도 덜도 아닌 아무것도 주지 않는다.Sen, 1980: 215 센의 검토가 타당해 보이는데, 그 이유는 롤스의 이론에서 누군가 한 사회의 최소 수혜자로 여기게 되는 것은 그의 타고난 장애 여부가 아니라 특별히 수입이나 부와 같은 기본재의 소유에 따른 것이다. 롤스에게 한 사회의 최소 수혜자는 다음 세 가지 부류의 요인 각각에 가장 덜 혜택을 입는 사람을 말한다.

> 따라서 이러한 [최소 수혜자] 집단은 (1) 가정 및 계층 배경이 다른 사람들보다 불리한 사람들, (2) 타고난 재능으로 (실제 발휘된 결과) 다른 사람들보다 성공하기 어려운 사람들, (3) 인생의 운과 행운이 다른 사람들보다 덜 행복한 사람들을 포함한다. 이 모든 것은 정상 범위에서 사회적 기본재에 기반한 적정 척도에 따른 것이다.TJ, 개정판: 83

롤스는 '정상 범위 내의 모든 것'을 지닌 위의 세 가지 요인에 나름 권한을 부여하면서, 모든 사람은 정상적인 범위의 신체적·정신적 능력을 지녔다고 가정한다. 정상 범위 이하로 떨어지는 삶의 특별한 요구조건과 필요는 생겨나지 않는다. 롤스가 이런 가정을 한 것은, 이런 이슈가 필수적으로 사회정의의 범주 바깥에 있기 때문이 아니라, 이런 종류의 '까다로운 사례'는 '법적 단계'에서 다루어져야 한다고 보았기 때문이다. 단, 이런 종류의 불혜택이 만연한 정도는 이미 알려져 있다고 가정한다. 이 문제를 해결하는 데 드는 비용을 전체 정부 예산에서 메워 넣을 수 있을 때 말이다. 센은 이들을 정의를 다루는 이론적 구조에 통합하는 대신 이 문제의 해결을 유예하는 것이 타당한지에 의문을 제기했다.[9] 정의의 원칙이 사회의 기본 구조를 형성하려는 것이라면 처음부터 토대역량의 차이 정도를 다루는 관심사를 포함하는 것이 적절하다. 게다가, 센은 사람들 사이의 차이 정도와 기본재를 기능성으로 변화시키는 데서 발생하는 혜택 혹은 비혜택이 신체적 장애의 사례를 넘어선다는 사실에 관심을 가질 것을 촉구했다. 다양한 수준에서의 '개인간 이종성이라는 사실'은 기본재가 사람들의 이익을 평가하는 데 그다지 적절하지 않은 척도임을 가리킨다.

> 기본재 접근은 인간의 다양성을 그다지 중요하게 생각하지 않는 듯하다. … 사람이 기본적으로 아주 비슷하다면, 기본재라는 지표는 혜택을 판단하는 데 나름 좋은 방식이 될 수 있을 것이다. 그러나 건강, 수명, 기후조건, 거주지역, 노동조건, 기질, 신체 크기(필요한 음식 및 의복에 영향을 미칠 수 있음)의 차이에 따라 사람들의 필요는 아주 다르다. 따라서, 문제가 되는 것은 장애자 같은 까다로운 사례를 무시하는 것뿐만 아니라, 널리 퍼져있는 실질적인 차이를 간과하는 것이다. 혜택을 순전히 기본재를 토대로 판단하는 것은 불공평하게 맹목적인 도덕성으로 이끌 뿐이다.Sen, 1980: 215-216

3장에서는 개인의 이종성이라든지, 사회 환경, 가족 내 배분상황 등

---

9. 롤스는 이 집단에 속하는 구성원을 식별하는 데 어느 정도 임의성을 피할 수 없음을 인정한다. "최소 수혜 집단을 식별할 때, 어느 정도의 임의성을 피하기 어려워 보인다"(TJ 개정판: 84). 그럼에도 그는 최소 수혜 집단을 식별하는 두 가지 지침을 제시한다. 첫째, '미숙련 노동자(unskilled worker)'의 예를 들어 미숙련 노동자와 거의 비슷한 소득과 부를 가진 사람 또는 유사한 범주의 사람을 최소 수혜 집단이라고 정의할 수 있음을 말한다. 둘째, 롤스는 최소 수혜 집단을 중위 소득 및 부의 절반 이하인 모든 사람으로 정의할 수 있음을 제안한다. 이런 두 가지 제안은 롤스가 신체적 장애인의 경우를 제외했다는 센의 지적을 더욱 확인하는 바다.

의 차이 정도를 결정하는 다양한 요소가 어떻게 개인적 자유를 고양시키거나 저해할 수 있는지, 그리고 정의에 관한 토대역량기반 이해가 롤스의 이해보다 인간 다양성에 더 민감할 수 있는지 아닌지에 대해 자세하게 다룰 것이다. 그러나 센이 기본재를 척도로 사용하기를 거부한다고 할 때, 이 말의 요지는 기본재가 자유로운 삶의 유일한 수단이라는 점이다.Sen, 1980: 216 센이 주장하듯, 사람들의 자유로운 삶은 자기 마음대로 처분할 수 있는 기본재에 의해서뿐만 아니라, 이런 기본재를 적합한 행위와 존재로 변형할 수 있는 정도로 영향을 미치는 다양한 토대역량 요인에 의해서도 결정된다. 따라서 수단이라는 것에만 초점을 맞추지 말고, 사람들의 다양한 행위와 존재에의 토대역량에 초점을 맞춰야 한다. 센에 따르면, 기본재가 수단으로 기능하는 목적에 초점을 두는 것이 아니라 수단, 즉 기본재에 초점을 두는 것은 일종의 물신숭배를 동반한다.

(2) 의존성 비판

롤스에 대한 센의 토대역량 기반 비평을 성찰하면서, 키테이Kittay, 2003는 롤스의 이론에 의존성 비판으로 개진한다. 그는 의존할 수밖에 없는 '인간 조건'과 딸린 식구들에게 돌봄을 제공하는 사람들의 문제에 초점을 맞춘다.

> 자유주의적 정치이론, 특히 롤스의 이론은 의존성이란 쟁점을 핵심에 두지 않는다는 점에서 큰 흠이 있다고 생각한다. 우리는 어릴 때 누군가에게 의존해 살아간다. 꽤 오랫동안(심지어 평생 동안인 경우도) 우리 대부분은 건강 문제로 누군가에게 의존해 살아가기도 한다. 따라서 의존은 삶에서 사회적 존

재인 우리 모두에게 아주 중요한 문제다. 전통적인 역할과 불가피한 의존이 요구된다는 점에서 대개의 여성과 주로 소외계층에 속한 일부 남성은 식솔을 돌봐야 할 책임이 있다. 이런 의무를 전제할 때, 이들은 너무 자주 의존해야 하는 사람들로 낙인찍히곤 한다. 그 자체로, 이들은 동등한 사회에서 동등하게 기능하지 못해왔다.Kittay, 2003: 169

롤스에 대한 키테이의 비판은 센의 토대역량에 기반한 반대 논의를 반복하며 확장한 것이다. 그의 주장에 따르면, '의존이 인간 조건의 특징'이고 다양한 정도로 의존해 있는 삶은 보살핌과 자신의 필요를 채워줄 사람을 필요로 한다는 사실에 관심을 갖게 한다. 사회정의론은 이렇게 돌봄에 의존해 살아가는 사람들의 토대역량 부족과 이들에게 있을 특별한 요구와 필요를 무시할 수 없다. 그러나 이런 확장을 통해 키테이는 '돌봄 노동자'라는 점에서 정의의 문제에 관심을 기울이라고 한다. 돌봄 노동자는 타인의 의존 상황에 필요한 것을 돌보는 사람들로, 온종일 혹은 가끔 유료 혹은 무료 노동을 제공한다. 이들은 의존해 사는 사람들을 돌봄으로 인해 '파생된' 의존 상황에 취약해지는데, 특히 사회가 그들의 일을 경제적으로 혹은 다른 방식으로 인정하거나 보상하지 않을 때 그러하다. 따라서 이들은 효과적이고 충족될 만한 서비스를 제공할 수 없다. 또한 의존과 돌봄 노동자라는 논점은 젠더 정의와 밀접하게 관련되어 있는데, 이렇게 의존하며 살아가는 사람들을 보살피는 사람들이 대체로 여성이기 때문이며, 이들의 노동은 시장에서 정당한 노동으로 제대로 인정받지 못한다.

키테이는 이런 의존이란 쟁점을 제기하는 데 적절하지 못한 롤스 이론의 5가지 전제를 아래와 같이 지적한다.

i) 롤스 이론에서 정의 이슈는 '정의 환경'에서만 발생한다. 이는 롤스가 흄에게서 넘겨받은 개념이다.[10] 특별히 롤스는 정의의 원칙을 동경하게 하는 두 가지 환경을 언급한다. 객관적 환경과 주관적 환경. 객관적 환경에 대해 그는 '한정된 지리적 영역'과 '적당한 희소성'을 언급하는데, 이는 자연자원이 너무 풍부해 사회적 협력이 필요 없어지거나 자연자원이 너무 희소해 협력적 배치가 이루어질 수 없어서는 안 되는 상태를 의미한다. 주관적 환경에 대해, 롤스는 다양하고 대립되는 선의 관념을 지닌 개인 및 연합체와 이런 관념을 성취해내는 방법의 사실을 암시한다. 키테이는 롤스가 인간 의존성을 정의 환경의 일부분으로 포함시키지 않는다고 지적한다. 키테이 시각에서 인간 의존성은 중요하면서 불가피한 정의의 '환경'이다. 사람은 (누군가로부터) 보살핌을 받고 또 누군가 돌봐야 하는 요구사항 및 그런 욕구가 있으며, 이런 것들이 이들 선 관념의 큰 부분을 차지한다.

ii) 롤스가 기본재라고 작성한 목록에는 돌봄이 없다. 따라서 의존이 필요한 사람들 및 이들을 돌봐야 하는 사람들의 필요를 적절하게 제기하지 않는다. 이는 부분적으로 롤스가 기본재를 두 가지 도덕적 힘의 속성, 즉, 정의감을 위한 능력과 선 관념을 형성하고 수정할 수 있는 능력을 지닌 시민의 요구사항에 부합하는 것으로 그리고 있기 때문이다. 키테이는, 의존 관계에 있는 개인이나 이들을 돌보는 사람들을 시민으로 간주한다면 시민의 도덕적 힘의 목록을 확장할 필요가 있다고 주장한다. 시민의 도덕적 힘에는 (롤스가 주장하듯) (a) 정의감, (b) 선 관념

---

10. 흄이 말하는 정의의 상황에 관해서는 『인간 본성에 관한 논고(A Treatise of Human Nature)』(2000), 제3권 제2부, 『도덕의 원칙에 관한 탐구An Enquiry Concerning the Principle of Morals』(1998: 83-98)를 참고하라.

을 추구하는 능력, 그리고 (c) 돌봄의 취약함에 반응하는 능력이 포함되어야 한다. 이런 방식으로 도덕적 힘을 확장하는 것은 돌봄을 기본재로 포함하기 위해 목록의 수정을 요구하게 한다.

iii) #2.1에서 지적한 바와 같이, 롤스 이론의 중요한 장점은 개인을 타당한 요구를 하는 '자기 발원'의 원천으로 본다는 점이다. 롤스의 시각에서 이것은 각 개인의 불가침성과 함께 자유를 주장한다. 키테이는 개인을 이렇게 그리는 것은 돌봄 노동자의 자유를 부적절하게 특징짓는 일이고, 이들이 책임지고 있는 사람들의 입장에서 가질 만한 요구조건을 제대로 고려하지 않는다고 비판한다. 자녀를 위한 엄마의 요구 혹은 자기가 맡고 있는 전문 돌봄요양사들의 요구는 자기 발원적 요구로 온전히 인정될 수 없다. 이런 요구는 상당히 다른 것인데, 이런 요구를 '내놓는' 사람이 자기 요구라고 인정 혹은 확증하거나 그렇지 않거나 할지라도 말이다. 정의론은 자기 발원적 요구의 원천으로서뿐만 아니라 상호의존적인 관계의 복잡한 연결망에 결부된 사람들을 표현해야 한다.

iv) 롤스의 이론에서, 사회 협력은 전체 목적을 달성하기 위해 공인된 규칙에 따라 효율적으로 조직된 일종의 조율된 사회 활동만이 아니다. 대신, 상호성과 협력의 공정한 조건이 사회 협력에서 핵심적인 개념이 된다. 의존하는 사람들과 돌봄 노동자들 간에, 그리고 보다 큰 사회와의 관련성은 이 틀에 맞지 않는다. 게다가, 이런 사회 협력의 관념은 영속적으로 의존해 살아가는 사람 및 장애가 있는 사람들을 사회 협력과 시민성에서 배제해 버린다. 키테이가 주장하는 바는, 사회 협력의 적절한 관념은 의존이란 관심사를 포함해야 한다는 것이다. 의존해 있는 사람들을 돌보지 않는 사회, 실제 이들을 돌보는 사람들의 선의지와 노동을 부당하게 착취하는 사회는 정의로운 사회라고 볼 수 없다.

v) 롤스의 이론은 모든 시민이 충만하게 협력하는 사회의 구성원이라는 이상주의에 기반한다. 키테이는 이런 이상주의가 사실에 부합하지 않을 뿐만 아니라 현실을 오도한다고 지적한다. 롤스의 이상주의에 대한 설득력 있는 해석은, 특별히 '시민은 자기 삶에 걸쳐 충만하게 협력해야 한다'는 롤스의 문구를 참조해 볼 때, 사실에서 한참 멀리 떨어져 있다. 어떤 개별 시민도 평생에 걸쳐 완전한 기능성이라는 이상에 접근하지 못하기 때문이다. 특별히 우리가 롤스의 '완벽한 삶의 경로에서'라는 용어를 강조해서 이 이상주의를 좀 약하게 해석하면, 사람들은, 개인이 온전히 기능하리라고 기대하는 것이 합당하다고 할 때 자기 삶의 특정한 시기에만 완전히 협력하는 사회의 구성원이 된다고 이해될 수 있다. 심지어 약한 수준의 해석도 극단적인 의존 상태에 있는 사람들과 이들을 돌보는 사람들의 요구사항을 고려하지 않는다.

(3) 롤스의 답변
다양한 방식으로 센과 키테이가 강조했던 토대역량 부족이나 (개인 간) 차이 정도의 문제를 빠뜨리는 실수를 롤스가 저지른 것일까? 롤스의 저작을 보면, 토대역량에 기반한 반대 의견에 롤스가 두 가지 방식으로 답변하고 있음을 확인할 수 있다. 롤스는 초기의 답변으로, 센의 토대역량접근은 포괄적인 선 관념을 불러들인다고 지적한다. 사람들의 기본 토대역량을 인정하는 데 관심을 갖는 어떤 토대역량 기반 이론이라도 좋은 삶과 가치 판단에 관한 특정한 관념에 호소할 수밖에 없고, 결과적으로 다원적 사회의 시민이 지닌 다양하고 포괄적인 관념을 존중할 수 없게 된다. 이에 반하여 롤스는 정의론이 인간 선의 특징에 대한 탐구를 피할 뿐만 아니라 다양한 선 관념을 지닌 시민이 인정할 수 있는 정의의 원칙에 기초한 공통된 합의로 작동하는 독립적 '정치' 관념이어야 한다고 주장했다.

두 번째 답변은 좀 더 기대할 만한 것으로, 인간 다양성이 중요하다는 점과 특별히 인간 토대역량 박탈의 다양한 수준을 정의론의 중요한 요소라고 인정한다. 『정치적 자유주의』에서 롤스는 이렇게 기술한다. '나는 센이, 기본 토대역량이 가장 중요하다는 점, 그리고 기본재를 이용하는 것은 언제나 이런 토대역량을 전제한다는 측면에서 측정되어야 한다고 본 점에 동의한다.'PL, 183 『공정함으로서의 정의: 재진술』2001에서 롤스가 이런 측면을 인정하는 모습은 좀 더 유연하고 호의적이다.

내가 고려하지 않았던 좀 더 극단적인 사례들이 있는데, 나는 이들의 중요성을 부인하지 않는다. 나는 우리가 모든 인간 (아무리 심각한 장애가 있더라도)에게 의무를 진다는 점을 상식적인 수준에서 분명한 상황으로 받아들인다. 여기서 묻고 싶은 것은, 이런 사례가 다른 기본적 요구와 충돌할 때 우리의 의무가 어디에 비중을 두어야 하는지에 관한 것이다. 어느 순간, 우리는 공정함으로서의 정의가 이런 사례들을 위한 지침을 제공할 수 있도록 확장될 수 있을지 검토해야 한다. 그렇지 않다면, 이는(공정함으로서의 정의) 다른 관념에 의해 보조되기보다는 기각되어야 한다. … 센이 이를 위한 나름의 그럴듯한 시각을 제공할 수 있다면, 한 가지 중요한 질문을 하지 않을 수 없다. 즉, 그의 이론이 (비록 일부 수정이 필요하기는 하겠지만) 공정함으로서의 정의에 근본적이고 부수적인 부

분으로 알맞게 확장되거나 채택될 때 공정함으로서의 정의 안
에 포함될 수 있을지 말이다.Rawls, 2001: 176, n.59

롤스의 이런 주장은 자신의 이론을 토대역량접근 방향으로 일부 수
정하거나 확장하고 있음을 보여준다. 그러나 여기서 제기될 수 있는 난
해한 질문이 있는데, 이런 확장이 롤스(이론)의 핵심적 통찰을 침해하
지 않으면서 성립될 수 있느냐는 점이다. 롤스 혹은 롤스를 따르는 이론
가들의 가장 큰 관심사는 정의에 관한 토대역량 이해로의 전환이 공정
함으로서의 정의가 갖는 '정치적' 특징을 여전히 유지할 수 있도록 할
것인지, 포괄적 관념의 일부 형식으로 돌아가는 위험을 피할 수 있을지
에 관한 것이다.[11]

2.3 사회 협력을 위한 사회계약과 동기

센과 키테이는 신체적 장애가 있는 사람들과 극도의 의존 상태에 놓
인 사람들의 요구와 필요를 적절히 제기하지 못한 것 때문에 롤스 이론
을 비판한다. 무엇보다, 이 둘은 기본재가 개인의 웰빙과 사회에서의 지
위를 판단하는 척도로 보는 것이 잘못되었다는 입장이다. 이런 비평에
서 내놓는 주요 제안사항은, 우리가 장애자들과 의존상태에 놓인 사람
들을 돌봐야 할 필요를 롤스 이론에서 작성한 기본재 목록에 추가하고
기본재를 사람들의 기본 토대역량의 수단으로 간주해야 한다는 점이다.

---

11. 노먼 다니엘스(Norman Daniels, 1990: 2003)와 이본 데니어(Yvonne Denier, 2005)는 특히 보건 분야에서 토대역량 관련 문제를 다루기 위해 어떻게 롤스의 특정 가정을 유연하게 할 수 있는지 설명하는 설득력 있는 주장을 했다.

(1) 누스바움의 비평

누스바움[2006: 146ff.]은 롤스 이론에 대한 센-키테이의 비평을 옳다고 인정한다. 그러나 그는 롤스 이론의 한계는 협약주의와 이에 따른 필연적 결과로, 정의를 상호 이익으로 보는 개념과 구조적으로 관련되어 있다고 본다. 의심할 여지 없이, 롤스는 자신의 이론에 가장 잘 맞는 요소들만을 선택하는 방식을 취하며 전통적인 사회계약론을 수정한다. 그럼에도, 롤스가 전체적으로 자신의 프로젝트를 이 전통의 부분으로 그려내고 있기에 롤스 이론은 기존 사회계약론과 관련된 핵심 요소를 유지하고 있다. 대부분의 사회계약 이론가들의 경우에서 볼 수 있듯, 롤스 이론에서 상호 이익이란 개념은 정의 원칙을 구상하는 데 핵심적인 역할을 한다. 이에 따르면, 사람들이 서로 협력하는 데 동의하는 주된 이유는 자신의 웰빙에 이익이 되기 때문이다. 정의론에서 롤스는 사회를 '상호 이익을 위한 협력적 사업'이라고 정의한다.[TJ, 4] 더 나아가 그는 "사회 협력은, 각자 자신의 노력에 따라 홀로 살아간다고 할 때 가질 수 있는 것보다 더 좋은 삶을 모든 이에게 제공한다"는 주장을 통해 이 개념을 정교화한다.[TJ, 4] 『정치적 자유주의』에서 롤스는 '상호 이익을 위한 협력적 사업'이라는 용어를 더 이상 사용하지 않는다. 대신 그는 사회를 '시간이 지남에 따라 공정한 협력 시스템'이라고 한다.[PL, 14] 사실, 그는 상호 이익이 자신의 이론에서 고민하는 옳은 방식임을 거부했다. 그는 '상호 이익'이라는 이전의 용어를 '상호성'이란 개념으로 바꾸었다. '상호성이라는 개념은 (일반적 선함이 이동해 간) 이타적인 특성을 지닌 불편부당성이란 개념과 모든 사람이 각 사람의 현재와 기대되는 미래 상황에 이익이 된다고 이해되는 상호 이익이란 개념 사이에 놓인 것이다.' '결국, 상호성이란 개념은 상호 이익과 같지 않다.'[PL, 16-17] 사용하는 용어의 변화에도 불구하고, 누스바움[2006: 54ff.]은 상호 이익이란 개념이 롤스의 사회 협력 개념에서 아주 강한 동기로 남아 있다고 보았다.

좀 더 심층적인 수준에서, 누스바움[2006: 127-145, 159-160]은 낮은 정도의 토대역량만 지닌 사람들의 필요를 제기하기 위해 좁고 그다지 많이 사용되지 않는 칸트의 개인 관념을 찾아낸다. 롤스는 모든 사람을 목적으로 대하라는 칸트의 원칙을 표현함으로써 정의를 공정함으로 간주하고, 공공재라는 대의에 어떤 개인도 종속시키려 하지 않는다. 칸트는 자연의 영역과 이성의 영역을 구분한다. 그는 모든 자연적인 것과 인간 삶의 비이성적인 부분뿐만 아니라 모든 비인간적 동물을 자연의 영역에 포함시킨다. 반대로, 그는 인간 능력을 자연의 영역과 다르고 그보다 우월한 합리성으로 높인다. 사실, 칸트에게 도덕성과 도덕적 자유는 자연의 요소에 의해 더럽혀지지 않은 순수한 선의지와 일치해 행동하는 것으로 구성된다. 『도덕 형이상학』에서 칸트[1997: 393-405]는 선의지를 '보석처럼 빛나고' 필요, 욕망, 재능, 기질 등과 같이 인간의 다른 특성보다 우월한 것이라고 지칭했다. 선의지가 모든 욕망, 경향성과 필요 그리고 외부의 영향을 배제하고 매개할 때에만 스스로 자유롭게 판단하고 자율적으로 행동할 수 있게 된다. 롤스는 칸트의 인간 개성에 관한 형이상학적 지식을 수용하지 않는다. 그럼에도 롤스는 합리성과 상호성이 정치적 원칙을 도출하기 위한 기초적 토대가 된다는 점에서 칸트의 개인 관념을 유지한다.

누스바움은 칸트-롤스의 개인 관념이 정의라는 논제를 다루면서 오도할 수 있고 결과적일 수 있다는 점을 지적한다. 이성적인 것과 자연적인 것을 구분하고 자연적인 것에 이성적인 것을 우월하게 만드는 방식으로, 우리의 이성은 뭔가 인간의 나약함과 의존성에서 독립적이라는 인상을 남긴다. 우리는 도덕적이고 합리적이다. 그러나 합리성과 도덕성이 인간의 필요, 의존성, 질병 및 그 밖의 것들과 깊숙이 합종연횡하고 있다는 사실을 무시할 수 없다. 게다가, 칸트-롤스의 개인에 대한 관념은 특정한 합리성과 도덕적 행위 주체성의 기준선을 지닌 사람들만이 사회 협력과 정의 요구를 할 수 있다고 하는 듯하다. 이런 기준에 미치지 않는 듯한 사람들(예를 들어, 학습장애, 신체장애가 있는 사람들)은 정의가 아닌 자선이나 자비를 요구할 수 있을 뿐이다.

(2) 상호 이익 혹은 불편부당성

누스바움이 롤스가 공정함으로서의 정의를 사회계약론의 전통에 입각해 제안하고 있고, 롤스 이론의 몇몇 문제가 이런 전통에 나름 충실하다는 점에서 비롯된다고 주장한 점은 타당하다. 그러나 이런 롤스 이론에 대한 누스바움의 비평은 부분적으로만 적용될 수 있는 듯한데, 특히 롤스가 사회계약론의 유산을 이어받았고, 이를 재가공하며 개선하려고 했기 때문이다. 17세기에 이르도록 철학자들은 대체로 사회에 대한 자연주의적 시각을 견지해 왔으며, 이런 시각을 토대로 정치적 원칙을 끌어내려 했다. 이런 경향을 아리스토텔레스나 플라톤 및 다른 고대 철학자들에게서 찾아볼 수 있다. 이후 이런 경향은 중세시대에 신앙이나 신성에 관한 이론에서 탁월한 표현을 찾아내는 방식으로 이어진다. 그러다가 17~18세기에 이르면서 자연주의적 시각은 심각한 도전에 직면하고 사회계약론으로 대체되었다. 흄을 제외한 이 시기 대부분의 정치철학자들은 특이하게 정치적 원칙과 제도를 자연의 법칙이 아닌, 사람들이 정치적인 사회에서 살기 위해 서로 계약을 맺을 수 있다는 사실에 입각하여 정당화하고자 했다. 따라서, 사회계약론 철학자들에게 핵심적인 질문은 다음과 같았다. 자연주의적이거나 종교적 설명에 호소하지 않고 국가의 존재와 조직, 강제적 법 및 제도, 개인의 권리와 의무를 어떻게 정당화할 수 있을 것인가? 사회계약론 전통에 있는 철학자들이 이 질문에 서로 다른 대답을 한다 하더라도, 적어도 두 가지 공통적인 특징을 이들 사이에서 발견할 수 있을 것이다.

첫 번째는 자연의 상태와 계약 개념에 관련된 것이다. 일반적인 사회, 특히 국가 같은 정치체는 자연의 과정을 통해 나타나는 것이 아니다. 예를 들어, 아리스토텔레스는 이 점을 설명하려 했다.[#6.1] 대신, 이런 것들은 일종의 인공물로 계약에 의해 인간이 구별하여 만든 것이다. 이를 설명하기 위해, 사회계약론자들은 자연의 상태라는 개념을 이끌어 낸다. 이는 정치적이기 이전의 가상적인 상황으로, 통치자, 정부, 법, 법원, 소유권 등이 없다. 홉스는 이를 '모든 것에 대항하는 모든 것의 전쟁' 상태라고 기술한다. 로크와 루소는 이를 전쟁 상태라고 묘사하지 않는다. 이들에게, 심지어 자연 상태에 있는 인간에게도 일종의 도덕적 가치가 있다. 그럼에도, 적절한 정치 사회가 부재한 상황에서 자연 상태가 전쟁 상황으로 치닫게 되는 것을 막을 방법이 없다. 사람들은 자연 상태에 계속 살 수 있지만, 불안정, 불신, 폭력, 혼동 상황에 둘러싸여 있게 된다. 따라서 사람들은 서로 이런 계약을 맺음으로 변덕스러운 상태를 벗어나고자 한다. 이런 사상가들이 상상하는 자연의 상태는 역사적인 순간도 아니고, 그렇다고 현실적이지도 않다. 그보다는, 반실제적이라거나 가설적인 상태로 현재 상태와 사회를 정당화하기 위해 이끌어 내어진 것들이다. 합리적인 개인이 더불어 살겠다거나 사회적으로 협력하겠다고 합의하는 이유라거나 국가, 법, 제도 등과 같이 정당한 권위에 복종하는 이유다.

두 번째는 계약의 동기에 관한 문제다. 왜 자유롭고 평등하며 독립적인 개인이 사회계약 관계를 맺는 데 합의하는 것일까? 사회계약론자들은, 이런 사회계약 없이는, 즉 혼자 살거나 아무런 사회 협력 없이 살게 되면 얻을 수 없는 상호 이익을 위해 주로 계약을 맺게 된다고 여겨진다. 그러나 사회계약론자들은 사회 계약의 동기가 무엇인지에서 차이를 보인다. 홉스에게, 사회계약의 동기는 주로 자기 이득과 상호 이익이다. 사람들은 자신의 웰빙을 위한 타인의 이익과 교환 관계에서만 자연 상태에서의 이익을 버리게 된다. 그러나 로크는 이런 비관적인 그림을 그리지 않는다. 사람은 자신과 자기 재산을 지키기 위해 계약 관계에 들어서게 되며, 다른 사람들의 이익에도 관심을 기울인다.

롤스는 이런 사회계약론의 현대적 시각을 내놓는다. 그가 위의 두 가지 요소에 대해 여러 측면을 공유한다는 점에서 그는 분명히 사회계약론자다. 롤스 스스로 인정하듯, 그의 프로젝트는 사회계약 전통의 일환이다. "내 목적은 소위 로크, 루소, 칸트에게서 발견되는 익숙한 사회계약론을 일반화하고 고차원적인 추상성으로 이동시키는 정의의 관념을 제공하는 것이다."TJ, 11 더욱이, 그는 자신의 이론에서 원초적 입장을 전통적인 사회계약론의 자연 상태와 비교한다. "공정함으로써 정의에서 평등이라는 원초적 입장은 전통적인 사회계약론에서 자연상태에 대응한다."TJ, 12

그러나 롤스는 사회계약론자와는 좀 다른 면모를 보이는데, 그는 이런 전통에 속한 개념과 사상가들을 중요한 몇몇 방식에서 전통적인 이론에서 끌어내 분산시키고 있기 때문이다. 그는 홉스식 계약 개념을 싫어하고 이 개념에서 자신을 멀찍이 떨어뜨려 놓는다. "홉스의 위대한 사상에도 불구하고 그의 『리바이어던Levithan』은 특별한 문제점을 야기한다."TJ, 11: n4 그는 칸트가 제시한 계약에 대한 관점, 특별히 도덕적 가치와 정의에 대한 구성적 접근, 각 개인에게 있는 불가침성에 대한 강조에 이끌리고 있다. 초기의 사회계약 논쟁은 주로 국가와 제도의 권위를 설명하고 정당화하는 데 사용되었는데, 롤스는 이를 대체로 정의 관념을 정당화하는 데 이용한다. 시민에 앞서는 국가와 국가의 권위를 정당화하는 것은 롤스의 이론에서 일종의 보조적인 역할을 한다. 롤스의 '정치심리학political psychology(사람들이 사회적으로 협력하는 이유 및 동기)'은 앞선 사회계약론자들의 것과 다르다. 롤스는 이를 계약, 즉 무지의 장막이란 개념에 완전히 새로운 생각을 도입함으로써 달성하고 있다. 이를 통해, 그는 계약 당사자들은 정의의 원리를 끌어들이는 데 상호 이익이란 동기뿐만 아니라 불편부당성이란 동기도 갖는다.Barry, 1989: 145ff. 다른 말로 하면, 불편부당성에 담긴 무지의 장막 뒤로 자기 이득이라는 계산이 있는 것이다. 특히 홉스와 로크의 전통적인 사회계약론에서 우리는 롤스가 제시한 무지의 장막이나 불편부당성이라는 동기를 지시하는 부분을 찾아볼 수 없다.

롤스의 사회계약론이 상호 이익 및 불편부당성을 관련시키고 있다는 사실 때문에, 누스바움의 비평은 롤스를 따르는 사회계약론자 전체에 해당될 수 없다. 그러나 누스바움이 롤스에게 사람들이 무엇 때문에 더불어 살고 사회 협력에 나서는지에 관해 좀 더 복잡한 정치 심리학을 만들라고 한 점은 타당하다. 간혹 사람들은 협력을 통해 얻게 되는 것 때문에 협력하는 경향을 보인다. 그러나 다른 경우, 사람들은 다른 이유, 즉 정의감, 정의를 위한 정의, 연민, 자비 등의 이유로 협력한다. 협력을 통해 얻게 될 것을 고려하지 않고서 말이다. 센은 합리성에 관한 전통적 경제 모델, 즉 호모 에코노미쿠스를 비평#1.3하면서 이와 유사한 논지를 펼친다. 그는 공리주의가 다음과 같은 가정, 즉, 사람은 오로지 자기 이익에 기반해 행동한다는 가정에 토대한다는 점을 비판한다. 인간은 자기 이득에 따라서만 행동하는 '이성을 지닌 바보'가 아니라고 센은 지적한다. 인간은 자기 이득 때문은 물론, 동정심과 헌신 등과 같은 다른 부류의 이해관계에 의해서도 움직인다. 롤스가 자기 이익 혹은 상호 이익에만 매달리는 공리주의적 모델과 전통적인 사회계약 모델에서 멀리 떨어져 있는 것은 분명하다.

　이 장을 시작하면서 강조한 바대로, 합리성과 차별화된 합당함은 롤스의 정치 심리학에서 중심에 놓여 있다. 인간은 자신의 관점에서 이익이 되는 것을 좇는다는 점에서 합리적일 뿐만 아니라 합당한 존재이기도 하다. 인간은 협력의 공정한 조건을 존중하고 다른 합당한 사람이 인정하고 승인할 수 있는 논쟁과 이유를 통해 자신이 지지하는 원칙과 정책 지원을 정당화하기 때문이다. 더욱이, 롤스는 공정함으로서의 정의론에 필수적인 정의감을 위한 능력을 시민이 갖추고 있다고 본다. 선에 대한 관념을 형성하는 능력과 함께 말이다. 그럼에도 롤스는 동정심, 헌신, 자비 등과 같은 도덕적 감정을 사회 협력의 부분적 동기로 고려하려 하지 않았다. 이와 대조적으로 6장에서 지적하듯, 누스바움은 사회 협력이 상호성과 불편부당성뿐만 아니라 자비, 연민, 헌신 등을 모두 포함한 다원적인 동기에서 기인하는 것으로 볼 것을 주장했다.

2.4 선에 관한 자유주의적 회의론

　롤스는 『사회적 연합과 기본재Social Unity and Primary Goods』1982에서 자유주의적 정치이론과 비자유주의적 정치이론을 구분한다. 자유주의적 이론에서는 국가의 목적이 모든 시민에게 자신의 선 관념을 추구하도록 허용한다. 이와 반대로, 비자유주의적 이론에서는 일부 선 관념은 선험적인 것으로 받아들여져, 국가의 목적은 이 관념을 실현하는 것이 된다. 롤스는 고전적인 공리주의를 비자유주의적 이론의 대표적인 사례로 든다. 그가 지적하듯, 공리주의는 비자유주의적 이론이다. 공리주의가 선호-충족 최대화라는 선을 취하기 때문이다. 이 두 입장 모두 철학적으로 잘 정립되어 있고, 정치적 관념을 정당화할 수 있다. 국가의 목적이 덕을 지닌 삶을 위해 시민을 교육하는 것이라고 보는 아리스토텔레스의 사상이나, 우리를 진정한 인간으로 만들도록 하려는 목적의 맑스 이론, 혹은 시민을 자율적인 개인으로 만들고자 애쓰는 칸트주의 또한 비자유주의적이다. 이와 대조적으로, 롤스는 자유주의적 이론을 '선에 관한 다양하고 서로 적대적인, 심지어 비교할 수 없이 현격한 차이를 보이는 관념의 다원성'을 허용하는 이론이라고 정의한다.Rawls, 1982: 160

이런 상황에 대해 자주 설명되는 이유는 사회의 정치적 안정성이다. 즉, 우리가 선의 구성요소에 초점을 두기 시작하면 다양하고 서로 충돌하는 선의 관념을 지닌 시민들 사이에서 중복되는 합의를 얻어내지 못할 것이다. 콜스가르드Korsgaard, 1993가 지적하듯, 여기에는 분명히 인지되지 않는 다른 이유가 있다. 선의 회의론이라는 것이다.[12] 이 관점에 따르면, 최상의 삶이란 없으며, 적어도 우리는 그런 삶이 존재한다는 것을 증명할 수 없다. 따라서 우리에게는 사람들을 다른 삶이 아닌 특정한 형태의 삶으로 인도하거나 그런 삶을 선택하라고 강요할 수 있는 단단한 토대가 없다. 게다가, 선에 대해 '알 수 없음'은 종종 일종의 인식론적 개인주의와 혼동된다는 점을 아는 것이 중요하다.Korsgaard, 1993; Nussbaum, 1990b, Arneson, 1990, Raz, 1990 결과적으로, 삶의 미덕은 본질적으

---

12. 라즈(Raz, 1990)는 롤스의 이론이 정의론의 일부로서 다원주의를 옹호하기 위해 인식론적 절제를 수용한다는 점을 지적함으로써 이와 유사한 비판을 한다. 그는 다음과 같이 제시한다. "롤스의 인식론적 절제는 자신의 정의 사상이 진실임을 주장하지 않으려는 점에 있다. 그것이 진실이라면, 그 진리가 심층적이고 포괄적인 도덕적 사상에서 비롯한 심오하고 자의적이지 않은 토대로부터 도출되어야 하기 때문이다. 정의 사상의 진리를 주장하거나 그 진리가 정의 사상을 받아들이는 이유라고 주장하는 것은 롤스의 기획의 정수를 부정하는 것이다. 그것은 우리 사회의 서로 경쟁하는 수많은 포괄적 도덕성 중 하나로 정의 사상을 제시할 것이며, 이는 양립 불가능한 도덕성 간의 불일치를 초월하는 역할 수행 자격을 잃는 것이다"(Raz, 1990: 9).

로 그 삶을 살고 있는 사람에 의해 선택된 존재에 의존한다. 사실, 자신에게 무엇이 최고의 삶인지 알아낼 수 있는 최상의 위치에 있는 사람은 다름 아닌 그 개인, 그 사람뿐이다. 이런 이론적 전제를 가지고 롤스는 자유주의적 이론을 다른 이론들과 연계한다. 즉, 한편으로는 정치적 정당화에서 사용하기에는 최종 재화에 대해 충분히 알고 있지 않다는 시각을 견지하고, 다른 한편으로는 본질적으로 삶의 미덕이 개인의 손에 가장 잘 남겨져 있다는 점을 옹호하는 이론들과 말이다.

오히려 롤스는 자유주의적 정치이론에 다양한 버전이 있을 수 있다는 생각에 개방적이다. 그러나 정의에 관한 그의 저작에서 중심적인 소망은 옳고 정의로운 것에 관한 개념을 개인에게 선하고 이로운 개념에서 풀어 해방시키는 것이었다. 이를 보여주는 그의 문구로 유명한 것이 '옳음을 선보다 우선시하는 것'이다. 따라서 롤스는 자신의 공정으로서의 정의론을 매력적으로 보이게 하고 모든 자유주의적 이론이 따를 패러다임으로 보이게 하려고 옳음을 선보다 우위에 둔 것이다. 이렇게 되면, 특정한 선의 개념이나 선 관념을 위해 추론되지 않은 사람들은 정당한 요구를 제기할 이유를 갖는다. 기본적 자유의 평등, 공정한 기회의 균등, 차등의 원칙과 같은 옳음의 원칙은 선에 대한 추구에 선행하며, 그러한 추구를 제한한다.

이와 반대로 공리주의, 아리스토텔레스 혹은 마르크스주의를 매력적이지 않게 하며 자유주의적 이론으로 보지 않게 하는 것은 옳음보다 선을 우위에 둔다는 점이다. 즉, 이들은 선의 독립적인 이유(행복, 미덕, 계급없는 사회 등)가 있고, 옳음은 그 선을 최대화하는 것으로 정의된다. 사람들의 정당한 요구(예를 들어, 기본권과 기회)는 선을 가장 잘 진작하게 하는 것에 달려있다. 이런 방식으로 자유주의적 이론과 비자유주의 이론을 구분한 뒤, 롤스는 우리가 딜레마에 직면케 한다. (선과 인식론적 개인주의의 회의론이 담긴) 그의 자유주의적 정의론을 받아들이든가, 아니면 단일하고 일원적인 선의 관념에 세워진 비자유주의적 이론 형태로 돌아가야 한다. 둘 중 하나를 선택하라는 딜레마를 세우는 방식은 롤스의 자유주의적 이론 외에는 주로 공리주의처럼 선의 극대화를 지지하는 이론들밖에 없는 것처럼 보인다. 자유주의적 정치이론과 비자유주의적 정치이론 사이의 선택은 실제로 개인권이 천성적으로 가치롭다는 정의 관념과 개인권은 공동재를 최대화하는 데 전혀 중요하지 않거나, 기껏해야 파생적인 중요성만 갖는 정의 관념 간의 선택으로 만들어 버린다.

롤스의 심중에는 나름의 선택지가 있었을 것이다. 그가 처음에는 자기 이론에 대해 센이 제기한 토대역량기반 비평을 받아들이려 하지 않다가 인간 웰빙 혹은 선에 관해 하나의 독특한, 혹은 포괄적인 관념과 연계된 토대역량접근을 비판하면서 말이다.#2.2 토대역량 이론가들은 롤스가 토대역량접근의 수용을 꺼리고 이에 대해 비판하는 것에 언짢아했다. 굳이 그럴 필요까지는 없었는데 말이다.

기능성과 토대역량의 구분이 토대역량접근에서 정말 중요한 위치를 차지한다. 기능성이 사람들이 성취한 행위와 기능이라면 후자인 토대역량은 사람들이 기본적이고 가치로운 기능성을 획득하기 위해 갖는 자유의 정도를 가리킨다. 따라서 정치적 목표로서의 토대역량접근이 기회, 소위 기능성을 갖고 하는 일이라기보다는 시민들의 기본적인 토대역량(기회)을 위한 삶의 전망을 동등하게 하려는 목표를 추구함으로써 다원성이 보존된다. 또한, 사람이 영양, 건강, 교육, 사회적 인정, 정치 참여 등과 같은 기본 토대역량의 목록을 특정한 하나의 선 관념에 기대어 정당화할 필요 없이 기재할 수 있다는 사실로 다원성이 보호된다. 그럼에도 토대역량접근은 정의와 선에 기반한 접근으로 남아 있다.

롤스의 이론에서 토대역량접근이 차별성을 갖는 부분은, 롤스의 이론에서 정의의 요구사항이 인간 선 및 인간 웰빙과 연결되어 있지 않다고 여겨지고 이들에 대한 회의론 정도에 따라 이들이 다시 동반된다고 여겨지는 데 반해, 센(누스바움 및 앤더슨과 함께)에게 정의의 요구 사항은 인간 선과 웰빙에의 탐색과 연계되어 있다.[13] 한 사회에 속한 사람들이 근본적으로 서로 빚지고 있는 것은 인간 선의 공정한 배분이다. 우리가 신경써야 할 가치로운 것과 더 나은 삶을 살아갈 수 있게 하는 것을 그려내는 인간 선과 웰빙에 대한 적절하고 공적인 관념을 갖고 있는 정도에 따라 말이다. 적절하고 공적인 선 관념은 롤스가 진지하게 관심을 두었던 공리주의처럼 단일하거나 일차원적일 필요가 없다. 거의 확실하게, 이는 다원적일 것이다. 많은 수의 구별되는 웰빙 요소들과 삶의 가치로운 방식이 있다는 사실을 인식한다면 더욱 그렇다. 이 선 관념은 시민들 사이에 부분적인 합의을 넘어서는 것을 얻으려고 하지 않는다. 롤스가 합당한 사람들은 정의의 원칙에 합의하게 될 거라고 믿은 것처럼, 사람들은 정의의 이름으로 서로 빚지고 있는 것을 알려주고 또 지원해줄 수 있는 특정한 기본 토대역량에 대해서도 합의하게 될 것이다. 몇몇 사안 및 토대역량에서 논란이 많지는 않겠지만, 그렇지 않은 사안에서는 부동의가 꼭 일어날 것이다. 대중의 정의 관념의 사례가 그러하

---

13. 롤스의 이론을 상세히 살피면 선에 대한 회의적 태도를 유지하는 것이 늘 쉽거나 가능하지는 않다는 점을 이해할 수 있다. 롤스가 선 관념을 암묵적으로 가져오는 패러다임은 기본적 자유의 우선순위를 유지하고 엄밀히 말해 기본적 자유라고 할 수 없는 다른 인간 이익과 균형을 맞출 때다. 비록 롤스가 이를 선의 '얇은(thin)' 개념이라고 칭할 것이지만 말이다(Barry, 1973; Sen, 1999a: 63-65). 롤스는 다른 이익으로 무시할 수 없는 기본적 자유에 엄격한 원칙적 우선순위를 부여한다. 하지만 기근, 전쟁, 공공질서, 안보, 건강, 안전같이 우리가 우선순위 원칙에서 이탈해야 하는 상황의 가능성을 인정한다(TJ, 97ff.). 여기서 롤스는 '공익 원칙(principle of common interest)' 균형의 필요성을 언급한다. 공익 원칙을 따라야 하는 형식과 내용을 결정하는 것은 인간의 선에 관한 탐구와 검토를 수반한다는 사실을 지적할 수 있다.

듯 말이다. 그러나 지속하기 어려운 것은, 롤스의 제안, 즉 인간 선 혹은 웰빙의 내용에 관한 실질적 요구를 제기하는 것은 공리주의 혹은 다른 부류의 뜻을 같이하는 사람들에게로 돌아가게 할 것이다. 토대역량의 사례에서 볼 수 있듯이 재화에 기반한 정의론은, 공리주의나 선에 관한 1차원적 관념에 맞설 수 있는 행동과 제도를 선택해야 한다는 점을 확인시켜줄 수 있다.

2.5 유사하지만 여전히 다른

롤스의 정의론과 토대역량접근은 사회정의의 이름으로 서로 빚지고 있는 것을 이해하는 데 유사 특징을 다수 공유한다. 마치 '사촌간'으로 간주되기에 충분하다.Roemer, 1996: 164 가장 인상적인 요소는 두 이론 모두 비공리주의적 접근을 취한다는 점으로, 사회 속에서 사람들의 이익과 지위를 객관적 기준에 기초해 평가하려고 한다. 롤스의 이론에서는 이 기준이 기본재인 반면, 센의 토대역량접근에서는 가치로운 기능성을 위한 사람들의 기본 토대역량이다. 이 두 이론 모두, 형평성을 이루게 하는 것은 효용이 아닌 기본재 혹은 기본 토대역량이다. 게다가, 두 이론 모두 결과론적이지 않다. 이들은 최종 결과의 공정한 분배를 옹호하지도 않고, 자기 삶의 계획을 실현하기 위해 각 개인이 배치할 수 있는 기회를 옹호한다. 기본재 혹은 기본 토대역량은 자신의 행위 주체성과 책임을 행사하는 상황에서 개인이 실현할 수 있는 것에 투입하는 요소다.

이렇게 두 이론이 공유하는 특성이 있음에도, 롤스의 이론과 토대역량접근은 서로 다르다. 이 장에서는 특별히 사람들의 기본 토대역량의 관점에서 롤스의 정의 개념에서 세 가지 문제 영역을 검토했다. 첫째, 토대역량접근의 관점에서 롤스의 기본재라는 척도는 몇몇 중요한 토대역량 변이와 개인의 결핍을 제기하는 데 적절하지 않았다. 모든 이에게 기본재를 공정하게 배분하는 문제는 특정 부류의 사람들, 예를 들어, 휠체어를 타는 사람이거나, 신체적-정신적 장애가 있는 사람, 의존할 수밖에 없는 사람들을 돌보는 공적·비공식적 돌봄 종사자들에게 불리함을 준다. 센과 키테이는 돌봄이 필요한 사람들의 토대역량 결핍을 공급하기 위해 차등의 원칙의 범위를 확장해야 한다고 주장했는데, 이는 지극히 타당해 보인다.

둘째, 롤스는 사회계약론의 정치철학 교의에 충실하여, 사회 협력을 상호성이란 면에서 그려낸다. 누스바움이 제기하듯, 사회 협력의 동기는 상호성 단독으로 제한될 필요가 없다. 사람들은 동정심, 헌신 혹은 연민 등의 도덕적 감정을 포함한 동기의 다원성에 기초해 서로 협력하는 경향을 보인다. 사회 협력을 이런 방식으로 그려내는 것은 롤스 이론이 간과하는 정의의 문제에 좀 더 민감할 수 있다. 그러나 이 점은 사회계약 교의의 중요한 요소에서 벗어나거나 단절하기를 요청한다.

셋째, 롤스는 그가 살던 시대의 산물이다. 그는 대체로 공리주의와 다른 형태의 선에 관한 일차원적 이론의 그림자 속에서, 그리고 이들에 대응하는 방식으로 연구했다. 따라서, 그는 정의의 요구조건은 선에 대한 회의론에 토대하거나 기껏해야 '얇은' 선 관념에 기초해 가장 잘 알 수 있고 또 그렇게 형성되어야 한다고 생각했다. 우리는 공리주의나 다른 유형의 일차원적인 선 관념에 대안이 되는 이론이 인간 선과 웰빙의 특성에 대해 회의론으로 이끌어져야 할 필요가 없다는 점을 밝혔다. 오히려 정의의 요구조건은 인간 선의 다원적 요소를 탐색하고 몇몇 기본 토대역량을 대중의 정의 관념으로 만드는 기초에서 더 잘 이해된다. 센,

누스바움, 앤더슨이 주장하는 사회정의로의 토대역량접근은 사회정의의 이런 이상을 실현하기를 갈망한다.

3장
정의의 토대역량이론을 위하여

정치 경제의 부와 빈곤 대신 우리는 부유한 인간과 부유한 인간의 필요가 어떻게 오는지 알 수 있다. 부유한 인간은 생활 및 활동의 총체성을 필요로 하는 인간, 즉, 욕구로서의 자기실현이 내적 필연으로 존재하는 인간이다.

_칼 마르크스, Economic and Philosophical Manuscripts of 1844

발전은 회피 전략이다. 사람들에게 토지개혁을 허용할 수 없을 때, 품종개량 소를 그들에게 줘라. 사람들의 자녀를 학교에 보내줄 수 없을 때, 비형식교육을 시도하라. 사람들에게 기본 건강을 제공할 수 없을 때, 건강 보험 이야기를 꺼내라. 이들에게 직장을 줄 수 없다고? 걱정하지 마라. '고용 기회'라는 말을 재개념화하면 된다. 아동을 노예 노동의 형태로 사용하는 것을 없애고 싶지 않다고? 신경쓰지 마라. '아동 노동 조건 개선'에 대해 말하라. 이 얼마나 훌륭한가? 당신은 이런 일을 하면서 돈도 벌 수 있다.

_P. 사이나스P. Sinath, Everybody Loves a Good Drought

1장과 2장에서는 두 가지 정치철학 접근을 검토했다. 무엇보다 공리주의가 주관적이라는 점과 개인의 자유 및 권리의 중요성을 본질적으로 가치롭게 여기지 않는다는 점이 공리주의에 대한 반대의 주된 요지였다. 비용이 많이 드는 취향과 반사회적 선호 같은 복지 차이는 개인이 책임질 문제로 다뤄야 하며, 정의의 요구와는 상관없다. 적응적 선호의 사례에서 웰빙에 대한 사람들의 주관적 인식이 환경에 적응하기 때문에, '기능성' '시급성' '착취'같이 객관적인 개념을 암시하는 것은 웰빙의 근본적인 (구성) 요소를 식별하는 데 도움이 된다.

공리주의와 반대로, 롤스의 이론은 객관적이다. 롤스의 이론이 기본적 자유와 기회를 포함하는 기본재의 공정한 분배를 목표로 하기 때문이다. 롤스의 이론에서 개인이 사회에서 얻는 이익 및 지위는 효용에 기반한 것이 아닌 기본재의 보유 유무에 따라 판단된다. 그럼에도, 사람들의 토대역량 차이 정도의 관점에서 볼 때 롤스의 이론은 특정한 측면에서 부적절해 보인다. 다른 사람에 비해 토대역량의 상당한 결핍을 겪는 사람에게 같은 크기의 기본재를 주는 일은 더 불리한 입장에 놓이게 할 것이기 때문이다. 토대역량 박탈은 신체 및 학습장애에서부터 가족 내 불균등한 자원 배분, 의존해 살아가는 사람들과 이들을 돌보는 사람들을 위한 제도적 장치의 부족까지 범위가 넓다. 이런 예에서 기본재의 보유를 균등하게 하는 것은 너무 적은 것에만 균등히 하는 것과 마찬가지다. 개인의 책임이 아니면서도 인간으로서 가치로운 삶을 살아가는 데 방해가 되는 토대역량 차이의 정도는 정의의 범위에 포함되어야 한다.

사회정의이론으로서 토대역량접근은 비판받는 다른 영향력 있는 이론의 한계에 적절히 대응할 수 있을까? 지금까지 토대역량접근의 세 가지 버전[센[3.1], 누스바움[3.2], 앤더슨[3.3]] 정도가 토대역량 정의론을 향한 이론적 기초를 놓는 데 기여하는 것으로 여겨진다. 우선, 센은 특히 기아와 빈곤을 분석하는 맥락에서 '권한' 접근을 옹호했다. 나중에는 자신의 권한이란 개념의 범주를 확장하고, 이를 가치로운 기능성을 획득하게 하는 기본 토대역량이란 면에서 개인의 웰빙과 사회적 지위를 평가하는 데 목표를 둔 토대역량 형식으로 재탄생시켰다. 관련 개념을 정의하고 사회정책을 위한 접근을 조작화할 가능성을 보여주었음에도, 센은 기본 토대역량의 구체적인 목록을 내놓지 않았고 승인하지도 않았다. 7장에서 강조하겠지만, 센은 관련된 토대역량의 선정이 대중의 추론과 민주주의 관련성 및 이에 따라 정당화되어야 한다는 견해를 옹호한다.

이와 반대로 누스바움은 10개의 기본 토대역량 목록에 기반해 토대역량접근을 개발했다. 특히 누스바움은 두 가지 방향에서 토대역량의 철학적 기초를 다졌다. 토대역량접근을 아리스토텔레스의 윤리학과 정치철학과 연관지었으며, 정치 관념의 희망적인 형식으로 발전시켰다는 점에서다.

토대역량접근에 관한 앤더슨의 이론은 센과 누스바움의 중간적 입장으로 간주될 수 있다. 센이 선결된 기본 토대역량 목록을 제시하기 주저한 반면, 누스바움은 오히려 광범위한 목록을 옹호했다. 그런데 앤더슨은 억압과 착취에 반하는 민주적 평등의 통치체제를 위해 근본적으로 고려해야 할 중요한 토대역량을 상당히 적게 내놓았다. 이런 선도적인 토대역량 이론가들 사이의 차이는 기본 토대역량 목록을 내놓느냐에 관한 것뿐만 아니라 이들이 토대역량접근을 추구하는 정당성을 어떻게 제시하는가에서도 나타난다.

최근 철학 문헌들을 보면, 토대역량접근[#3.4]을 다루는 다양한 학설의 성격과 정당화에 많은 반대 의견이 개진되고 있다. 토대역량접근을 반대하는 대표적인 의견은, 토대역량접근이 자원에 기반한 시각 혹은 다양한 복지 이론의 하나 정도로 취급된다는 점이다. 즉, 토대역량 이론이 기본적으로 자원 활용에서 도출되는 자원이나 복지에 관심을 기울이기 때문이다. 이런 반대 의견은 토대역량접근의 특이성에 일종의 의문을 제기한다. (공리주의 및 롤스 이론 등과) 구별되는 것이 별로 없다는 점은 토대역량접근의 양가성(이중성, 양면성)을 따져보게 하는데, 토대역량접근이 기능성과 토대역량 중 어느 쪽에 초점을 맞추는지에 관한 질문으로 요약된다.

또 달리 제기되는 반대 의견은, 토대역량 이론가들의 주요 의도가 모두를 위한 기본적인 토대역량을 실현하는 것이기 때문에 이들은 기본적으로 충분주의[1] 접근을 발전시키는 데 관심이 있고, 이 과정에서 요구되는 웰빙의 기준선을 넘어서는 불평등에는 관심을 기울이지 않을 것이라는 점이다. 이는 완전히 성숙한 정의론으로서 기능하는 토대역량접근의 범주에 들지 못한다는 의문을 제기한다. 설득적인 정의론으로서 토대역량을 발전시킨다는 전망은 다분히 이런 반대 의견에 만족스럽게 답변하는가에 달려 있다.

3.1 센: 토대역량접근의 개념화

(1) 권한과 기아의 정치경제

기아와 빈곤을 주제로 한 센의 초기 연구에서 주장하는 '권한' 개념은 토대역량 개념의 개념적 선구자로, 정의로의 토대역량접근 동기에 큰

---

1. [역자주] 충분주의(Sufficientarianism)는 분배정의에 관한 이론의 하나로, 가난한 사람의 상황을 부자의 상황과 같거나 유사하게 만들겠다는 불평등에 관심을 기울이기보다 각 부류의 상황에서 충분함을 만들어내려는 사회정의적 접근을 취한다.

빛을 비춰주었다. 『빈곤과 기아Poverty and Famines』[1981: vii]에서 센은 이렇게 말했다. "빈곤에 관한 많은 것이 충분할 정도로 분명하다. 가난을 인식하고 무엇이 가난을 가져오는지 이해하기 위해 상세한 기준, 정교한 측정 혹은 세밀한 분석이 더 필요하지 않다." 역설적으로, 기아와 빈곤에 대한 센의 이론적 분석은 놀랍고도 명확한 결과를 보여줄 뿐만 아니라 세계 기아를 극복하게 할 가치로운 많은 공공정책 함의를 담고 있다. 전통적으로 기아의 원인은 해당 지역에서 식품 생산과 함께 공급이 감소하기 때문이라고 생각되었다.

그러나 기아에 관한 센의 경제학적 분석에서 이런 전통적 식견이 도전받게 된 것이다. 센은, 기아가 식품 공급이 상당한 정도로 감소했기 때문이기도 하지만, 식품을 획득하고 또 식품에 접근할 수 있는 '권한'과 '구매력'을 상실했기 때문에 발생한다는 점을 보여주었다. 이런 상황은 전 세계에서 발생했고, 아직도 이어지고 있는 대부분의 주요 기아 상황에 관한 분명한 현실이다.

1943년, 뱅갈 지역은 3백만 명 가까이 죽는 처참한 기아를 경험했다. 이 시기에 식품 생산의 현저한 감소는 없었다. 그러나 도시 거주민들과 급여 수준이 높은 사람들만 식품을 살 수 있을 정도로 식품의 상대적 가격이 상승했다. 변변찮거나 불안정한 수입에 의존해 살아가고 일용직 혹은 그날 벌어 그날 먹고 사는 생활을 이어가는 대다수 농촌 인구가 큰 타격을 입었다. 2005년, 니제르Niger가 기근과 기아라는 심각한 위기에 처했다. 적은 강우량이 니제르의 전체 곡물 생산을 감소시켰음에도 그 결과는 그리 재앙적이지 않았다. 사실, 아무런 굶주림이 보고되지 않았던 2001년 수확량보다 22% 높았다. 하지만 인구, 특별히 목초지대의 농촌 인구 중 상당수가 굶주리고 병들었으며 영양실조 상태에 놓였다. 그들이 팔 수 있는 것(주로 가축)의 가격이 폭락한 상황에서 이들이 사다 먹어야 하는 식료품 가격이 수직 상승했기 때문이다. 이런 상황이 이들의 식품 구매력 결핍을 가져왔다. 구매할 수 있는 식품이 전혀 부족하지 않았는데도 말이다.[2] 따라서 센은 기아와 박탈이 식품 생산과 식품 접근성과 관련될 뿐만 아니라, 식품 배분 및 (사람들이 음식을 사고 건강 및 영양 상태를 유지하기 위한 역량과 능력에 직·간접적으로 영향을 미칠 수 있는) 경제·사회·정치적 제도에도 관련된다고 강조했다.

이때, 기아를 예방하고 박탈을 극복하게 하는 최선의 방법은 무엇인가? 기아와 박탈이 대체로 특정 지역에서 개인 혹은 직업 집단의 '권한 실패' 때문에 발생하기 때문에, 이를 예방하게 하는 적절한 방법은 권한 보호를 위한 사회안전망에 초점을 맞추는 것이다.Sen, 1981; 1988a 상대적으로 선진국에서, 이런 보호가 실업보험이라든가 반빈곤 프로그램 등의 방식으로 제공된다. 대부분의 개발도상국은 일반적인 실업보험제도를 갖추고 있지 않다. 그러나, 몇몇 개발도상국은 (공공 도로 건설이라든가, 공공 우물 파기, 농사용 저수지 만들기 등) '공공 취로' 같은 비상 시책을 실시해, 사람들이 기아를 극복할 수 있는 충분한 수입을 얻게 할 수 있다. 또 한편으로 센은 기아, 질병, 박탈 없이 삶을 영위할 수 있는 것과 같은 기본 경제적 자유와, 다른 한편으로 언론의 자유, 민주주의와 정치참여 같은 정치적 자유 간의 상호 연계성을 살피라고 주장했다. 센의 논문은 '민주주의가 기능하고 있는 나라/지역에서는 세계 어디에서도 역사상 기아가 발생한 적이 없다.'Sen, 1999a: 16[3] 주기적인 선

---

2. 중국, 아일랜드, 방글라데시, 에티오피아의 기근에 관한 설명은 Sen(1981)을 참고하라. 최근 니제르의 기아와 빈곤 위기에 관한 상세한 내용은 이코노미스트 '결핍이 아닌 빈곤(Destitution Not Dearth)'(2005.08.20.), 53을 참고하라.
3. 센에게 민주주의는 다수결의 원칙 이상이라는 점을 주목해야 한다. 7장에서 토대역량과 민주주의, 그리고 공적 추론 간 상호연계성에 관해 논의할 것이다.

거, 야당, 비판적인 언론과 매체, 공적 논쟁 문화를 갖춘 국가는 기아뿐만 아니라 다른 극심한 재앙을 막게 하는 더 나은 전망을 보여준다. 정치적 자유와 권리가 사람들에게 정부와 정치인을 비판할 수 있게 하고, 시급한 이슈에 관심을 기울이게 한다. 민주주의와 공적 논쟁은 기아 같은 극심한 재앙에 좀 더 예민하게 반응해 왔다. 그러나 다른 사회적 실패—예를 들어, 특정 지방의 기근, 영양실조, 유아 사망률, 가난한 사람들의 심각한 보건 위기, 여성과 소수민들에 대한 체계적인 사회적 배제 등은 민주주의와 공공 논쟁 문화와 계속 공존해 왔다. 너무도 슬픈 일이다. 이런 이슈에 대한 진전을 위해서는 민주주의와 공적 토론을 거부하거나 무시하기보다는 더 강화하고 개선하려는 노력이 필요하다.

(2) 기능성과 토대역량, 실현과 실현할 자유

센[1992; 1993]은 권한 개념을 토대역량으로 세련되게 변형시켰다. '권한'이란 용어는 대체로 겨우 생존할 수 있을 정도의 기본적 필요를 충족하기 위한 역량이나 능력의 결핍을 지적하기 위해 사용되었지만, '토대역량'이란 개념은 전체적으로 웰빙을 위해 요구되는 역량과 기회의 광범위한 범위를 가리키기 위해 사용되었다.[4] 이에 따라, 센은 사람들의 웰빙과 사회적 지위가 '가치로운 기능성functioning'을 실현하게 하는 토대역량'에 기반해 평가되어야 한다고 주장했다.[Sen, 1993: 31] 토대역량접근은 두 개의 관련된, 그러나 서로 구별되는 개념으로 구성되어 있다. 기능성과 토대역량. 센은 기능성을 개인이 한 번에 실현하거나 여러 번에

---

4. 내가 이해하는 한, 센과 다른 토대역량 이론가들도 '권한(entitlements)'에서 '토대역량(capabilities)'으로 용어 전환을 정당화하지는 않는다. 가장 설득력 있는 이유는 '토대역량'이라는 용어가 '권한'보다 개인의 행위 주체성과 능동적 참여를 더욱 분명하게 나타내는 것처럼 보이기 때문일 것이다. 누군가에게 무언가에 대한 '권한이 있음(entitled to)'을 말할 때, 당사자는 아무것도 할 필요가 없다는 인상을 줄 수 있다.

거쳐 축적해 낼 수 있는 다수의 '행위'와 '기능'이라고 정의한다. 따라서 기능성이 뜻하는 것에 대해 센이 분명하게 개념화한 내용은 다음과 같다.

> 기능성은 한 개인이 성취한 것이다. 그가 해낼 수 있거나 될 수 있는 것이다. 이는 자체로 그 사람의 부분적인 '상태'를 반영한다. 기능성은 이런 기능성을 성취하는 데 쓰이는 상품과 구분되어야 한다. … 기능성이 만들어내는 행복과도 구분되어야 한다. … 따라서 기능성은 (1) 기능성 이전의 것인 상품을 갖는 것(과 이에 대응하는 특성)과 (2) (기능성으로 만들어지는 행복의 형태로) 이후 일어나는 것인 효용을 갖는 것, 이 둘 모두와 구분되어야 한다.Sen, 1987c: 7

예를 들어보자. 센은 영양, 기대수명, 건강, 교육 등의 기본적인 기능성뿐만 아니라 웰빙 평가와 관련된 자기 존중, 사회적 인정, 정치적 참여 등의 복잡한 기능성을 언급했다. 이렇게 단순하고도 복잡한 기능성을 획득하기 위해 우리는 돈, 사적 재화, 공적 재화 같은 자원을 필요로 한다. 이런 기능성의 실현을 통해 우리는 특정한 정신적 감각(행복, 충족 등)을 이끌어 내게 된다. 그럼에도 센은 기능성이 개인의 웰빙을 평가하는 기반이 되어야 한다고 주장한다.

센은 토대역량을, 한 개인이 실현할 수 있거나 이미 실현할 수 있었을 기능성의 다양한 조합(혹은 벡터)으로 정의한다. "한 개인의 토대역량은 그 사람이 실현할 수 있는 기능성의 대안적 조합을 반영하고, 이를 통해 그는 한 다발의 기능성을 선택할 수 있다."Sen, 1993: 31 따라서 토대역량은 다양한 기능성을 획득하기 위해 한 개인이 갖는 자유의 정도를 의미한다. 센이 토대역량이란 용어를 사용하자 그가 도대체 어디에 정확히 초점을 맞추고 있는지에 대해 철학자와 토대역량 이론가들(예를 들어, Williams, Cohen, Crocker) 사이에서 엄청난 논쟁과 토론이 이어져 왔다. 크로커Crocker, 1995; 163는 센의 글에서 토대역량이란 개념은 사람들의 역량이나 '내적 힘'을 직접 가리키지 않는다고 주장했다. 이와 달리, 코헨Cohen, 1993: 20-25은 '할 수 있는 토대역량'이란 개념은 과하게 활동적인 '운동선수'의 특징을 불러오는 것으로, 토대역량를 발전시키는 데 요구되는 기회와 조건을 가리키기 어렵다고 주장했다. 그러나 센1993은 다음과 같이 이 문제를 명료화한다.

> 삶의 다양한 형태로 이끄는 자유는 한 개인의 토대역량 묶음에서 반영된다. 개인의 토대역량은 개인의 특성과 사회 제도 같은 다양한 요인에 달려 있다. 개인적 자유를 완전히 계산하려면 당연히 인간 삶의 토대역량을 넘어 그 사람의 다른 목표들(예를 들어, 자기 삶과 직접 관련되지 않은 사회 목표 등)에도 관심을 기울여야 한다. 그러나 인간의 토대역량은 개인 자유에서 중요한 부분을 차지한다.1993: 32

따라서 센은 '토대역량'이란 용어를 서로 관련된 두 가지 요소를 가리키는 말로 이해한다. 우선, 토대역량이란 말은 인간으로서 사람들이 지닌 역량이나 권력을 가리킨다. 토대역량은 영양과 건강의 필요를 충족하는 데 요구되는 가장 기본적인 것에서부터 실천이성의 사용이나 지역사회에서 자기 존중감을 갖고 살아가는 것과 같이 좀 더 복잡한 것에 이르는 넓은 범위에 놓여있다. 둘째, 이 말은 기회를 가리키는 말인데, 사람들은 이를 통해 자신의 역량을 배양하고 행사해야 한다. 실제로, 사람들의 역량은 이들의 가족, 사회, 정치적 환경에서 직면하는 기회에 따라 고양되거나 저해될 수 있다.[5] 센은 기능성이란 용어와 비교해 볼 때, 토대역량이라는 용어가 피할 수 없는 '모호함'을 일정 정도 지닌다는 점을 잘 알고 있었다. 기능성이라는 말이 한 개인의 '성취'를 의미하는 반면, 토대역량은 그 개인이 갖는 '성취의 자유'를 의미하기 때문이다. 그러나 그는 이 점이 개인의 선택과 자유에 초점을 맞추지 못하게 해서는 안 된다고 지적한다. "자유라는 개념에도 모호함이 있지 않은가? 이점이 토대역량의 특성이 지닌 모호함과 대응하는 것으로 봐야 한다."Sen, 1993: 33

(3) 웰빙과 행위 주체성, 통제와 효과적인 자유

센은 토대역량을 가치로운 기능성을 성취하고 자신이 가치롭다고 추론하는 삶의 형태를 이끌기 위한 사람들의 자유를 반영하는 것으로 그릴 뿐만 아니라, 사람들의 이익과 사회적 지위를 평가하는 데 중요할 수 있는 자유의 다양한 측면을 정교화한다. 윌리엄 코우퍼William Cowper가 기술하는, "자유는 보여줄 수 있는 매력이 정말 많다. 이 자유는 아무리 만족스러워하는 노예라도 결코 알 수 없는 그런 것이다."[6] 센은 개인이 누리는 자유의 정도를 평가하면서 '웰빙'과 '행위 주체성'이란 측면 모두에 관심을 기울이는 것이 중요하다고 지적한다. 웰빙은 개인 자신의 이득을 지칭하는 것으로, 이득은 훌륭하게 양육되고, 건

---

5. 버나드 윌리엄스(Bernard Williams)도 이런 맥락에서 '토대역량'이라는 용어에 대한 이해를 제안했다. "공동 실현이 가능한 토대역량 집합과 사람들이 다양한 범위의 토대역량을 획득하는 사회적 상태에 대해 생각해보아야 한다"(Williams, 1987: 100, 저자 강조). 나는 기본적으로 윌리엄스의 해석과 제안을 따른다. 알렉산더(Alexander, 2003a; 2005a)를 참고하라. 누스바움의 '결합 토대역량(combined capabilities)'(#6.1)에 대한 개념은 이런 해석을 지지한다.

6. Sen(1999a: 298)에서 인용.

강하며, 적절하게 교육받는 것 등의 가치로운 됨의 상태 면에서 평가될 수 있다. 다른 한편으로 행위 주체성은 개인 스스로 행동하고 목표, 헌신, 의무 등 행위의 주체인 자신에게 그다지 이득될 게 없는 성과를 포함하는 가치로운 됨의 상태를 성취하려고 선택을 행사하는 다양한 방식을 가리킨다.

이 둘은 서로 다른 관점이다. 행위 주체성 측면에서 개인은 주로 다양한 목표를 추구하고 다른 일들을 성취하며 자신의 행위에 책임을 지는 행위 주체로 간주되지만, 웰빙 측면에서 개인은 '환자' 혹은 '수혜자'로 간주된다. 그러나 이 둘 사이에 실질적이고 상당한 상호연계성이 있으며, 사람들의 웰빙을 고양하게 하는 보증된 방법이 '행위 주체성'과 '참여'라는 길을 따르는 것이라는 점을 알아채는 것 또한 중요하다.Sen, 1999a: 189ff. 예를 들어, 개발도상국의 여성 웰빙은 독립적인 수입을 얻고, 집 바깥에서 직장을 가지며, 문해력을 갖추고, 가족 내외에서의 의사결정 과정에서 교육받은 참여자가 되며, 소유권을 행사하는 등의 능력을 통해 상당한 정도로 개선되었다. 이런 일들은 여성의 목소리와 행위 주체성에 긍정적인 기여를 했으며, 따라서 가정에서 여성의 사회적 지위를 높이도록 했다. 심지어 유아 사망률과 인구과잉은 몇몇 강압적인 보건정책을 통해서보다 행위 주체성과 여성을 교육하고 권한을 강화하는 참여적인 접근에 의해 더 효과적으로 착수되었다.

더욱이, 센은 통제의 자유를 효과적 자유와 대립시킨다. 통제의 자유는 개인이 행사한 선택의 결과인 기회를 가리킨다. 이런 경우, 다른 행위 주체의 역할은 상당히 미미하다. 그러나 이와 대조적으로, 효과적 자유는 가족, 지역사회 혹은 국가와 같은 다른 행위 주체의 성과인 기회를 가리킨다. 개인은 단순한 수혜자가 되거나 그렇지 않으면 통제에 대한 행사는 아주 미미하다.

효과적 권력(효과적 자유)과 절차적 통제(통제 자유)의 대비
는 실제로 중요하다. 사람들이 자기 개인 생활의 모든 중요한
측면을 통제하는 지렛대를 쥐고 흔들 수 있는 방식으로 사회
가 조직되기는 어렵다. 통제라는 면에서만 자유를 보려는 것
은 자유의 요구를 놓치는 것이다. 통제가 개인 자신에 의해 타
당하게 행사될 수 없을 때 말이다.Sen, 1985a: 210

통제의 자유와 효과적 자유의 구분을 유지하는 센의 동기는, 개인의
토대역량을 촉진하거나 방해할 수 있는 경제·사회·정치 구조의 중요성
을 인지하는 것이다. 개인은 사회적 조건에 달린 자신의 토대역량을 획
득하고 행사하고 고양시킨다. 자유가 개인의 특권과 성취의 고유한 결
과라는 시각을 옹호, 지지하는 대신, 센은 우리에게 다른 중요한 차원
을 상기시켜준다. '자유는 가장 강력한 사회 사상 중 하나다.'Sen, 1992: 6
공공재가 발생시키는 자유와 기회는 책임감 있는 공동체와 정부의 간
섭이 만들어낸 효과적 자유의 결과다. 개인이 이런 상황에서 직접 통제
를 행사할 것이라고 기대하는 것은 비합리적이다.

(4) 센과 사회 정책

센의 토대역량접근은 다양한 전선에서 사회정책 우선순위를 정하는
데 영감을 불러일으켰다. 센[1987c] 자신이 밝히듯, 중요한 토대역량 응용
은 빈곤 개념과 관련된다. 빈곤은 소득이란 공간차원에서 상대적일 수
있다. 그러나 토대역량 차원에서는 절대적이다.#1.3.b 이 점이 빈곤을 낮
은 소득이라고 보기보다는 토대역량의 박탈로 보게 한다. 가장 잘 알려
진 토대역량접근의 이론적 통찰을 사용한 것은 1990년 이래 지금까지
UNDPUnited Nations Development Programme에서 매년 발간하는 인간개

발보고서HDR, Human Development Report다. 발전은 경제적 성장만을 의미하는 것이 아니라, 분명하고 가치로운 것이 되고 또 이를 할 수 있게 하는 인간 토대역량의 확장이라는 센의 아이디어는 인간 발전 패러다임의 시작점이다. 이에 따라, HDR의 주요 목표는 전통적인 '소득 중심적인' 계산에서 '사람 중심적인' 정책으로 이동하는 것이다.Fukuda-Parr, 2003 HDR의 중요한 부분이 인간개발지수HDI, Human Development Index로, 전 세계 국가들의 순위를 세 가지 기본 토대역량에 기반해 매기는 것이다. 인간기대수명(오래 살고 조기 사망을 피하는 능력), 문해력(더 잘 읽고, 쓰고, 의사소통하는 능력), 경제적 생활수준(1인당 GDP로 측정되는 것으로, 원하는 물건과 서비스를 구매할 능력). 이 지수는 전통적인 소득에 기반한 1인당 GDP 척도가 인간 발전의 불완전한 지표이고, 토대역량에 기반한 지표가 1인당 GDP 척도와는 다른 결과를 보여준다. '가치 판단'과 측정의 어려움과 단점이 있긴 하지만, HDI는 국가 및 국제사회 의제에 중요한 정책적 영향을 끼친다. 예를 들어, 코스타리카, 스리랑카 또는 인도의 케랄라 같은 몇몇 국가와 지역은 비슷한 수준이거나 심지어 더 높은 소득 수준을 올리는 국가 및 지역과 견주어 더 높은 '인간 발전' 수준을 성취해 내고 있다는 점이 명확한 상황에서, HDI는 정부 및 정책 결정자들이 제대로 된 정책에 대해 사유할 수 있도록 한다.

심지어 미세한 수준에서, 토대역량에 기반한 분석은 정책 관심을 위한 중요한 결과를 보여주는 듯하다. 쇼카르트와 반 오테젬Schokkaert & Van Ootegem, 1990은 벨기에의 실업자들을 대상으로 미시 데이터를 활용하는 토대역량접근을 작동하게 한 초기 단계의 연구진이다. 이들은 거창하지는 않지만 상당히 희망적인 문장으로 자신들의 연구를 결론짓는다. "(정제된) 기능성이란 개념은 매력적인 접근선을 제공하는데, 적어도 전통적인 소득 혹은 효용 체계를 넘어서고자 할 때 따져봐야 할 질문을 하게 돕는다. 따라서 이런 선에 따라 좀 더 경험적인 연구가 상당히 유용해 보인다."Schokkaert & Van Ootegem, 1990: 445 이들의 연구는 실업자의 웰빙이 금전적인 면, 즉 소득의 상실로만 보여줘서는 안 되며, 비금전적인 요소, 예를 들어 자존감의 상실이라든가, 정신 건강, 사회적 배제 등의 요인 측면에서도 다뤄져야 한다는 결론을 지지한다. 따라서 금전적인 지원과 함께 실업자들을 대상으로 한 비금전적인 정책 프로그램이 이익을 가져온다고 증명한다. 알키레Alkire, 2002는 파키스탄에서 진행된 세 개의 옥스팜 프로젝트(염소 사육, 장미화환 생산, 여성문해교육)에 대해 전통적인 비용-편익 분석과 토대역량 기반 분석 간의 불일치가 어떠한지 기술해 주고 있다. 이들 프로젝트를 순수하게 비용-편익 분석을 진행한 것을 살펴보면, 처음 두 프로젝트가 세 번째 프로젝트보다 우호적인 듯하다. 경제적 측면에서 양화될 수 있는 즉각적이고 손에 잡힐 만한 보상 때문이다. 그러나 이와 대조적으로 토대역량에 따른 평가를 살펴보면, 여성문해교육 프로젝트는 다른 두 프로젝트만큼이나 충분히 정당화될 수 있다. 수혜자들에게 '변혁적'이고 '권한을 강화'하는 효과를 내기 때문이다.[7]

가치롭지만 적절한 사회 정책을 위한 토대역량접근을 작동하게 하는 다양한 시도와 가능성에도 불구하고, 이들은 토대역량접근이 갖는 특정 이론적 난점을 과장해 쓸 수 없다. 다양한 사람들과 사회가 중요하다고 여기는, 혹은 사소하다고 여기는 기능성('하는 것'/doing과 '되는 것'/being)의 측면에서 다양하다는 사실을 고려하면, 사람들의 삶의 질과 이들의 동등한 사회적 지위를 평가하기 위한 척도로서 무엇이 가장

---

7. 토대역량접근에 관한 주목할 만한 경험적 적용 사례가 많다. 대표적으로 Chiappero -Martinetti(2000), Robeyns(2003), Bojer(2003), Kuklys(2005), Deneulin(2006), Subramanian(2006)가 있다.

중요한 기능성인지 찾아내고, 식별하고 선정하는 것은 어렵다. 가치평가적 행위는 우리가 기울이는 관심이 성취된 기능성에서 토대역량 묶음(실현될 수 있는 기능성의 조합)으로 표현되는 실질적 자유로 이동될 때 훨씬 복잡해진다. 센은 개인의 웰빙과 이득을 온전히 평가하는 것은 '반사실적 선택—누군가에게 선택권이 주어졌다면 그는 이미 선택한 것'1992: 67—임을 고려해야 한다.

토대역량의 평가에 관여하는 이런 난점들 때문에 토대역량의 적절한 지수를 만들어내는 작업이 복잡하고 어려워진다. 예를 들어, 다양한 국가, 대륙, 문화를 포괄해 웰빙과 삶의 질을 평가하려는 인간발전HD 접근은 어떤 토대역량이 가장 중요한지 결정해야 하는 만만찮은 도전에 직면한다. 기대수명, 교육, 적절한 생활 수준과 관련된 토대역량만 고려되는가? 다른 것은 안 되나?Fukda-Parr, 2003 기본 토대역량의 범위는 정말 넓고 개인이 각 토대역량에 부여하는 가치는 글자 그대로 사람마다 다를 수 있다. 몇몇 토대역량이 정말 중요하다고 여겨지고 사회정책에 대한 관심을 받게 되더라도, 이들의 상대적인 중요성은 사회·문화적 맥락에 따라 달라질 수 있고 실제 다르다. 센은 한 개인의 토대역량 묶음이 다른 사람들의 것보다 더 풍부하다거나 좋다고 할 수 있다고 식별하는 데 도움을 줄 수 있는 토대역량의 완전한 순서를 제시하지 않고 있다. 그는 가치 선정이나 가치 식별이 토대역량접근의 '본래적 부분'이고, 토대역량에 관한 어떤 한정된 목록도 제시되어서는 안 된다는 생각을 지지한다. 누스바움과 앤더슨은 정확하게 이 점에서 센에 동의하지 않는다.

게다가, 센은 소득 및 부를 적합한 기능성과 같은 자원으로 변환하는 능력이 개인 및 사회적 차이의 '다중성'에 영향을 받는다고 지적한다. 이 말이 의미하는 바는, 일부 개인은 같은 범주의 토대역량을 위해 다른 사람들보다 더 많은 자원이 필요하다는 것이다. '연령, 젠더, 특별 재능, 장애, 질병에 취약한 상태 및 그 밖의 차이는 다른 두 개인에게 삶의 질에서 상당히 다른 확산적인 기회를 갖게 할 수 있다. 비록 이들이 똑같은 상품 묶음을 공유할 수 있다 하더라도 말이다.'Sen, 1999a: 69 예를 들어, 가족 내에서 작동하는 분배 패턴과 사회 규범은 개별 구성원의 토대역량 전망에 큰 차이를 만들어 낼 수 있다. 젠더 편견이 큰 사회에서 남자 아이 및 남성은 정상적으로 많은 기회를 우선적으로 차지한다. 이런 예에서, 남성이 된다거나 여성이 된다는 사실은 차이를 만들게 된다. 센1992: xi은 이런 인간 다양성의 요소를 '경험적 사실'이라고 지칭하고, 다양성의 일부는 계산하고 일부는 그렇지 않게 되는 불가피성이 있다고 여겼다. '다양한 종류의 다양성이 존재한다. 모든 다양성을 포함시키려 한다면 경험적 혼동이라는 총체적인 곤경에 처할 수밖에 없다는 점을 생각하지 않을 수 없다. 실천에 대한 요구는 곧 판단을 가리키는 것이고, 좀 더 중요한 것에 집중하는 동안 일부 다양성을 무시하게 된다는 점을 의미한다.Sen, 1992: 117 그러나 포기Pogge, 2002b: 179-190가 강조하듯, 이런 다양성을 어떻게 양적으로 측정할 수 있으며, 구체적인 정치 제도 및 분배 제도를 제안하기 위해 어떤 다양성은 선택하고 어떤 다양성은 거부하는 데 어떤 절차를 따라야 하는지에 관한 문제는 여전히 남아 있다.

3.2 누스바움: 토대역량접근의 철학화

(1) 누스바움, 아리스토텔레스, 토대역량접근
누스바움은 토대역량접근이 아리스토텔레스의 윤리학 및 정치철학과 연관되어 있다는 점을 보여줌으로써 토대역량접근의 이론적 기초를 강화하고 풍부하게 했다. 센이 때로 아리스토텔레스를 암시하는 표현을 하고, '진정한 인간 기능성'이란 개념을 통해 마르크스를 연상하게 했지만, 아리스토텔레스에 기반해 토대역량접근의 철학적 정당성을 제공하려는 움직임을 보이지는 않았다. 센도 이것이 누스바움의 중요한 공헌이라고 인정한다. "토대역량접근을 제안하던 시기이기는 했지만, 나는 이 접근이 아리스토텔레스와 어떤 연관성이 있는지 밝히지 않았다. … 아리스토텔레스의 관점과 토대역량에 초점을 맞춘 접근을 구성하려는 최근의 노력이 아리스토텔레스의 관점과 어떻게 연계되는지는 누스바움에 의해 눈부시게 논의되어 왔다."Sen, 1993: 30, n.2 아리스토텔레스 윤리학과 정치철학은 좋은 삶에 관한 성찰에 기반한다. 좋은 삶의 구성요소를 쾌락이나 선호-충족이라는 단순재로 환원하는 듯한 쾌락주의 혹은 동시대의 유사 공리주의자들과 달리, 아리스토텔레스는 좋은 삶의 구성요소는 정말 많고 또 환원할 수 없을 만큼 다원적이라고 주장했다.

아리스토텔레스의 관점에 대한 문헌 해석과 아리스토렐레스의 학문에 기여한 다수의 개척자적인 연구로 평생을 보낸 자신의 작업에 기초해[8] 누스바움은 토대역량접근을, 좋은 삶을 구성하도록 하는 '가치로운 인간 기능성'의 지속되는 규범적 성찰이라는 아리스토텔레스 철학 방법에 연결지었다. 누스바움에게 '번영하는 인간 삶'이라는 개념은 윤리적이고 정치적인 성찰에 관심을 불러들여야 하는 다양한 토대역량을 식별하는 데 중요한 역할을 하게 된다. 따라서, 누스바움은 폴리스에 모두

---

8. 누스바움의 다른 저작으로는 『선함의 취약성(The Fragility of Goodness)』(1986), 『사랑의 지식: 철학과 문학에 관한 에세이(Love's Knowledge: Essays on Philosophy and Literature)』(1990a), 『욕망의 테라피(The Therapy of Desire)』(1994), 『사상의 격변(Upheavals of Thought)』(2001a), 『인간성으로부터의 도피: 혐오, 수치심, 법(Hiding From Humanity: Disgust, Shame, and the Law)』(2004)이 있다.

함께 모이게 하고자 인간의 '정치적' 성격에 토대해 정치적 원칙과 국가의 당위성을 정당화하는 정치철학의 전통에 토대역량접근을 위치시킨다. 이 말은 곧, 아리스토텔레스의 발자취에서 누스바움이 기본 토대역량의 공적 관념을 정당화하는 데 사회계약론 학설 및 이와 관련된 모든 개념적 요소에 호소하지 않는다는 점을 의미한다.[#2.3][9]

그러나 누스바움은 아리스토텔레스를 조심스럽게 독해하는 스타일을 취한다. 토대역량접근을 아리스토텔레스 프로젝트의 큰 틀에 대체로 위치 짓고는 있지만, 누스바움은 아리스토텔레스 논의에 중요한 수정을 가한다. 아리스토텔레스를 읽는 어떤 독자도 그의 책에서 가장 눈에 띄는 규범적 결점을 모르고 지나칠 수 없을 것이다. 보편적인 인간 존엄이라는 참조기준이 빠져있다는 점 말이다. 그의 인간에 대한 이해는 위계적이다. 주인, 남성, 여성, 노예를 순서 짓는 방식으로 말이다. 그는 노예와 여성을 폴리스에 포함될 자격을 지닌 인간과 동등하다고 생각하지 않았다. 게다가 장인匠人 같은 사람들도 시민의 자격에서 제외했다. 이들은 아리스토텔레스가 시민으로 마땅히 갖춰야 하는 교육을 받을 충분한 여유를 누리지 못하기 때문이었다.

누스바움은 평등과 인간 존엄성 개념을 아리스토텔레스 사상에 주입한다. 누스바움은 현대정치의 목적에 아리스토텔레스를 전유하는 것이 아리스토텔레스의 사상을 평등주의의 측면에서 확장해야 한다고 보았다. 아리스토텔레스 자신이 '진정한 인간 기능성'에 깊이 관심을 기울였고, 폴리스가 이런 인간 기능성의 행사에 필요하고 적절한 조건을 제공해야 한다고 보았기 때문이다. 모든 형태의 노예제도와 노예제와 관련된 제도에 명백히 반대하는 것을 포함해, 누스바움[1988a]은 '부모를 둔

---

9. 6장에서는 누스바움의 혼합적 토대역량 이론과 아리스토텔레스의 '자연주의적' 도덕 및 정치철학의 공통점과 차이점을 검토한다.

모든 아이들'은 인간 삶의 주요한 기능을 할 수 있고, 따라서 마땅히 주의와 존중을 받아야 한다는 전제를 가지고 정치적으로 활동해야 한다는 생각을 지니고 있다. 심한 장애 상태에 있거나 의존해 살 수밖에 없는 아동 및 성인에게 누스바움은 물질적 자원, 교육, 사회적 인정을 제공해야 하며, 이들 또한 다른 사람들과 마찬가지로 사회적으로 수용되고 통합되어야 한다고 지적했다.

또한, 아리스토텔레스는 정치학 영역에서 완벽주의와 가부장주의적 태도를 견지하는 듯하다. 그는 국가가 좋은 삶이 어떤 것인지 식별할 뿐만 아니라 다양한 덕목 및 시민들 간의 삶의 방식을 진흥해야 한다는 생각을 적극 옹호했다. 아리스토텔레스의 『윤리학』, 그리고 특히 『정치학』을 읽는 현대의 독자들은 국가와 시민의 건강한 거리가 빠져있다는 점을 발견하게 될 것이다. 특별히 시민이 무엇을 공부하고, 하루 동안 얼마나 운동을 해야 하는 등의 지극히 개인적인 일에 대해 이것이 국가가 해야 할 일인지에 대해 도덕적인 측면에서 논쟁이 치열하다는 점을 알지 못한 채 지시를 받게 될 때 말이다.

누스바움은, 정치적 자유 관념이 아리스토텔레스에게 결핍되어 있다는 점이 주요한 논의의 출발점이 되어야 한다고 주장한다. "이 영역에서 아리스토텔레스주의자들은 아리스토텔레스에게서 떠나야 한다."Nussbaum, 1990b: 239 저자 강조 예를 들어, 누스바움은 아리스토텔레스를 교정하고 또 재정향시키는 데 도움이 될 것 같은 의사표현의 자유라는 아테네의 전통을 넌지시 이야기한다. 일부 아테네 법은 '정치계획의 일과 전혀 관련되지 않은 상황에서 각 시민의 사적 영역에 대한 보호와 불개입을 요구한다. 정치가 이런 일의 경계를 정할 것임에도 말이다.'Nussbaum, 1990b: 239[10]

그럼에도 불구하고, (7장에서 논의되기는 하겠지만) 누스바움이나 센

모두 자유 관념을 불개입이라고만 정리하지는 않았다. 누스바움은 일부 측면에서 불개입으로 개념화되는 자유의 자유주의적 관념은 아리스토 텔레스주의자들과 토대역량이론가들이 효과적으로 비판할 수 있다고 지적한다. 즉, 이들은 경제적 재분배, 소득세, 토지개혁 등과 같은 사례를 통해 시민이 선택할 수 있도록 하고 자유의 완전한 이익을 도출하게 하기 위해 실제로 요구될 만한 명백한 '개입'의 형태를 적극 옹호한다. 그려지는 개입의 형태가 토대역량을 진작시키고, 지배적이지 않으며, 법의 권한 아래 있는 한, 이들은 정당화될 수 있고 시민의 자유를 약하게 한다고 여겨질 필요가 없다.

수년에 걸쳐 누스바움의 사고, 특히 토대역량접근에 관한 누스바움의 사고가 정련과 변화를 거쳐왔다는 점을 짚는 게 중요하다. 『선함의 취약성The Fragility of Goodness』1986에서, 토대역량 개념과 토대역량의 도덕적이고 정치적인 함의는 배경에만 머물고 있다. 이어지는 여러 논문예: 1988a, 1998b, 1990b, 1995c 등을 통해 누스바움은 한편으로는 아리스토텔레스로부터 다른 한편으로는 센의 토대역량접근으로부터 영감을 이끌어 내 사회정의로의 독특한 접근을 개발해 낼 가능성을 탐색한다. 그러나 『여성과 인간발전Women and Human Development』2000a과 『정의의 최전선 Frontiers of Justice』2006에서 누스바움은 분명한 자유주의적 학설과 아리스토텔레스주의적 사회민주주의 요소를 비판적으로 접목한 토대역량의

---

10. 그러나 아리스토텔레스가 때로 묘사되는 것만큼 자유를 제한하며 개입주의적인 것은 아니다. 5장에서 제시하는 것처럼 아리스토텔레스에게 '선택(choice)' 개념은 개인적 책임의 맥락에서 중요한 역할을 한다. 또한 누스바움이 지적하듯(Nussbaum, 1990b: 235-236), 아리스토텔레스는 폴리스의 종교적 정체성에 관한 특정 지침을 옹호하지 않았다. 이는 분명한 생략과 분리로 보인다. 아리스토텔레스의 시대와 그 이전 시대에서 도시 국가에 서로 상충하는 여러 올림포스 신뿐만 아니라 외래 종교가 존재했다는 사실을 고려한다면 말이다. 특히 이는 신에 대한 모든 의사 표현이 주의 깊게 규제되는 플라톤의 국가와 유의미하게 구별되는 것으로 확인되었다. 아리스토텔레스에게서 이런 규정을 찾아볼 수는 없다.

혼종적 관점을 개발하려 한다.[11]

(2) 토대역량 목록

센이 분명한 토대역량 목록을 승인하지 않고 토대역량에 기반한 정의의 이해를 열린 접근 정도로 주장하는 선에 만족한 것과 달리, 누스바움[2000a]은 10가지 토대역량 목록에 기반해 토대역량을 실질적인 정의의 관념으로 발전시켰다. 누스바움은, "내가 보기에, 인간 기능성에 대한 객관적이고 규범적인 설명을 내놓고, 기능성이 좋은 인간 삶에 기여한다고 평가될 수 있게 하는 객관적인 평가 절차를 기술하는 일에 대해, 센은 지금까지 그래왔던 것보다 더 급진적일 필요가 있어 보인다."[1988a: 176] 토대역량 목록은 토대역량접근에 관한 누스바움과 센의 이론에서 중요한 차이를 만들어 낸다. 의심할 여지 없이 누스바움은 토대역량이 삶의 질을 평가하는 데 가장 적절한 기준이나 공간이 된다고 주장하는 센에 동의한다. 누스바움 또한 정의론으로서 토대역량접근이 기능성보다는 사람들의 토대역량에 초점을 맞춰 사람들이 특정 방식으로 행동하게 하는 게 아니라 그들이 가치롭다고 여기는 기능성의 유형을 선택할 충분한 기회를 가져야 한다는 데 동의한다.

그러나 누스바움은 좀 더 급진적인 길로 나아간다. 누스바움이 적었듯이, "센은 삶의 질에 대한 평가가 이루어지는 공간의 경계를 구획하는 데 토대역량의 역할에 초점을 맞추어 왔다. 나는 좀 더 절박한 방식으로 이 생각을 헌법적 보증을 승인하는 기본 정치 원칙을 위한 기초로 활용한다."[2000a: 70-71] 물론 센은 '상대적으로 적은 수의 핵심이라 할 만큼 중요한'[Sen, 1992: 77] 토대역량, 예를 들어 영양, 건강, 이동성, 정치

---

11. 아리스토텔레스와 토대역량접근의 개념적 연관성 및 차이점은 6장에서 논의된다.

및 시민적 자유, 노동의 자유로운 선택, 사회적 존중 및 기타에 관심을 기울일 필요가 있다고 했다. 그러나 그는 누스바움이 했듯 일정한 토대역량의 목록을 제시하는 데 초점을 두지 않았다.

누스바움은 '진정한 인간 기능성'이라는 아리스토텔레스-마르크스의 관념에서 영감을 이끌어내고, '인간 존엄성'이라는 개념에 초점을 맞추면서 정부, 정책결정자, 국제기구 등이 벤치마크할 수 있도록 체계적인 핵심 토대역량 목록을 제안한다. 토대역량 목록은 다음과 같다.Nussbaum, 2006: 76-78

1. **생명**: 정상적인 인간 수명까지 살 수 있어야 하며, 때 이르게 죽거나 살 만한 가치가 없다고 해서 생명이 줄어들어서는 안 됨.

2. **신체적 건강**: 생식 건강을 포함해 좋은 건강을 유지하고, 적절하게 영양을 공급받으며, 적절한 쉼터를 가질 수 있어야 함.

3. **신체 보전**: 자유롭게 장소를 이동하고, 성폭력 및 가정폭력을 포함해 폭력적 공격으로부터 안전해야 하며, 성적 만족 및 생식을 위한 선택의 기회를 가질 수 있어야 함.

4. **감각, 상상력, 사고력**: 감각을 사용하고, 상상, 사고, 추론할 수 있으며, 이를 '진정으로 인간적인' 방식으로 할 수 있음. 즉, 문해, 기본 산술 및 과학 교육을 포함하되, 결코 이에 국한되지 않는 알맞은 교육을 통해 배우고 발전하는 방식으로 할 수 있어야 함. 종교, 문학, 음악 취향에 따른 선택으로 작품을 만들고 행사를 조직·경험하는 것과 연계된 상상력과 사고력을 활용할 수 있음. 정치적이고 예술적인 연설 측면에서 표현의 자유와 종교 행위의 자유를 보장함으로써 보호되는 방식으로 자신의 정신을 활용할 수 있음. 즐길 수 있는 경험을 누리고 이익이 안 되는 고

통을 피할 수 있어야 함.

5. **감정**: 자기 밖의 사물과 사람들에게 애착을 가질 수 있고, 당신을 사랑하고 돌보는 사람들을 사랑하며, 이들의 부재를 슬퍼할 수 있어야 함. 일반적으로 사랑하고, 슬퍼하며, 갈망, 감사, 합당한 분노를 경험할 수 있어야 함. 두려움과 염려로 감정 발달이 시들어 버리지 않아야 함.(이런 토대역량을 지원한다는 말은 이들의 발달에 결정적으로 보일 수 있는 인간 연합/제휴의 형태를 지원한다는 의미임)

6. **실천이성**: 선 관념을 형성하고 자기 삶의 계획을 비판적으로 성찰할 수 있어야 함.(이 토대역량은 양심과 종교적 의식의 자유를 지켜주는 것을 동반함)

7. **소속/귀속**:

   A: 타인과 이들을 향해 살아가고, 다른 인간 존재를 인정하고, 그들에게 관심을 기울이며, 다양한 사회적 상호작용 형태에 관여할 수 있어야 함. 또 다른 상황을 상상할 수 있어야 함.(이 토대역량을 보호한다는 말이 의미하는 것은 이런 귀속의 형식을 만들고 키워내는 제도를 보호한다는 것이며, 모임과 정치적 발언의 자유를 보호한다는 것임)

   B: 자기존중과 굴욕당하지 않기라는 사회적 토대를 가질 것. 타인과 동등한 가치를 가진 고귀한 존재로 대우받을 수 있어야 함. 이는 인종, 성, 성적 취향, 민족성, 계급, 종교, 출신국가에 따른 차별이 없는 규정이 따라야 함.

8. **다른 종과의 공생**: 동물, 식물, 기타 자연세계에 관심을 갖고 이들과 관계 맺고 살아갈 수 있어야 함.

9. **놀이**: 웃고, 놀며, 여가활동을 즐길 수 있어야 함.

10. **환경 통제:**

    A. 정치적: 자기 삶을 통제하는 정치적 선택/결정에 효과적으로 참여할 수 있어야 함. 정치 참여의 권리와 자유로운 의사표현 및 결사의 자유를 보장받아야 함.

    B. 물질적: 재산(동산 및 부동산)을 소유할 수 있어야 하고, 타인과 동등한 바탕에서 재산권을 행사할 수 있어야 함. 부당한 검색 및 체포로부터 자유로워야 함. 노동과 관련해서는, 인간으로서 노동할 수 있어야 하며, 실천이성을 행사하고, 다른 노동자와 함께 상호 인정하는 의미 있는 관계를 맺을 수 있어야 함.

ⅰ. 토대역량 목록의 특징과 정당화

사회정의의 책무가 무엇인지 고민해 볼 때, 누스바움의 토대역량 목록은 롤스의 기본재 목록과 최근의 인권 목록을 논쟁적으로 보완하고 교정할 수 있을 만큼 다수의 매력적인 특징을 포함한다.[12] 무엇보다 이 목록은 번영하는 인간 삶을 위한 광범위한 범위의 토대역량을 포함할 만큼 '관대하고' '정교하다.' 장수, 건강, 신체 보전 같은 가장 근본적인 것에서부터 실천이성, 귀속/소속, 물질적이고 정치적인 환경에 대한 통제같이 복잡한 것에까지 이른다. 둘째, 결정적인 토대역량 영역에 초점을 맞춘다는 점에서 이 목록이 구체화되기는 했지만, 이 목록에 포함

---

12. 누스바움의 토대역량 목록과 인권 및 롤스의 기본재 간의 보완 및 수정 역할에 관한 논의는 누스바움의 『토대역량과 인권(Capabilities and Human Rights)』(1997a), 『여성과 인간개발(Women and Human Development)』(2000a: 96-100), 그리고 알렉산더(Alexander, 2004)를 참고하라. 토대역량 목록에 더 많은 항목이 포함된다는 사실 외에 롤스와 누스바움 목록의 중요한 차이는 롤스가 소득과 부를 포함하는 반면 누스바움은 그것들을 제외한다는 점에 있다.

된 항목은 대체로 일반적이고 추상적이어서 후속하는 헌법, 입법, 사법 절차에 의해 좀 더 구체화되고 이행될 여지를 남긴다. 셋째, 이 목록은 '두터운' 인간 관념을 동반한다. 이는 롤스[#2.4] 같은 철학자들의 입장과 비교되는 것으로, 이들은 특정한 인간 관념을 인정하지 말아야 하며, 다른 도덕, 종교, 철학적 교의와 일치 혹은 일관되도록 '얇은' 도덕 관념에 머물러 있어야 한다고 주장했다.[13] 마지막으로, 토대역량 목록은 인간 삶이 돌이킬 수 없도록 혼성적이어야 한다는 개념을 확인시켜준다. 건강, 교육, 정치적 자유 및 자기존중처럼 다양한 요소들이 각각 자기 권리에서 질적으로 구분되고 중요하며, 이 하나하나의 구별됨은 이해득실을 고려한 상호 절충과 비용-편익 분석을 위한 단일한 척도로 비교하거나 가중치를 부여하는 데 도덕적 한계로 작동한다.

누스바움을 비판하는 일부 사람들은 이 목록에 특정한 항목이 포함되어야 한다거나 혹 빠져있다고 하며, 보편적인(보편적으로 적용되어야 하는) 목록을 만드는 것은 가부장적이거나 문화적 감수성이 부족하게 하는 절차라고 논평한다.Ackerly, 2000; Hurka, 2002; Menon, 2002; Kekes, 2003: ch.7 그러나 '목록'이라는 용어가 제안하는 의미 때문에 오도되거나 실망할 필요는 없다. 철학적으로 누스바움의 토대역량 목록이 주는 상세함에서 눈을 돌려 이 목록이 관여시키는 복잡한 구조와 이론적 기초에 관심을 기울이는 것이 나을 것이다. 누스바움을 따르는 기존 정치이론에 대한 비판과 좀 더 적절한 대안을 찾으려는 탐색이 일종의 청사진,

---

13. 누스바움은 이를 선에 관한 '두텁고 모호한(thick vague)' 관념이라고 언급했다. 그녀는 다음과 같이 말한다. 아리스토텔레스 철학은 롤스의 '얇은 이론(thin theory)'에서처럼 '얇은(thin)' 관념이 아니라, 인간 삶 전 영역에 걸쳐 인간 목적을 다루는 '두터운(thick)' 관념을 사용한다. 하지만 그 관념은 모호한데, 이는 좋은 의미에서 그러하다. 즉, 그 관념은 많은 구체적인 사항을 수용하지만, 아리스토텔레스가 말하듯 좋은 삶의 '윤곽 스케치(outline sketch)'를 그린다.(Nussbaum, 1990b: 217).

즉 다음과 같은 가설에 바탕해 시작할 수 있다. 삶에서 좋은 것과 이에 대응하는 나쁜 것에 대한 목록, 즉 장수, 건강, 쾌락, 우애, 연대, 유머 등은 좋은 것이고, 때 이른 죽음, 기아, 고통, 아픔, 고독은 그 자체로 나쁘다. 이와 동시에, 삶에 좋고 나쁜 것을 목록화하는 습성이 반드시 그 목록의 본질과 영향력에 대한 깊은 이해를 동반하는 건 아닐 수 있다.

예를 들어, 누스바움의 목록[#3]에서 발견되는 토대역량 중 근본적인 것으로 신체 보전에 대해 생각해 보라. 즉각 우리는 모두가 이런 인간 선을 누려야 한다고 생각할 것이다. 어떤 사람이 이런 항목을 박탈당했다면 이를 불행하다고 생각할 것이다. 그러나 이 항목이 인간 삶이란 점에서 왜 가치로운 것으로 여겨져야 하느냐고 질문받는다면 다음과 같이 분명하게 말해야 할 것이다. 신체적 고문, 성폭력, 혹은 가정폭력을 당한 사람의 삶은 적절한 인간 삶으로 고려될 수 없다고 말이다. 결과적으로 우리는 신체적 위협과 위해 없이 모두가 삶의 기회를 갖도록 보증하지 않거나 혹 거의 아무것도 하지 않는 사회와 정부가 사회정의 문제에 부적당하거나 결함이 있다고 생각할 것이다. 따라서 이 목록은 지속적으로 비판적인 성찰, 공적 논쟁, 민주적 숙의로 함께 가지고 가고 또 지지되어야 한다.

ii. 보편주의 대 특수주의

한 묶음의 토대역량 목록으로 구성된 누스바움의 보편적 프레임워크는 사람들의 삶의 질을 평가하는 데 보편적 가치가 지니는 시급성 및 적절성에 관해 계속되는 철학적 논쟁을 발생시킨다. 누스바움과 같이 누군가는 분명하게 개인의 존엄이라든가 신체의 보전, 기본 정치권 및 자유, 기초적인 경제적 기회 등과 같이 다양한 국가 및 문화 공동체에 속한 사람들이 인정하고 가치롭다고 여길 만한 이유를 가진 특정한 보편적 가치가 있어야 한다고 주장한다. 인간 토대역량의 보편적 규범은 모든 국가에서 헌법적 보장에 대해 생각하는 데 핵심적으로 고려해야 할 정치의 목적이 되어야 한다. 동시에 누군가는 보편적 가치와 패러다임의 적절함과 정당성에 대해 심각하게 걱정할 수 있다. 이런 목록은 온정주의적 국가와 국제기구를 옹호하고 지지하는 경향이 짙다. "우리'는 당신에게 뭐가 좋은지 알아. '당신'은 우리 말을 듣는 게 좋을걸. 우리가 이렇게 하는 것은 당신 웰빙을 위해서야.' 전 세계적으로 문화적으로 다양한 국가와 사회의 모범으로 범문화적인 가치와 규범 묶음을 주장하는 것은 자신에게 좋은 것을 스스로 결정할 줄 아는 자율적 행위주체와 민주적 시민인 사람들을 무시하는 위험을 가져올 수 있다. 예를 들어, '식민적 보편주의'는 식민 권력과 '선진국'이 진보적이며 개발되어 있다는 식, 그리고 식민화된 '개발도상국'은 원시적이고 역행한다는 식의 가정 아래 작동한다. '세계화 보편주의'는 인간 가치를 외면한 채 이익의 최대화라는 흔들리지 않는 목적을 갖고 작동한다.

좀 더 본질적인 수준에서, 누군가는 문화적 이성을 위한 보편주의적 프로젝트에 관심을 기울일지 모른다. 인간 삶의 어떤 요소를 다른 것보다 중요하고 근본적이라고 골라내려는 시도는 실제의 역사 및 문화적 차이에 덜 민감하게 된다. 사람은 삶, 특히 가족, 사회 및 종교 생활을 정말 다양한 방식으로 이해하며, 가장 중요한 가치의 묶음을 만들어 내려는 노력도 특정한 문화 및 종교적 관념을 성찰하는 것이거나 진작케 하려는 것이 된다. 그 외의 다른 것은 깎아내리면서 말이다.

누스바움은 보편주의 프로젝트의 잠재적 위험성을 부인하지는 않는다. 그럼에도 문화적 다원주의와 자율성에 대한 존중이 모든 곳에서 존중되는 그 자체로 보편적인 가치라는 의견을 개진한다. 따라서 이를 보호하고 진작시키려면 근본적인 권한으로 범문화적 원칙에 대한 헌신이 필요하다. 게다가 보편적인 인간 토대역량 목록이 공적 대화를 통해 알려지고 활발해지게 되면, 행위 주체의 개인성과 관여된 사회적 상황에의 문화적 맥락과 민감함에 풍부한 유연성을 유지하게 할 수 있다. 문화는 다툼과 논쟁의 공간이다. 어떤 사람은 사회 규범, 가치, 실천을 특정한 문화를 대표하는 것이라고 이해하지만, 다른 누군가는 '내적 비판'의 전통과 문화에 존재하는 불일치를 인식할 필요가 있다. 누스바움에게, 인간 토대역량을 향한 보편적 동경은 문화적 대화와 논쟁의 역동성에서 자원을 이끌어내는 일이다. 이를 아무 쓸데없이 참견하는 플랫폼으로 사용하기보다는 말이다.

3.3 앤더슨: 민주화된 토대역량접근

(1) 토대역량과 민주적 형평성

토대역량접근에 대한 앤더슨[1999]의 견해는 앤더슨이 '민주적 형평성' 체제라고 칭하는 것의 세 가지 특징과 관련된다. 첫째, 역사적으로 억압과 사회적 위계에 맞서 평등에 대한 요구를 내세우며 투쟁하고 움직여 온 사회·정치 운동과 마찬가지로, 민주적 형평성은 사회적으로 만들어진 모든 형태의 억압을 없애고자 한다. 특히, 일부 사람들이 다른 사람의 우위에서 지배, 착취, 주변화, 품위손상, 폭력 가해가 이루어지게 하는 사회적 관계성의 모든 형태가 포함된다. 이 개념은 개인의 동등한 도덕적 가치에 기반해 모두의 사회·정치적 형평성을 주장한다. 사람들의 재능과 역량이 동등하지는 않지만, 누구도 출생, 인종, 민족성, 젠더 등과 같은 이유로 차별받아서는 안 된다.

둘째, 민주적 형평성은 사회정의를 관계적인 관점에서 바라본다. 대부분의 현대 정의론은 소득, 자원, 복지 기회 등과 같은 일부 분배 가능한 재화의 공정한 배분을 획득하게 하는 데 관심을 갖는다. 개인의 동등한 가치를 확인하는 사회적 관계성은 이런 분배 형태를 실현하게 하는 도구로 간주되곤 한다. 이와 반대로, 민주적 형평성은 형평성의 사회적 관계성을 근본적인 것으로 여긴다. 재화의 특정한 분배 형태는 이런 관계성을 강화하기도 하지만, 재화의 분배는 동등하고 의미를 가지며 보상하는 사회적 관계성이라는 목적의 수단에 지나지 않는다.

셋째, 민주적 형평성은 동등한 인정에 대한 요구를 제공한다. 특히 자원이 존중과 존엄을 표현하는 원칙과 절차에 따라 분배되도록 보증함으로써 말이다. 이 말은 특별히 사람들에 대한 지원에 생색내는 듯한 태도를 피하도록 한다는 뜻이다. 개인의 책임과 행위 주체성을 증진한다는 말에서, 일부 엄격한 분배론(앤더슨이 '행운 평등주의'론이라고 부른)은 혼자 살아가는 시민을 버리는 경향을 띤다.[14] 보상 형식과 시민을 불행하게 하는 자원 재분배를 규정하는 이론은 수혜자의 존엄성을 깎아내리는 방식으로 이런 일을 한다. 이런 보상이나 재분배 계획에 맞서, 민주적 형평성은 사람들이 재화 공유를 요구한다는 조건으로 타인 앞에서 자신의 품위를 손상시키도록 요구받아서는 안 된다고 주장한다.

앤더슨은 위에서처럼 세 가지 특징으로 경계가 구획된 민주적 형평성 관념이 토대역량이라는 이론적 통찰을 택함으로써 가장 잘 구현될 수 있다는 사실을 확인한다. "아마티아 센은 자유를 이해하는 좀 더 나은 방법을 제안한다. … 우리는 모두가 토대역량이라는 점에서 자유의 사회적 조건을 확보할 수 있게 하는 평등한 목표를 이해할 수 있다. 센

---

14. 행운 평등주의 이론 아래, 앤더슨은 R. 드워킨, G. A. 코헨, R. 아르네손, J. 로머, E. 라코브스키, P. 판 파레이스 등의 저작을 포함한다. 이들 이론에 관한 앤더슨의 상세 비판은 Anderson(1999)을 참고하라. 5장에서 드워킨의 자원 평등에 관한 상세한 반대 의견이 논의된다.

의 관점을 따라, 나는 평등주의자가 토대역량의 공간에서 모두를 위한 형평성을 추구해야 한다고 생각한다."Anderson, 1999: 316 앤더슨이 토대역량접근에 관심을 기울이는 주된 이유는, 토대역량접근이 직접적으로 사람들이 할 수 있고 될 수 있는 것에 초점을 맞추고 있기 때문이다. 사람들이 '하'고 '되'는 것의 수단이 되는 재화와 자원에 초점을 맞추기보다 말이다. 이런 직접적인 초점이 억압적인 사회 관계에서 방해물을 피하거나 극복하게 하는 필수적인 권한으로 사람들의 권한을 강화하게 된다고 앤더슨은 지적한다. 좀 더 긍정적인 부분으로 보는 것은, 토대역량접근은 사람들이 민주적인 사회에서 동등한 시민으로 참여하고 또 기능할 수 있도록 한다는 점이었다.

그러나 누스바움과 마찬가지로 앤더슨은 센의 토대역량접근 학설이 내놓은 개방적이고 명시화하지 않은 특징으로 곤란해 했다.

> 그러나 센의 토대역량 평등주의는 아주 큰 열린 질문을 남겨놓는다. 한 사회는 어떤 토대역량을 평등하게 할 의무가 있는 것일까? 어떤 사람들은 카드놀이에 신경 쓰는 반면, 다른 사람들은 타히티에서 호화로운 휴가를 보내는 데 관심을 기울인다. 동등한 자유라는 미명 아래 평등주의자는 무료 카드 게임 강좌와 함께 이국적인 곳에서의 휴가를 국가가 지원해주어야 하는가? 시민이 서로 제공해 줄 의무를 지닌 토대역량에는 분명히 한계가 있다.Anderson, 1999: 316

앤더슨은 토대역량을 개방적이고 구체화시키지 않은 채 내버려 두기보다는 형평성과 존엄이라는 토대에서 억압을 피하거나 극복하게 하고, 사회적이고 정치적인 참여를 지향하게 하는 데 필수적이라고 여겨지는 몇몇 핵심 토대역량 영역을 밝히는 것이 가능하다는 입장을 견지했다. 앤더슨은 토대역량과 관련된 세 가지 영역을 주장했다. 소위 (1) 인간으로서, (2) 협동 생산 체제에의 참여자로서, (3) 민주적 국가의 시민으로서 기능하는 데 필요한 토대역량. 그 내용은 다음과 같다.

1. 인간으로 기능하게 하는 데는 생물학적 존재(음식, 쉼터, 의복, 건강 돌봄)를 유지하게 하는 수단에의 효과적인 접근과 기본 인간 행위 주체성의 조건(환경과 선택에 관한 지식, 수단과 목적에 대해 숙의하는 능력, 자율성의 심리적 조건, 자기 자신을 위한 사고와 판단에 대한 자긍심, 사상과 이동의 자유 등)에 효과적으로 접근하는 것이 필요하다.
2. 협동 생산 체제에의 참여자로서 기능하게 하는 데는, 생산 수단에의 효과적인 접근, 재능 개발에 필요한 교육에의 접근, 직업 선택의 자유, 계약을 맺고 타인과 협력적 합의에 이를 권리, 노동의 공정한 가치를 인정받을 권리, 자신이 생산한 기여분에 대한 타인의 인정이 필요하다.
3. 시민으로서 기능하게 하는 데는, 정치적 참여의 권리(참정권), 즉 발언하고 선거할 수 있는 자유, 재화에의 효과적인 접근과 시민사회에서의 관계형성이 필요하다. 이런 것들은 결사의 자유, 도로·공원 및 (대중교통, 우편 서비스, 통신망을 포함하는) 공공 편의시설에의 접근을 동반한다. 또한 타인에게 받아들여지는 사회적 조건, 예를 들어 수치심을 느끼지 않고 대중 앞에 나선다거나 추방자 신분으로 여겨져서는 안 된다는 것을 동반한다.Anderson, 1999: 317-318, 저자 강조

(2) 센과 누스바움의 중간에 선 앤더슨

앤더슨의 토대역량접근 이론은 센과 누스바움의 중간에 놓여 있다고 이해 혹은 해석하는 것이 가장 타당할 것이다. 영양, 건강, 교육, 자기존중 및 정치참여 등 어떤 사회라도 결코 소홀히 해서는 안 될 만한 기본 토대역량을 지칭하기는 했지만, 센은 원칙적으로 딱 정해진 토대역량의 목록을 승인하길 거부해 왔다. 이런 입장은 한편으로 토대역량을 문화적 맥락에 민감하도록 만들어, 각 사회는 공적 논쟁 과정을 거쳐 정의의 이름으로 시민들이 서로에게 제공해야 할 기본 토대역량을 결정할 수 있도록 한다. 그러나 다른 한편으로, 주의를 기울일 초점 영역 혹은 기본 토대역량을 정확하게 서술하거나 특정하길 거부하게 되면, 토대역량접근을 다양한 해석과 결과에 내놓게 된다. 이와 반대로 누스바움은 기본 토대역량 목록을 특정하는데, 이로써 토대역량접근의 실질적인 내용을 제공한다. 이는 대체로 센의 입장에서 발견되는 부정확성 문제와 불확실한 결과의 위험을 극복하게 해준다. 그러나 이 목록이 거창하고 또 토대역량의 많은 영역을 포함시키게 해준다는 점에서 유토피아적이라는 인상을 남길 수 있다. 누군가는 충돌하는 가치 사이에서 선택을 어렵게 만드는 희소성과 필요의 인간 조건에 민감하지 못하다는 이유로 내던져 버릴지도 모른다.

세 가지 영역에 수많은 토대역량을 제한하고 그룹화함으로써, 앤더슨은 토대역량접근의 좀 더 현실적인 이론을 만들고자 했다. 좀 더 중요한 점은, 이 장 첫 부분에서 기술하듯, 누스바움과 앤더슨의 차이는 토대역량 목록의 항목이 몇 개나 되느냐 하는 문제뿐만 아니라, 이를 지지하고 설명하는 정당화 방식의 문제에서도 나타난다. 누스바움의 접근은 '번영하는 인간 삶'이라는 개념에서 알 수 있듯 일종의 보편주의로, 정치적 합의를 이끌어내려는 필사적인 노력을 요구하는 개념이다. 이와 반대로 앤더슨은 '억압'과 '착취'를 극복하는 데 필요한 토대역량에 초점을 맞춘다. 의심의 여지 없이, 사람은 누스바움과 같이 좋은 삶에 관한 성숙한 관념을 갈망하지만, '부정의'하고 '시급하며' '착취적이고' '억압적인' 것 때문에 도덕적이고 정치적인 싸움터에서 진전을 만들어가야 한다.

더 나아가, 각자가 내세운 토대역량 목록을 정당화하는 데 차이점은 앤더슨이 경제 생산 영역을 콕 집어내고, 협동 생산 체제에 동등한 사람으로 효과적이고 의미 있게 참여하는 데 필요한 토대역량을 강조한다는 점이다. '자기 환경에 대한 통제'(토대역량 목록에서 10번째 항목)를 행사하는 데 필요한 토대역량에서 누스바움은 직장에서 의미 있고 보람 있는 관계에 참여할 필요가 있다고 언급한다. "노동과 관련해서는, 인간으로서 노동할 수 있어야 하며, 실천이성을 행사하고, 다른 노동자와 상호 인정하는 의미 있는 관계를 맺을 수 있어야 한다."Nussbaum, 2006: 78 그러나 누스바움은 앤더슨과 달리 이 부분에 특별한 관심을 기울기 위해 생산적 영역을 따로 떼어내지 않았다.

형평성 관점에서 이는 아주 중요해 보인다. 특히 근대의 억압 형식과 토대역량 박탈은, 전통적인 노예제(인간이 다른 인간을 소유하는 것)에 서라기보다는 생산 관계성 맥락에서 발생하기 때문이다. 민주적 형평성에서, 시민이 갖는 기본적 재화에의 권한은 재화를 생산하는 의무에서 생겨나지 않는다는 점을 타당하게 여긴다. 그러나 이는 노동 윤리를 진작케 하고 지지한다. 따라서 비착취적인 생산과정에 참여하고 상호 경제적인 관계성에 관여하는 사람들의 역량은 그 자체로 결정적인 토대로서 가치롭게 여겨진다. 이 말이 의미하는 바는, 특정한 일에 적합하고 또 그 일을 할 수 있는 대부분의 사람은 노동 분업에서 담당하는 자기 역할에 따라 급여를 받거나 이와 동등한 보상을 받음으로써 이들이 필요로 하는 자원에 접근한다는 뜻이다. 그럼에도 민주적 사회에서 경제는 시장 영역과 동등하지 않다. 즉, 사람들이 직업, 자원, 사회적 지위에 접근하는 것이 개인은 값을 지불하는 것만을 받게 되는 시장 거래보다 다양한 상호성의 정도와 맺는 관계성의 연결망에서 이들이 받는 선물과 같다는 사실을 인정한다. 이런 관점은 경제에의 '보이지 않'고 '양화되기 어려운' 공헌, 특히 급여를 받지 않고 의존이 필요한 사람을 돌보는 사람들의 공헌을 인정하는 데 중요하다.

3.4 반박

(1) 특유의 비복지주의적 접근?

센, 누스바움, 앤더슨의 3가지 토대역량접근 이론에서 가장 두드러진 주장은 사람들의 이익과 사회적 지위가 이들이 소유하는 자원이나 이런 자원의 활용에서 도출하는 복지로 평가되어선 안 되고, 오히려 가치로운 기능성을 실현하게 하는 기본 토대역량에 기반해 이루어져야 한다는 것이다. 긍정적이게도, 이 점은 토대역량 이론가들이 토대역량접근을 특유의 비복지적 접근으로 생각한다는 것을 의미할 수 있다. 토대역량접근이 자원의 형평성이나 복지의 형평성이라기보다는 '기본 토대역량의 형평성'을 목적으로 하기 때문이다. 드워킨Dworkin, 2000: 285ff.은 토대역량접근이 복지 형평성에 진정한 대안이 되는 것은 아니라고 주장한다. 사실, 드워킨에 따르면 센의 토대역량접근은 복지 형평성에 지나지 않는다. 사람들이 행복, 자기존중, 지역사회의 의미 있는 역할 등의 '복잡한' 실현을 깨달을 만한 역량에서 가능한 한 거의 동등한 수준이어야 한다고 생각되기 때문이다.Dworkin, 2000: 301 결과적으로, 드워킨의 반박은 사람들이 '행복' '자기존중' '지역사회 참여'를 위한 토대역량에서 동등하게 여겨질 수 없다는 점이다. 이런 역량은 주관적이고 사람마다, 공동체마다 다르다. 따라서 정부가 이런 역량에 형평성을 가져다주도록 행동해야 한다는 센의 제안은 수용되기 어렵다. 뢰머Roemer, 1996는 토대역량접근에서 '잔여 복지주의'의 문제를 제기한다. 그가 이런 반박을 어떻게 전달하는지 다음에서 볼 수 있다.

> 행복을 기능성의 하나로 포함하는 것은 기능성의 지수가 복지의 자기인식적 개념으로 독립적이라는 정도를 약화시킨다. … 공격적이고 호화로운 내 취향을 만족시키는 것에서 얻을 수 있는 쾌락 또한 행복을 가져온다. 그리고 이것은 기능성에 초점을 맞추는 것이 촉진시킬 것이라고 여겨지는 이런 부류의 취향을 우회적으로 약화시킨다.Roemer, 1996: 191-192

드워킨과 뢰머는 토대역량접근이 '가치로운 기능성을 실현하게 하는 단순한 토대역량'뿐만 아니라 토대역량접근에 명확한 '임의성'과 '주체적' 요소를 가져오도록 하는 복잡한 토대역량도 관여한다고 인식했다. 이 점은 상당히 타당한 지적이다. 그러나 토대역량 이론가들에게, (이들이) 추정한 임의성 혹은 변덕스러움이 꼭 토대역량접근을 일종의 복지주의로 쇠퇴해 버리는 결론으로 치닫게 하지는 않는다.Williams, A. 2002 예를 들어, 센은 이 점에서 오해를 불러올 수 있어 보인다.

> 효용에 대한 다양한 해석이 여러가지 문제를 제기하게 한다. 그러나 이들은 행복 혹은 욕망 같은 정신적 메트릭스의 사용을 통해 간접적으로 이루어지는 평가 프로그램을 공유한

다. 주요한 문제가 정확하게 바로 여기 있다. 행복함이 중요한 기능성으로 계산될 때, 행복함은 삶을 이끄는 데 있는 모든 것일 수 없다. (예를 들어, 행복함이 유일하게 가치로운 기능성이라고 할 수 없다.) 효용에 기반한 기능성이 쾌락 혹은 행복이란 점에서 이루어지는 것이라면, 실제로 다른 기능성들은 그 권리를 빼앗기게 되고, 간접적이고 쾌락 혹은 행복에 기여하는 정도에서만 가치롭게 여겨질 것이다.Sen, 1992: 54, 저자 강조

의심할 필요 없이 행복, 자기 존중, 지역사회 생활에의 참여는 객관화하고 계량화하기 복잡한 사안이다. 이런 것들은 기대수명, 영양, 문해력, 교육 수준, 유아 사망률 및 중대 질병이 없는 상태처럼 간단한 웰빙 지수가 아니다. 그럼에도 토대역량접근에서 행복에 대한 이해 및 역할은 복지주의에서와 구분될 수 있다. 복지주의에서 행복은 주관적인 정신 상태와 연계되어 있고, 개인의 웰빙이 보여지는 유일한 준거가 된다. 이와 대조적으로, 토대역량접근에서 행복은 아리스토텔레스의 행복주의 eudaimonism의 사례에서 보듯 행위와 관련된다. 『윤리학』에서 아리스토텔레스의 주장은 다음과 같다.

자, 우리가 찾고자 하는 목표로서 '좋은 것(선)'으로 다시 돌아가서 가능한 한 그게 뭔지 질문해보자. '선'이란 건 특정 행위 혹은 특정 기예의 형태로 변형되어 나타나기 때문이다. … 즉, 선은 의술에서는 건강이고, 병법에서는 승리이며, 건축에서는 집이 '선'이다.Ethics I, 7: 73, 저자 강조

이 말이 뜻하는 바는, 행복주의와 복지주의에는 분명한 유사성이 있

기는 하지만, 이 둘은 다음과 같이 서로 구분될 수 있다는 점이다. 행복주의가 개인이 '할 수 있는' 것에 관심을 갖는 반면, 복지주의는 개인이 '느끼는' 것과 관련된다. 그리고 행복주의에서 행복은 개인이 다양하고 가치로운 활동으로 실현할 수 있는 것의 부산물이나 부작용인 반면, 복지주의에서 행복은 그 자체가 목표라고 여겨진다. 게다가, 토대역량접근에서 한 개인의 전반적인 삶의 질은 행복만이 아니라 전체 토대역량 묶음을 보면서 평가되어야 한다. 행복, 자기존중, 지역사회 참여에 대한 주관적 해석 때문에 발생할 수 있는 잔여 복지주의는 토대역량 묶음에서 다른 기능성에 의해 방해받고 견제된다. 예를 들어, 매 맞는 주부와 담보로 잡혀 있는 노동자[1.1]는 정신적으로 자신을 행복하다고 '교육'했을 수 있다. 그러나 이들에게 자유와 기회가 결핍되어 있고 학대와 폭력에 취약한 상황을 객관적으로 바라보면, 이들 삶의 박탈된 상태를 결정하는 것은 어렵지 않다. 마지막으로, 토대역량접근은 가치로운 기능성을 실현하게 하는 복잡한 토대역량의 가치를 인정한다. 이들이 복잡하고 너무도 자주 객관적인 측정이 큰 도전거리가 되더라도 말이다.

(2) 기능성인가, 토대역량인가?

토대역량접근에서 가장 핵심적인 주장은 성인 시민이 관심을 기울이는 한 우리가 정의의 요구로서 서로 빚지고 있는 것은 기본 토대역량 묶음이지 기능성이 아니라는 점이다. 누스바움은 이를 다음과 같이 정식화한다. "기능성이 아닌 토대역량이 적절한 정치 목표다."Nussbaum, 2000a: 87 "정부는 토대역량을 목표로 하고 나머지는 시민들에게 맡겨 둔다."Nussbaum, 1990b: 214 이 말이 의미하는 바는, 개인이 음식에 접근할 수 있다 하더라도 단식하기를 선택할 수 있다는 것이다. 정치적 시위나 종교적 신념 혹은 다른 이유로 말이다. 적절하게 교육받을 기회가 있어도 무엇을 얼마나 오래 배울지 선택할 수 있으며, 놀고 여유를 즐길 수 있는 시설에 접근할 수 있어도 일에 매달려 죽도록 일하기로 선택할 수 있다. 어떤 휴식의 기회도 이용하지 않은 채 말이다. 또한 정치에 적극적으로 참여할 필요한 기회가 있다 해도 어떤 공적 역할도 맡지 않겠다고 할 수 있다. 기타 등등. 이런 사례에서 볼 수 있듯, 토대역량 이론가들의 기본 개념은, 사람들이 적절하게 영양을 공급받고, 교육받으며, 여가를 즐기고, 정치에 참여하게 할 토대역량이 부족해지면 사회정의가 침해받는다는 것이다. 이와 반대로, 기능성 혹은 실제 영양, 교육, 놀이, 정치 참여가 실현되지 않는다 해도 이를 사회적 부정의라고 할 수는 없다. 사실, 자기 토대역량을 실현된 기능성으로 전환하도록 사람들을 강제하거나 압박하는 것은 정당화되지 않는 가부장주의이고 부정의가 된다.

토대역량에 대응하는 기능성을 실현했든 그렇지 않든 개인이 자신에게 적절한 기본 토대역량을 갖게 되었을 때 정의가 실현된다는 개념은 매력적이고 또 다수의 자유주의적 가치와 일치한다. 이는 개인에게 가용한 옵션과 선택지에 대해 상당히 많은 정보를 전하는데, 우리가 실현된 기능성에만 초점을 맞추면 이는 얻을 수 없게 된다. 우리는 한 개인이 충분히 영양을 공급받고 교육받는다는 것을 아는 것과 함께 그 사람이 이런 기능성을 실현할 수 있는 자신의 행위 주체성을 행사할 기회가 있는지 그렇지 않은지에 관한 정보가 있다. 게다가, 사람들이 특정 수준의 기능성을 실현하도록 강제하는 것은, 특정 방식의 행위와 기능을 택하도록 그 사람을 압박한다는 것을 의미한다. 이는 국가, 사회, 그리고 개인의 삶에서 관심을 갖는 제3자가 부분적으로 가부장주의적인 개입에 나서고 있다는 뜻이다. 자비로운 독재자는 행위 주체성과 선택의 자유를 억압하면서 기능성을 훌륭하게 분배하는 것에 지나지 않는다. 마지막으로, 사람들의 기능성보다 토대역량 묶음을 평등하게 하는 것은 개인의 책임성을 위한 공간을 허용한다는 의미다. 기회를 효과적으로 사용하지 못하거나 낭비하는 사람은 자신의 토대역량 결핍에 대해 정의 이름으로 요구를 갖지 않는다.

일부 철학자들[예를 들어, 아르네슨Arneson, 2016, 필립스Philips, 2004, 플루어베이Fleurbaey, 2002]은, 성취(기능성) 이론에서 기회(토대역량) 이론으로 윤리적 관점을 옮기는 것은 불필요할 뿐만 아니라 위험하기까지 하다고 지적한다. 이런 철학자들이 주장하는 사회정의의 요점은 물질화하거나 그렇지 않은 추상적인 기회에 관한 것만이 아니라, 이런 것을 효과적으로 갖는 것에 관한 것이다. 사회적으로 양심적인 철학자들은 사회 경쟁에서 어떤 사람은 성공하고 다른 사람은 그렇지 않은지 항상 물어야 한다. 실패자는 늘 게으르다거나 무책임해서 혹은 재능이 덜해서 실패하는 것은 아니다. 그보다 이런 결과는 사회적 게임이 작동되는 방식에 달려 있다. 따라서, 음식, 교육, 건강, 직업 같은 근본적 재화의 경우, 토대역량이나 기회의 묶음에 집중하는 것만으로는 충분하지 않다. 게다가, 토대역량접근을 작동해내려고 애쓰는 토대역량 이론가들은 사회정책의 형성과 평가를 위해 사람들이 성취한 기능성을 보는 것이 상대적으로 더 쉽고 보다 유용하다고 지적한다. 그러나 센은 토대역량접근 범위를 실현된 기능성의 평가로 환원시키기를 원하지 않는다. 일부 맥락에서는 기능성에만 초점을 맞추는 것에 만족해야 할 수 있지만 말이다. "이상적으로 토대역량접근은 다양한 기능성 묶음들 사이에서 선택할 수 있는 충분한 자유 재량을 나타내야 한다. 그러나 실용성의 한계는 종종 관련된 분석이 실현된 기능성 묶음만 검토하도록 한정시킨다."Sen, 1992: 53

오히려 센은, 토대역량접근을 후속 연구에 사용할 수 있도록 '실용적인 이유'를 사용해 다양한 전략을 취함으로써 토대역량 개념과 토대역량 측정 사이의 간격이 좁아질 수 있다는 희망적이고 낙관적인 입장을 갖는다. 한편으로, 토대역량접근은 기능성 혹은 토대역량의 벡터를 분석하고 비교하는 직접적인 접근으로 활용될 수 있다. "다양한 방법 중에 이것이 토대역량 고려사항을 평가에 통합하는 데 가장 즉각적이고 진정한 방법이다."1999a: 81-82 직접적인 접근은 '총체적 비교'(모든 벡터의 완전한 순위 매기기) 또는 '부분적 순위 매기기'(완전함에 대한 요구 없이 일부 벡터를 다른 것과 비교해 순위 매기기), 또는 '구별되는 토대역량 비교'(고용, 영양, 문해력 등과 같이 특정한 일부 토대역량의 비교)의 형식을 취한다. 다른 한편으로, 토대역량접근은 보조적이고 간접적인 접근으로 사용될 수 있다. 보조적인 접근은 토대역량 고려사항과 함께 좀 더 전통적인 소득 비교를 보완하게 된다. 이 접근은 좀 더 포괄적인 이미지와 정보의 기반을 확대하도록 할 수 있다. 간접적 접근은 전통적인 소득 비교를 활용하는 형식을 취하기는 하지만, 토대역량에 의해 '조정된' 소득을 계산한다. 예를 들어, 가족 소득 수준은 토대역량 실현이란 점에서 문해력을 동일하게 만들기 위해 문해력 수준에 따라 위 혹은 아래로 조정될 수 있다.

(3) 충분주의 접근인가?

아르네슨Arneson, 2000; 2006은 토대역량접근이 사회정의에 충분주의 접근을 채택한다고 비판한다. 토대역량접근의 목적이 모든 근본적 기능성의 '충분히 좋은' 수준을 실현하게 하고자 모든 시민에게 기본 토대역량을 보장해주는 것을 목적으로 하기 때문이다. 그는 이렇게 말한다.

누스바움과 센의 토대역량접근은 충분주의로 유용하게 해석될 수 있다. 이 관점에서 정의는 무엇보다, 모두가, 그리고 각자가 인간 웰빙에 중요한 모든 방식에서 기능하도록 하는 토대역량의 적절한 수준에서 유지되어야 함을 요구한다. … 충분함의 난점은 모두를, 그리고 각자를 '충분히 좋은' 수준으로 유지하게 하는 도덕적 중요성에 대해 과장해 말한다는 점이다.Arneson 2006: 17

아르네슨은 토대역량접근 같은 충분주의 이론이 반박 가능하다고 생각하는데, 이런 이론은 문자 그대로 비현실적인 결론으로 이끌기 때문이다. 일부 극단적인 상황에 처한 개인에게는 불가능하지만, 그럼에도 이들은 자신에게 유리하도록 유용된 엄청난 양의 자원을 통해 이 기준경계선을 넘어설 수 있다. 또 다른 사람들의 경우 심각한 장애 상태에 있어서 이들에게 아무리 많은 지원을 하더라도 기본 토대역량의 기준선을 넘지 못하게 된다. 누군가 이 기준선을 낮춘다면 모를까. 심각한 장애 상태에 있는 사람에게 이 기준선을 낮춰주면 엄청난 사회적 자원의 수준을 요구하는 매력적인 '유역'이 되거나 '밑 빠진 함정'이 된다. 이들의 토대역량 수준이 무의미하고 사소한 수준으로만 개선될 수 있다 하더라도 말이다. 이는 사회를 대단히 압박해 토대역량 상한선에 어떤 사람이라도 머물러 있게 하지 않을 것이다.

더욱이, 충분주의적 시각은 기준선 위의 불평등에 아무런 관심이 없다.Frankfurt, 1987; Arneson, 2000; Parfit, 1995: Pogge, 2002b: 176 도덕적 관점에서 모든 개인은 만족스러운 기능성의 수준에 필요하다고 보장되는 기본 토대역량이 제공되어야 하기에, 충분주의 시각에서 평등한 요구는 엄격하면서도 제한된다. 조건 지워진 기준선 위의 사람들 사이에 일어나는 불평등은 별로 관련 없거나 기껏해야 보조적인 역할만 한다. 마지막으로, 어떻게 사람이 적절한 기준선 수준을 비임의적으로 세울 수 있는지도 어려운 문제다. 이 수준에서 왜 더 높지 않은가, 혹은 왜 더 낮지 않은가? 사람들의 삶은 다양한 토대역량의 분류나 구분될 수 있는 기준선에 따른 각 토대역량이라기보다는 다양한 토대역량의 '혼합'과 '연속'이라고 할 수 있다.

토대역량접근이 충분함의 원칙을 받아들이고 그래서 더 완전한 정의의 요구에 맞추지 못하게 된다는 관찰은 다른 것보다 토대역량의 일부 이론 때문이라고 할 수 있다. 센은 이런 비판의 대상이 되지 않는다. 그는 사회정의가 기본 토대역량의 형평성을 요구한다는 시각을 견지하지만, 형평성은 반드시 효율성이라든가 인권에 대한 존중 등과 같이 가치로운 사회적 목표와 균형을 이루고 또 이해관계에 따른 상호 절충이 있어야 한다. 그는 효율성의 중요성에 대해 다음과 같이 강조한다.

> 나는 이 토대역량 관점이 형평성을 평가하기 위한 용도와 함께 효율성을 평가하는 것으로도 활용될 수 있다고 강조하고 싶다. 효율성이라는 말이 (효용 공간 측면에서 특징지어지는) 보통의 '경제적 효율성' 개념과 유사하게 정의된다면, 토대역량의 공간에서 효율성은 최소 같은 수준에서 다른 모든 사람의 토대역량을 유지하는 동안 누구의 토대역량도 더 향상될 수 없어야 한다고 요구한다.Sen, 1992: 143-144

센이 분명하게 효율성에 대한 고려가 있어야 한다고 인정한 것은, 효율성이 사회의 다른 목표를 위해 갖는 결과에 무관심한 자격 없는 충분주의의 시각을 지지하지 않는다는 의미다. 다음 장에서 자세하게 다루겠지만, 센은 사회가 모두를 위한 기본 토대역량의 최대화를 실현할 수 있게 하는 광범위한 결과주의 접근을 지지한다. 특히 낮은 기본 토대역량 수준에 있는 사람들에게 관심을 기울이면서 말이다. 게다가 센은 토대역량 공간에서 '결핍'이나 형평성의 '하향 평준화'를 지지하지 않는다. 예를 들어, 국가 혹은 지역의 계층 사이에 기대수명과 교육 수준에 불평등이 존재한다고 할 때, 센은 이 간격이 좁혀져야 하되, 토대역량 면에서 월등한 사람들의 토대역량 수준을 잡아 내리는 방식이 아니라 영양, 보건, 공교육 등 기본 토대역량 면에서 형편없는 사람들의 상황을 개선하도록 하는 사회정책을 통해야 한다고 제안한다.

어떤 면에서 앤더슨과 누스바움의 토대역량 이론은 충분주의 이론과 관련된 한계를 지닌 듯하다. 이 둘이 토대역량의 기준선 개념을 갖고 있기 때문이다. 앤더슨은 민주적 형평성이 모든 시민에게 억압과 착취를 극복하게 하는 기본 토대역량을 보장해야 한다는 생각을 지지한다. 이 말은 곧, 앤더슨이 제안하는 기본 토대역량의 묶음이 다른 사회적 목표와 타협을 위한 거래가 있거나 이들 간에 균형이 있을 수 없다는 뜻이다. 그러나 누스바움2000a: 75은 좀 더 미묘한 입장을 견지한다. 누스바움은 토대역량 목록을 모든 시민에게 보증되어야 하는 적절한 사회적 최소치의 표현이라고 생각한다. 따라서, 이 목록은 '부분적인' 정의 관념의 진술로 보여야 한다. 정말 많은 것을 요구하긴 해도 말이다. 누스바움은 기준선 위의 불평등이 제기될 가능성을 배제하지 않는다.

3.5 세 가지 시각, 하나의 이론

1980년대 초에 센은 다음 수십 년에 걸쳐 사회정의를 다루는 많은 연구를 틀 짓게 될 중요한 질문 하나를 제기한다. '형평성? 무엇의 형평성을 말하는 거지?'[Sen, 1980: 197] 이 질문이 '복지'(공리주의), '기본재'(롤스), '자원'(드워킨)에서 '복지를 위한 기회의 형평성'(아르네슨), '이득에의 접근 형평성'(코헨)에 이르는 정말 광범위한 범위의 답을 만들어 내는 동안, 센이 내놓은 답은 '가치로운 인간 기능성을 실현하게 하는 토대역량'이었다. 그러나 이후 수년 동안 센의 대답마저도 뭔가 다르게 발전해 왔는데, 따라서 토대역량접근을 기존 도덕 및 정치 이론의 부적합성을 비판하고 인간 토대역량에 기반해 사회정의에 대한 이해를 높여가게 하는 다중 방법을 제공하는 잡다한 것의 모음으로 만들게 되었다. 이 스펙트럼의 한 끝에는 누스바움의 철학화된 견해가 있는데, 이는 토대역량접근을 아리스토텔레스의 도덕 및 정치철학의 전통에 위치시킨다. 아리스토텔레스의 철학 전통은 좋은 삶의 요소가 무엇인지에 대한 지속되는 성찰에 기반해 정의 원칙을 도출하고 정당화한다. 좋은 삶의 요소는 되돌릴 수 없을 만큼 다원적일 뿐만 아니라 합당한 사람들이 인정하고 정치적 목적을 위해 인정하는 것이란 점에서 공적일 수 있다. 그러나 누스바움은 토대역량의 공적 관념을 알려주는 기본 토대역량 목록을 기꺼이 내놓음으로써 다른 토대역량 이론가들과 차별성을 갖는다. 누스바움은 평등한 감각성과 강한 정치적 자유감을 토대역량접근에 불어넣음으로써 아리스토텔레스와도 구별된다.

토대역량접근에 관한 앤더슨의 견해는 착취를 극복하려 투쟁해 온 역사적 사회정의 운동의 기원을 떠올리게 한다. 계급 억압에 저항하는 마르크스주의 운동, 인종차별에 맞서는 반아파르트헤이트 운동, 젠더 차별에 반대하는 여성운동, 카스트 차별에 대항하는 달릿 운동 등의 예에서 볼 수 있듯 말이다. 우리는 사회정의가 요구하는 것을 더 충만하게 표현하기를 갈망할 수 있고, 또 그렇게 해야 한다. 이렇게 하는 것이 유토피아적이라는 비판을 받을 수 있지만 말이다. 그럼에도 우리가 정의의 요청에 따라 서로 빚지고 있는 얼마 안 되는 '시급하고' '결정적인' 토대역량 영역에 집중해야 할 이유가 있다. 아마도 개인 간에, 그리고 사회 간에 합의와 승인을 이루는 것은 정의로운 것보다 부정의한 것에 관한 것이 더 쉬울 것이다. 하나를 앞세우는 준비가 다른 것의 진전을 의미한다고 하더라도 말이다.

센은 실재론에 많은 영향을 받았고, 이념을 목표로 하는 가능성을 배제하지 않으면서 현실적으로 실현할 수 있는 것과 사람들, 특히 사회적 패배자의 웰빙과 삶의 기준에 진정한 변화를 가져올 수 있는 것에 관심을 가졌다. 센 이론의 강점은 개방성에 있다. 센이 다양한 이론과 전통에서 요소를 이끌어 낼 수 있고, 토대역량접근을 공적 추론과 민주주의의 과정에 긴밀하게 연계되도록 하는 한, 센은 파급력 있는 철학자로 등장한다.

이런 선도적인 토대역량 이론가들이 강조하는 바가 다양하다는 점에도 불구하고, 토대역량접근의 이론적 토대를 놓는 많은 공통적인 도덕 및 정치 원칙이 있다. 다음 장에서는 토대역량에 초점을 맞춘 정의론의 타당성을 기술하고 검토하기 위해 이런 원칙을 밝히고 관련지을 것이다.

제2부

토대역량, 도덕성, 정치학

4장
광의의 결과주의 이론

윤리론은 윤리적 사고와 실천이 무엇인지에 관한 이론적 설명이다. 이에 대한 설명은 기본 윤리적 신념과 원칙의 교정을 위한 일반적인 평가를 의미하거나 그런 평가란 존재할 수 없다는 것을 의미한다.

_버나드 윌리엄스Bernard Williams, Ethics and the Limits of Philosophy

우리는 완벽한 사회질서 속에서 서로 충돌하는 도덕성을 최종적으로 화해시키도록 의도적인 계획을 세워서는 안 된다. 과학과 법에서 합리적인 방법이 보급·전파된다고 할 때, 서로 다른 우선성을 처방하는 도덕성 간의 충돌이 점차 사라질 것이라고 기대해서도 안 된다. 우리는 실제 도덕적 신념, 관행, 헌신이 밀려들어 오고 또 흘러나가는 것을 결정하는 요소만 알 뿐이다. 특정 환경에서 지배적인 도덕적 관습에 좀 더 선택적이고 비판적인 태도와 반대로 특정 삶의 방식에 강렬하고 배타적인 애착이 발달하게 하는 조건에 대해서는 거의 아는 것이 없다.

_스튜어트 햄프셔Stuart Hampshire, Morality and Conflict

권리는 사회정의에 대한 규범적 성찰에서 중심적인 위치를 차지하게 되었다. 개인에게는 권리가 있고, 이런 권리는 국가에 의해 혹은 특정 사회 목표의 미명 하에 자신들에게 부과될 수 있는 것에 중요한 제한을 가할 수 있다는 생각은 정치철학에서 확고한 신념으로 발전해 왔다. 그뿐만 아니라 이 생각은 정치적 실천에서 광범위하게 지지받고 있다. 대부분의 국가는 헌법에 이런 권리의 목록을 명시한다. 국가는 이 목록을 통해, 예를 들어 언론의 자유, 종교의 자유, 이동 및 직업선택의 자유, 성적 자기결정, 동등한 법 접근성 등을 시민들의 권리로 확인한다. 국제사회는 전 세계 모든 국가가 서로 다른 역사, 문화적 전통, 경제적 위치에도 불구하고 반드시 확보하도록 노력해야 하는 기본적 자유와 관심사가 있다는 사실에 의해 만들어진 '세계인권선언the Universal Declaration of Human Rights, UDHR'을 존중하기로 합의했다. 권리의 수사법은 특정한 요구 권한을 압박하는 사회운동에 의해 열정적인 호소가 있었고, 계속 이어지고 있다.

셴은 권리가 도덕적 원칙에서 근본적이라고 본다. 그는 특히 다양한 비판에 대항해 권리와 인권의 중요성을 지지한다.[1] 그는 인권의 보편성과 '아시아적 가치Asian Values'의 특수성 사이의 문제를 다룬 논쟁의 한

---

1. 인권의 이론적 토대와 관련하여 비판자들이 제기하는 최소 두 개의 특징적인 우려가 있다. 첫 번째는 정당성 비판이라고 할 수 있다. 인권은 '인간'이라는 이유로 모든 인간이 지니는 선천적(pre-legal) 권리로서 전제되므로, 비판자들은 인권이 분명한 법적 지위와 정당성에서 부족함을 지적한다. 두 번째 비판의 유형은 일관성 비판이라고 할 수 있다. 이 관점에서 권리는 관련 의무를 요구하는 권한이다. A가 x에 대한 권리가 있다면, A에게 x를 제공할 의무를 지닌 B라는 주체가 있어야 한다. 그런 의무가 인정되지 않는다면, 이 관점에서 전제된 권리는 공허한 것일 수밖에 없다. 음식이나 약 혹은 일반적으로 품위 있는 삶의 표준에 대한 권리와 같은 주체 특정의 의무를 상정하지 않거나 할 수 없으므로, 일관성이 결여된 수사에 불과한 것으로 판명된다. 이런 비판에 대한 셴의 대응은 Sen(1999a: 227ff.; 2004a), Pogge(2002a), Nussbaum(1997a), Alexander(2004)에서 확인할 수 있다.

가운데 있었고, 소위 아시아적 가치란 것이 인권을 억누를 수 있다는 생각을 엄중히 비판한다. 그러나 센은 권리를 일종의 부가적 제약으로 보는 시각, 예를 들어, 자유주의적 사회윤리학과 정치철학에서 표출되는 관점[#4.1]에 그다지 흥미를 보이지 않는다. 제약에 기반을 둔 접근이 권리의 절대성과 신성함을 확인하는지 도움이 되기는 하지만, 이는 사회생활과 정치적 도덕성의 불가분의 일부분인 특정 '어려운 선택'에 직면하지 못하게 한다. 정상적으로 우리는 소유권을 지지하고 이것이 개인의 자유에 가치 있다는 것을 알게 된다. 따라서 우리는 사적 소유권을 보호하고 진작시키는 경제적·법적·정치적 제도를 지지한다. 그러나 제한 없는 소유권이 직·간접적으로 기근과 기아를 발생시킨다고 한다면, 그리고 환경 문제와 공격적인 자연자원의 고갈에 책임이 있다면 이에 대해 제한을 가해서는 안 되는가? 특정 권리가 근본적으로 가치 있다 해서 그것이 다른 가치와 충돌할 수 있다는 사실이 배제되지는 않는다. 기근과 기아의 사례에서, 재산에 대한 권리는 다른 동등한 가치 있는 권리, 즉 굶어 죽지 않을 권리와 균형 있게 다루어져야 한다. 이런 사례에서, 결과야 어떠하든 선행하는 권리와 도덕적 지각에 아무 생각 없이 문자 그대로 추종하는 것은 무책임한 일이다.

그러나 센은 제약에 기반을 둔 시각에의 대안이, 예를 들어 공리주의와 같이 결과가 단일한 측정으로 판단되는 결과주의 윤리학이라고 보지 않는다. 이와 반대로, 그는 서로 조화되지 않는 다양한 가치와 행위가 고려되는 다원적 결과주의를 옹호한다. 따라서 센은 사람들의 본질적 권리와 이들의 토대역량에 대한 관심사가 사회윤리학에서 도덕적으로 많은 것을 요구하는 원칙으로서 여겨질 수 있는 광범위한 결과주의 관점 내에 권리를 위치 짓고 이를 옹호하는 데 열심이다.[#4.2] 권리는 토대역량과 대등한 것이 아니다. 그럼에도 기본 토대역량이 없다면 정치적 공동체에서 인정되는 기존 권리의 효과적인 사용은 불가능할 것이다. 유사하게 일부 토대역량은 품위 있는 삶에 너무 기본적이고 생명과 관련된 것이기 때문에 권리라는 언어에서 이들을 공식화하는 것이 필수적이다. 자유발언권 및 참정권은 시민이 문해력이 없거나 적절히 교육받지 않은 상태에서는 아무런 의미도 없으며, 명목상으로만 남아 있게 된다. 동시에, 시민의 교육적 토대역량은 시민이 적절한 환경과 제도에 의지할 수 있고, 자유롭고 아무 두려움 없이 정부 정책과 프로그램을 비판할 수 있을 때 비로소 강화될 수 있다.

권리와 토대역량의 상호 의존성을 기술할 방법을 강구하면서 센은 윤리적 패러다임을 발전시키는데, 이를 통해 모두에게 기본 토대역량을 실현하기 위한 최대로 가능한 조건을 촉진하는 데 기본 사회구조의 효과성을 평가하고자 한다. 시장은 시민의 토대역량 전망에 크게 영향을 미치는 사회의 기본 구조 가운데 하나다.[#4.3] 사람들의 삶에 미치는 영향을 진지하게 돌아보지 않으면서 순전히 특정 선행하는 권리라는 점에서 시장을 정당화하는 것은 완전히 통제되지 않은 시장과 일종의 노직주의적Nozickian '최소국가'를 선호할 가능성이 높다. 따라서 센은 시민의 토대역량을 보호하고 또 증진하는 데 시장이 갖는 강점과 한계에 집중하면서 광범위한 결과론적 추론을 위한 필요를 입증하고자 한다. 시장이 좋은 결과를 만들어 낸다면 효율적이라고 여겨질 수 있다. 시장이 공공재 공급의 부족에 책임이 있고, 거대한 사회 및 경제적 불평등을 초래한 책임이 있다면, 모두를 위한 기본 토대역량이란 관점에서 평등이 실현될 수 있도록 시장은 통제되어야 한다.

4.1 부속 제약으로서의 권리

자유의주의적 철학자 로버트 노직Robert Nozick은 『아나키, 국가, 유토피아Anarchy, State and Utopia』[1974]에서, 권리가 도덕성의 기반을 구성하는 부속 제약으로 간주되어야 한다고 주장한다. 이와 같은 그의 시각에 따르면, 개인의 의무는 평등을 실현하는 일이나 권리 침해를 최소화하는 것과 같이 사회적 목표의 최대화를 위해 애쓰는 것이 아니다. 대신, 개인이든 기관이든, 행위 주체 자신이 권리에 의해 부과된 제약 내에서 원하는 바를 할 수 있다. 권리는 단순히 침해받지 않아야 하는 것이 된다.

> 개인의 권리에 대한 좀 더 적절한 시각은 다음과 같다. 개인의 권리는 공동으로 가능하다. 각 개인은 자신의 권리를 자신이 선택한 대로 행사한다. 이런 권리의 행사는 이 세상의 일부 특징을 고쳐나간다. 이런 고쳐진 특징의 제약 내에서 사회적 질서에 기반을 둔 사회 선택 기제에 의해 선택이 이루어진다. 여전히 결정해야 하는 선택이 남아 있다면 말이다. 권리는 사회 질서를 결정하지 않는다. 대신 권리는 특정한 대안을 배제하고 다른 것을 고치는 등의 일을 하면서 사회적 선택이 이루어지는 제약을 결정한다. Nozick, 1974: 166, 저자 강조

노직의 관점에서 개인의 '불가침성'과 '별개의 존재'라는 사실을 표현하는 절대적인 개인의 권리 묶음은 죽임을 당하지 않거나 공격을 받지 않을 권리, 모든 강압의 형태에서 자유로울 권리, 상속이나 양도로 재산을 얻을 권리, 재산이 강탈당하거나 사용의 제한을 받지 않을 권리

등을 포함한다. 개인은 이런 권리가 침해당했을 때 처벌하고 보상을 요구할 권리를 가지며, 이런 권리 침해에 맞서 자신과 타인을 방어할 권리를 가진다. 이런 권리가 침해되지 않는 한, 도덕성은 실제로 사회 시스템이 어떻게 작동하거나 혹은 작동해야 하는지, 이런 권리가 제공하지 못하는 사람들의 필요와 토대역량이 무엇인지, 이 권리들이 발생시키는 불행과 불평등이 무엇인지에 관심을 갖지 않는다.

노직의 권리에 대한 부속 제약적 시각은 그가 그리는 국가 형태에 함의를 준다. 국가는 '최소국가'여야 하는데, 최소의 기능으로 한정되는 국가를 의미한다. 혹은 '야간 경비', 즉 폭력, 도둑질, 사기, 계약 강제가 발생하지 않도록 보호하는 기능만 하는 국가를 의미한다.Nozick, 1974: 26ff. 특히, 국가는 평등을 명목으로 재분배하고 다양한 복지 프로그램을 지원하기 위해 시민들의 부 혹은 수입에 대해 짐을 지게 해서는 안 된다. 기껏해야 국가는 경찰, 무장 군대, 법 제도 운영에 제공해야 하는 만큼만 시민에게 세금을 부과할 수 있다. 이렇게 좁은 범위의 기능을 넘어서서 기능을 확장하는 국가는 독재적이고 부정의한 국가가 된다.

노직이 개인의 권리를 절대적이고 가장 우월한 것으로 놓았다는 사실을 염두에 두면, 그는 단순한 아나키즘(아무런 국가도 존재하지 않는 상태) 대신 왜 최소국가를 지지하는 것일까? 홉스와 마찬가지로 그가 '자연 상태'를 '만인의 만인에 대한 전쟁' 상태로 규정했다면, 그가 이런 최소국가를 아나키즘의 대안 정도로 정당화하는 게 좀 더 쉬웠을지 모른다. 그러나 노직은 최소국가를 이런 식으로 정당화하지 않았다. 대신 그는 로크식 자연 상태 견해에 더 이끌렸다. 자연 상태에서조차 사람은 도덕적인 존재이고 도덕적 권리와 의무가 존중된다. 노직은 로크의 자연 상태가 즉각적으로 최소국가로 발전한다고 보여주고자 했다. 그는 자연 상태에서 최소국가로의 이동은 로크의 사회계약론의 경우에서처럼 단일한 가설적 계약이 아닌 실제로 개인 간의 상호 이익이 되는 일련의 경제적 자유 교환을 통해 발생한다고 주장했다. 이를 노직은 다음과 같이 기술한다. "무정부상태에서 벗어나 즉각적인 집단형성, 상호 보호 결사체 조직, 노동의 분화, 시장 압력, 규모의 경제, 합리적인 자기 이익에 의해 움직이면 최소국가 혹은 최소국가 그룹과 아주 유사한 뭔가가 생겨나게 된다."Nozick, 1974: 16-17

여기서 강조할 것은, 노직이 권리의 부속 제약적 시각과 자신의 '권한 이론'에서 도출한 최소국가에 대한 지지를 끌어내고 있다는 점이다.[2] 이 이론은 다음과 같은 가정, 즉 '사물은 사물에 대해 권한을 가진 사람에게 이미 귀속되어 있는 세계에 일어난다.'Nozick, 1974: 160 따라서 모든 사람은 자신들이 소유한 재화와 재산, 즉 자신의 '소유 재산'에 권한을 가진다. 정의로운 분배는 사람들이 자신의 재산을 자유 시장에서 교환한 것의 결과다. 그 결과가 어떠하든 상관없이 말이다. 따라서 정의로운 분배의 원칙은 다음과 같다. '그들이 각각 선택하는 바에 따라, 그리고 각각 그들이 선택된 바에 따라.'Nozick, 1974: 160 이는 좌파 평등주의자들이 즐겨 말하는 '각자의 능력에 따라, 그리고 각자의 필요에 따라'와 정반대 내용이다. 노직에 따르면, 훔치거나 훔친 사람의 것을 사게 되면 내가 소유한 그 물건에 대해 나는 권한을 갖지 못한다. 대신, 증여나 상속 혹은 완전히 자발적인 이전으로 얻게 되면, 나는 그 물건에 대해 권한을 가진다. 정의는 획득과 교환의 '공정한' 절차를 따르는 것으로 이루어진다. '정의로운 절차에 의한 정의로운 상태에서 발생하는 것은 무엇이든 그 자체로 정의롭다.'Nozick, 1974: 151

---

2. 노직의 '권한(entitlement)'이라는 용어의 사용은 센의 사용과는 다르다(#3.1). 노직의 권한이 권리 소유권을 의미한다면, 센의 권한은 상품에 대한 지배권을 확립할 수 있는 사람들의 능력(ability) 또는 역량(capacity)을 의미한다.

사실 노직은 정의가 사전에 계획된 분배 패턴과 원칙에 따라 자원을 (재)분배하는 것으로 이루어진다는 생각을 거부했다. 노직에 따르면, 자유는 패턴을 뒤집어 엎는다. 더욱이 개인을 자기 소유자로 존중하려면, 그가 '파이 자르기'라고 부른 정의에의 접근을 거부하라고 한다. 이 '파이 자르기'식 정의에의 접근은 사회의 자원이 '하늘에서 내려온 만나'와 같은 것으로, 필요와 응분 등과 같은 일부 분배적 원칙이 필요하다고 지적한다. 이 점에서 노직은 롤스의 이론과 그의 재분배 목표를 비판한다. 그는 롤스의 이론이 사람들의 삶에 계속 참견하지 않으면 실현될 수 없다고 했다.Nozick, 1974: 183ff. 롤스의 이론#2.1에서 차이의 원칙이 사회에서 최소 수혜자들 편에서 자원을 재분배하도록 하기 때문이다. 이와 반대로, 노직은 자신의 이론이 사람들의 삶에서 개입을 피한다고 주장한다. 왜냐하면, 사람들의 자유로운 교환은 계획된 분배 패턴에 순응하라고 하지 않으며, 따라서 이 교환에 어떤 개입도 필요하지 않기 때문이다.

　　노직이 재산권과 시장 자유에 대해 자유주의적인 방어를 하는 것은 자기만족에 빠진 개입주의자들, 일부 사회적인 목표를 실현하는 구실로 개인의 삶에 개입하는 사람들에게 강력한 해결책이 아닐 수 없다. 사회윤리학은 개인의 자유가 포기되고 사회적 목표를 위해 개입될 수 있다는 경솔한 생각 위에 세워질 수 없다. 그 사회적 목표란 것이 아무리 고귀하더라도 말이다. 사회철학자들은 노직으로부터 중요한 교훈을 배워야 한다. 그런데도, 노직의 자유지상주의(혹은 극단적 자유주의)에 만족할 수 없는 정말 많은 이유가 있다. 노직에게 권리는 사회생활을 위한 도덕적 원리의 원천일 뿐이다. 도덕적 관점에서 중요하다 할 수 있는 또 다른 원리는 존재하지 않는다. 하트Hart, 1979는 이에 대해 다음과 같이 비판한다.

노직이 가정하듯 사회철학이 도덕성을 단일한 원천에서 끌
어낼 수 있다 하더라도, 이 원천이란 게 개인의 권리라 하더라
도 … 그 권리란 게 왜 노직이 말한 것과 같은 뜻으로 제한되
어야 하는가? 노직이 말한 권리는 벤담이 타인에 대한 부정적
인 서비스라고 한 것으로, 살인, 인신공격, 도둑질, 비행 등과
같은 것을 절제하는 것이었다. 많은 필요와 고통을 해결해주
거나 기초 교육 및 기술을 제공하는 것과 같이 긍정적인 서비
스에 대한 기본 권리가 포함되어서는 안 되는가? 들어줘야 할
요구와 이를 제공하기 위해 세금을 내는 사람들의 자금을 비
교해 볼 때 이런 것들에 드는 비용이란 게 적을 때 말이다. 왜
도덕적으로 정당화되는 재산권이 절대적이고 영속적이며 배
타적이고 상속 가능하며 바꿀 수 없는 특성을 지니는가? 아
무런 협상의 여지조차 남기지 않으면서 말이다.Hart, 1979: 835

우리가 서로 지고 있는 의무의 전체 배경을 권리가 다룰 수 없다는
것과 정치적 도덕성이 '적극적' 권리를 무시할 수 없다는 하트의 비판은
노직의 관점에 대한 중요한 교정이며, 토대역량접근의 직관과도 상당히
일치한다. 우리가 진지하게 권리를 방어하고자 한다면, 노직이 그렇게
대단하게 집중한 듯한 전통적인 자유지상주의적 권리뿐만 아니라 교육,
주택, 건강, 취업, 적절한 삶의 수준 등의 권리와 같은 사회경제적이거
나 '복지' 관심 및 요구 권한도 인식하는 것이 중요하다.Waldron, 1986; 1988;
Shue, 1980 적절하고 건강한 삶을 위한 근본적 토대역량을 결여하고 있다
면 사람들은 자신이 가졌다고 생각하는 권리를 거의 사용할 수 없다.
개인이 대부분의 권리라는 게 자유와 행위 주체성의 행사를 지원하는
것을 의미하는 것으로 여기더라도 기아, 비문해, 질병 같은 것이 행위

주체성과 자유를 위한 인간 역량을 질식시키고 파괴할 수 있다는 것을 부인할 수 없다.

이렇게 토대역량에 초점을 맞춘 관심사를 좀 더 급진적으로 공식화하려는 것은 정확한 권리로 공식화되고, 법이 만들어지거나 혹 그렇지 않을 수도 있는 사회·경제적 이해의 본질적 가치를 가리킨다. 경제적 웰빙이 다른 권리의 기능에서 필요하다는 점을 말하는 대신, 이는 직접적으로 특정 사회·경제적 권리가 다른 권리만큼 가치 있다는 점, 그리고 이런 권리를 소홀히 하는 윤리론은 적절하지 않다는 점을 말한다. 이렇게 직설적인 비판이 지닌 장점이 있는데, 전통적인 자유지상주의적 권리를 복지적 권리보다 우세하다고 특권화하지 않는다는 점이다. 우리는 말할 필요 없이 시민적이고 정치적인 자유가 필요하지만 사회·경제적 자유도 필요하다. 누구나 지적할 수 있듯, 이런 입장은 '권리의 폭력'으로 이끌게 된다. 이 점에 주의를 집중해야 한다. 그러나 지나친 권리의 확산을 피하고자 복지를 축소해야 한다는 말은 타당하지 않다. 노직의 관점에 따르면 사회·경제적 권리에 대한 인정 및 이런 권리를 실현하는 데 요구되는 물적 자원의 재분배는 주어진 사람들의 권한과 재산권에 개입하는 일을 발생시킨다. 노직에게 개인의 권한과 소유권은 '일반적인 권리가 특정 물질적 조건으로 간주되게 할 여지를 남겨놓지 않은 채 오롯이 권리의 공간을 차지한다.'Nozick, 1974: 238

그러나 토대역량 이론가들은 노직의 우선순위를 뒤집고 어떤 권한 체계도 많은 사람을 가난하고 토대역량이 박탈된 채로 내버려 두는 것을 정당화할 수 없다고 주장한다.Waldron, 1986; Sen, 1982c 이는 가장 우선으로 그리고 가장 중요하게 누가 무엇을 소유할 것인지 결정하고 사람들의 토대역량 결핍에 대해 무엇을 생각할 것인지의 문제가 아니다. 대신, 사람들의 사회·경제적 권리가 처음부터 권한의 초기 배분을 관장하는 데 근본적인 역할을 해야 한다는 것이다.

토대역량 이론가들은 노직의 이론이 사회생활을 시장으로 보려는 일반적인 현대 자유주의 경향을 어떻게 성찰하고 있는지를 지적함으로써 자신들의 비판을 우위에 올려놓으려 한다. 개인이 자신의 소비 선호도를 유지하고 재산 및 권한에 대한 이익을 지킬 수 있는 한에서만 국가를 필요로 한다. 노직의 이론에서 뚜렷하게 부재하다고 보이는 한 가지는 민주주의에 대한 굳은 신념이다. 자유주의 진영의 자유주의자들에게 사회는 공론장이라기보다 시장에 더 가깝다. 최소국가에서 현대 사회에서 결코 피할 수 없는 충돌하는 가치와 정책 우선성에 대한 정치적 논쟁과 의회에서의 논쟁은 거의 언급되지 않는다. 경제적 자유와 소비자 주권이 정치적 자유보다 더 크고 결정적인 역할을 한다. 민주주의, 공적 논쟁, 정치적 행위의 공간은 시장에 의해 침략당한다.

4.2 광범위한 결과주의 관점에서 권리와 토대역량

센Sen, 1982b; 1985b; 2000a은 자유지상주의가 신봉하는 극단적 부속 제약 및 절차적 관점을 수용하지 않고도 권리가 중요한 역할을 한다는 것을 인정할 수 있다고 주장한다. 권리의 결과 독립 이론을 지지하는 자유지상주의적 제안에는 자유로운 삶에 중요한 기본 토대역량의 향상 혹은 박탈에 대한 상당한 무관심이 내재해 있다. 우리는 여러 이유로, 관련된 사람들의 삶에서 어떤 결과가 생기든 상관하지 않는 절차적 규칙에만 의존하는 사회윤리학에 동의하지 않는다. 사회정의는 절차가 만들어 내는 실질적인 불평등과 자유의 결핍에는 아무런 신경을 쓰지 않는 절차만의 문제가 될 수 없다. 그렇다고 자유지상주의의 대안이 결과론적 추론이 매우 협소하고 일원론적 성격을 띠는 공리주의는 아니다. 공리주의적 결과주의[1,2]에서 상태의 가치는 효용 면에서만 평가된다. 개인의 자유와 권리는 생략되거나 효용을 만들어내는 데 기여하는 바와 선의 최대화를 위해 도구적인 가치로만 여겨질 뿐이다. 이와 반대로, 센은 광범위한 결과론적 접근을 옹호하는데, 이 접근에서 결과론적 추론은 개인 권리의 충족 혹은 이를 침해하는 데 근본적인 중요성을 둔다. 사람들이 갖게 되는 기본 토대역량에 관한 특정 권리를 갖는 문제에 실질적으로 미치는 영향을 포함해 다른 비권리에 대한 고려사항을 무시하지 않고 말이다. 광범위한 결과주의에 대한 센의 간결한 정의를 다음에서 볼 수 있다. "광범위한 결과주의는 권리의 충족 혹은 비실현이 목표에 포함되어 있고 상태의 평가에 통합되어 있으며, 따라서 결과적 관련성을 통해 행위 선택에 적용되는 도덕적 체계다."Sen, 1982b: 15 이런 개념 정의에서 다음과 같이 센의 광범위한 결과주의의 이론적 토대를 형성하는 세 가지 특징이 나타난다.

(1) 다원주의적 결과주의

페팃Pettit은 "거칠게 말해 결과주의는, 어떤 선택이 이런 선택을 한 행위 주체에게 타당한 선택이었는지 판단하는 방법은 결정과 관련된 결과를 살펴보는 것, 즉 세상에서 그 결정이 관련된 효과를 냈는지를 살펴보는 것이라는 이론이다."Pettit, 1993: xiii 이런 개념에 근거하여 우리는 공리주의를 결과론적 이론이라고 간주할 수 있다. 공리주의의 틀에서는 행위에 대한 평가가 선험적 의무론 원칙이나 불가침 권리 집합에 기초해서가 아니라, 오히려 페팃이 주장하듯 행위가 상황이나 세계에 미치는 결과 측면에서 이루어지기 때문이다. 그러나 공리주의는 일원론적 결과주의다. 상태에 대한 평가에서 효용을 제외한 어떤 것도 도덕적으로 중요하지 않기 때문이다. 여기서 물론 효용은 쾌락, 행복 혹은 선호 충족 등과 같이 다르게 정의될 수 있다.Scheffler, 1982; Scanlon, 2001 예를 들어, 쾌락주의와 결과주의 간에 관련성을 만들 수 있을 것이다. 쾌락과 고통이 부재한 상황만이 도덕적으로 적절한 값어치라면, 상태의 가치는 이렇게 단일한 가치 측면에서 평가될 수 있다.#1.1.a 결과적으로 도덕이 요구하는 것은 우리가 이런 가치를 가장 많이 지닌 상태를 만들어 내는 것이 된다. 이런 결과론적 추론에서 행위 일반과 특정 권리 침해는 상태에 대한 평가에서 근본적 가치를 지니지 않는 것으로 배제된다. 센은 이 점이 근본적인 한계라고 주장한다.

> 상태를 평가하는 데 일부 상태를 선험적으로 배제하는 어떤 일반적인 이유도 없다. 그러나 공리주의 윤리처럼 일부 윤리론에서는 행위 같은 비효용적 특성은 어떤 가치나 무가치한 것으로 간주해서는 안 되며, 이들이 만들어 내게 되는 효용 혹은 비효용만 고려해야 한다고 주장한다. 그러나 행위, 동기 등 이와 유사한 것과 같은 특성에 관심을 가질 만한 타당한 이유가 있어서(의무론자들을 그들만의 특별한 방식으로 다른 무엇보다도 그것들에 주목하게 하는 것과 충분히 유사한 이유로), 공리주의식 배제는 추론된 요구의 부류를 임의로 배제하게 되는 것이다.Sen, 2000a: 487-488

센은 효용만이 상태를 측정하는 데 고려되어야 한다는 생각을 버림으로써 일원론적 결과주의 모델과 결별한다. 그는 행위를 평가될 수 있는 상태의 일부로 포함시키며, 이런 평가 항목이 사람들의 권리를 침해하는 데 관련된 것인지 그렇지 않은지 고려해야 한다고 주장한다. 이것이 뜻하는 것은, 센의 주장이 일원론적 결과주의가 아니며, 센은 다원주의적 결과주의 견해에 이끌린다는 점이다.

다원주의는 센의 결과론적 윤리가 구분되는 특징으로, 적어도 두 가지 방식에서 중요하다.Sen, 1985a: 176-181 첫째, 이는 원칙 측면에서 다원적이다. 시민적 자유와 정치적 자유와 같은 확고한 인권은 중요한 원칙이다. 그러나 이들과 함께 권리란 언어로 공식화되거나 공식화되지 않는 특정 기본 토대역량이 포함될 수 있다. 하나의 권리가 공식화되고 사회에서 인정받게 될 때, 사람들은 의심스러운 권리를 활용하는 필수 토대역량을 갖는다고 전제된다. 그러나 이는 언제나 진실이 아니다. 비문해나 결핍된 교육의 측면에서 토대역량 박탈은 발언의 자유와 적극적으로 공적 논쟁과 비판에 참여할 수 있는 권리의 온전한 사용에 방해가 될 수 있다. 사회규범 및 편견은 실제로 여성과 사회 소수그룹이 경력을 쌓고, 사회적 공간 및 정치에 참여하지 못하게 막는다. 공식적 권리가 이런 혜택을 이들에게 보증한다 하더라도 말이다. 이 말이 뜻하는 바는, 사회윤리가 근본적 원칙의 다중성을 인정해야 한다는 것이다. 이들의 구분됨을 존중하고 이들이 구별된 방식으로 존재할 수 있게 하는 것이 필수적이다. 이런 다중적 원칙은 최종 표준이라고 여겨질 만한 일반적인 원칙으로 통합될 필요가 없다.

둘째, 센의 결과론적 접근은 다원적 정보 기반을 필요로 한다. 공리주의는 행복, 만족 혹은 욕구 충족 측면에서 이해되는 개인적 효용에 관한 정보만을 포함한다. 자유, 권리, 분배 정의 등에 관련된 정보는 배제된다. 자유지상주의는 특정 권리에만 초점을 맞춘다는 한계에 봉착하는데, 이들은 개인의 토대역량 관심에 관한 정보를 소홀히 한다. 이와 반대로, 센의 접근에서는 광범위한 정보 기반이 결정적인 역할을 한다.

이는 우리가 만났을 법한 두 가지 극단적인 도덕주의자들 사이의 신중한 중간 형태가 아닐까 싶다. 첫 번째는 원칙의 순수함과 무조건적인 의무론적 원칙과 책무에 집착하는 경향을 보이지만, 이들의 행동이 만들어 내는 결과의 총체성에는 거의 신경 쓰지 않는 경우다. 그러나 두 번째 유형도 있다. 이들은 사회 전체를 위한 선택의 결과를 최대화하는 데 신경 쓰지만, 정작 개인에게 어떤 효과가 있는지에는 아무런 신경을 쓰지 않는 사람들이다. 센의 접근이 지닌 장점은 도덕적 행위와 의무의 중요성에 대해 생각할 가능성과 함께 모든 다양한 결과 유형도 생각하는 거시적인 맥락을 고려하게 한다는 데 있는 듯하다.

(2) 권리: 부속 제약인가, 목표인가?

권리를 타인이 할 수 있는 것과 할 수 없는 것에 대해 부속 제약하는 기능성으로 간주하는 대신, 센은 권리 총족은 추구되어야 할 목표에 포함되어야 한다는 시각을 견지한다. 우리는 사회정의의 근본적 원칙으로 침해할 수 없는 권리를 요구하지만, 이런 권리가 빚어내는 결과와 다양한 권리 간, 그리고 권리와 사회적 목표 사이의 다각적인 상호 의존성이 만들어 내는 결과를 간과할 수 없다. 게다가, 추구하는 목표의 일부로 권리 실현을 생각하는 것은 권리를 '단일한' 의무로 상호 연관시킬 뿐만 아니라 의무의 '다중성'을 발생시키는 것으로 여기게 할 수 있다.

다음 사례에서 이 점이 묘사될 수 있다.[Sen, 1982b] 알리는 가게주인이다. 그는 인종주의 깡패 악당 바셔에게 얻어맞을 참이다. 도나는 이 사실을 알게 되었고 그에게 미리 이 사실을 알려 맞지 않게 할 수 있다. 그러나 도나는 알리가 어디 있는지 알려면 방을 부수고 들어가 알리의 시술사인 찰스의 서류를 찾아봐야 한다. 즉, 도나는 찰스의 권리인 사생활을 침해해야 한다. 도나는 어떻게 해야 하는가?

센은 만약 도나가 권리를 부속 제약으로 여기는 도덕성을 채택하여,

선택 가능한 행위 목록에서 권리를 침해할 수 있는 행위가 제외된다면, 그녀의 선택은 아무것도 하지 않음으로써 누구의 권리도 침해하지 않지만, 폭력배들이 알리를 때리도록 내버려 두는 것이라고 제안한다.

다른 한편으로, 도나가 결과론적 도덕성을 채택하면, 알리에게 이를 알리기 위해 찰스의 사생활 권리를 침해하게 하는 것인데, 그렇게 되면 알리의 두드려맞지 않을 권리가 침해되지 않도록 예방할 수 있게 된다. 센은 이 상황을 설명해 줄 최선의 방법은 두드려맞지 않을 알리의 권리가 침해되지 않는 상태의 아주 중요하지만 부정적인 가치와 이런 상태가 발생하는 것을 막게 되는 긍정적인 가치를 고려하는 것이라고 믿는다.

권리 이론가 슈타이너Steiner, 1990는 센의 이론과 같이 결과론적 윤리학의 개연성을 확인한다. 결과론적 윤리학은 가치를 권리 실현에 귀속시키고 이에 대응해 비가치가 권리 침해에서 비롯된다고 본다. 그러나 그는 다원적 가치 체계 내에서 권리 실현을 통합하는 결과주의의 구조는 '다른 권리와 갈등을 빚는 일부 권리와의 타협적 상호절충' 없이는 작동하지 않는다고 주장한다. 따라서 슈타이너는, 도나가 침해되지 않을 알리의 권리를 지켜줄 의무가 있다면 동일한 도덕 이론은 다른 죄 없는 삼자, 이 사례에서는 특별히 찰스를 포함하는 삼자에게도 유사한 의무가 부과되어야 한다고 주장한다. 따라서 도나에게 의무를 지우는 도덕 이론은 찰스가 도나로 하여금 필요한 정보를 얻을 수 있도록 의무를 부여한다. 어떤 방식이 타당하든 상관없이 말이다. 그리고 특히 자기 사무실을 부수고 들어가도록 허용하는 의무가 그에게 부여된다. 따라서 슈타이너에 따르면 찰스의 사무실을 부수고 들어가는 상황에서 도나는 어떤 권리도 위반하는 것이 아니며, 서로 충돌하는 다른 어떤 권리와의 타협적 교환이 이루어지는 권리란 없게 된다.

실제로, 위 상황은 두 가지 다른 관점에서 논의될 수 있다. 센 같은 경우에는 이 상황을 충돌하는 권리 간의 타협적 교환으로 간주할 것이다. 즉, 찰스의 사생활 권리와 알리의 두드려맞지 않을 권리의 타협적 교환 말이다. 슈타이너 같은 경우에는, 이 상황을 '의무의 다중성' 관점에서 볼 것이다. 즉, 권리는 잠재적 위반자(바셔)뿐만 아니라 권리 침해를 예방하거나 완화시킬 수 있는 다른 행위 주체(도나, 찰스, 기타)에게도 의무를 발생시키게 된다. 그럼에도, 생겨날 만한 논점은 센의 이론이 이들의 근본적인 가치를 위한 권리를 인정하는 범위를 제공하는 것뿐만 아니라, 권리를 지닌 이슈의 결과에 민감한 평가라는 더 큰 맥락에 위치시키게 해준다.[3]

재산권과 기아 및 박탈(죽거나 굶주리지 않을 권리) 사이의 잠재적 갈등은, 부속 제약 접근이라기보다는 결과에 민감한 접근이 우리의 도덕적 직관에 좀 더 가깝다는 것을 보여주는 사례가 될 수 있다. 정당하게

---

3. 드워킨은 '일반적인 집단적 정당화(general collective justification)'의 요구를 통제하는 데 권리가 해야 할 역할에 집중함으로써 권리를 '으뜸패(trumps)'로 볼 것을 제안했다. '권리는 집단적 복지에 호소하는 배경적 정당화에 대한 으뜸패 역할을 한다'(Dworkin 1977: 367). 드워킨이 염두에 둔 집단적 목표의 종류는 정부와 같은 제도적 행위 주체가 추구할 수 있는 총체적 사회이익이다. 경제적 효율성, 기회의 평등, 국제적 우수성 등과 같이 말이다. 권리의 목적은 그런 목표의 추구가 요구하는 데 필요한 특정 형태의 조치로부터 개인을 보호하는 것이다. 말하자면 권리는 사회적 목표에 대한 '승리(triumph)'이다. 페팃(Pettit, 1987)은 개념적 분석에서 '으뜸패' 비유는 '부속 제약(side-constraints)' 비유가 내포하는 절대적이고 극단적인 관점을 암시하지 않는다고 했다. 그의 말대로 "노직(Nozic)과 드워킨(Dworkin)은 모든 권리가 어느 정도 특권을 가져야 한다는 데 동의하지만, 실제로 권리가 수반하는 특권의 정도에 대해서는 시각이 다르다. 드워킨에게는 권리가 특정되지 않은 다수의 집단적 목표에 우선하는 것이지만, 노직에게는 권리가 모든 것에 우선하는 것이다"(Pettit, 1987: 12). 센과 드워킨 관점의 차이는 사회적 목표('일반적인 집단적 정당화')를 권리와 독립적인 것으로 묘사한다는 점이다. 권리와 사회적 목표가 드워킨이 제안하듯 서로 독립적인 것이라면, 권리를 진지하게 수용하기 위해서는 권리와 무관한 사회적 목표를 무시할 힘을 권리가 지녀야 한다. 하지만 센의 관점에서는 사회적 목표가 권리에 대한 고려를 포함하여 구성되므로 그럴 필요가 없는 것으로 보인다.

획득한 재산의 소유, 사용, 유증의 권리는 본질적으로 가치롭다고 여겨진다. 사실, 재산권에 대한 로크의 고전적 방어는 이런 형식을 띤다. 로크에게 광범위한 재산권은 자연상태에 이미 존재한다고 여겨지며, 정부의 목표는 이런 권리를 지키고 보호하는 것이다. 이는 로크가 인간은 자신의 노동을 가진 '자연권'을 갖고 이를 자신의 노동과 결합한 것으로 확장하게 한다는 사상을 옹호하기 때문이다. "모든 사람은 자기 재산을 가진다. 다른 누구도 이런 재산에 대한 권리를 갖지 않는다. 우리가 보건대, 자기 신체의 노동과 손으로 하는 작업은 완전히 자신의 것이다. 자연이 주고 그에게 남겨진 상태에서 제거하려는 것이 무엇이건 그는 자신의 노동을 이것과 섞고 여기에 자신이 소유한 것을 담아 자신의 재산으로 만든다."Locke, 2003: 111-112 로크는 '충분하고 그만큼 좋은' 자원이 공동 사용을 위해 남겨진 상태에 속한 재산 소유권의 행사 권한을 주는 '조건'을 예견했다. 그러나 실제로 로크는 이런 '충분하고 그만큼 좋은' 조건 없이 지내거나 이를 약화시켰다. 엄격한 재산권 체제가 공동 자원에 더해진다는 확고한 신념 때문에 말이다. '노동으로 땅을 독점해 전유하는 사람은 인류의 공동 자산을 줄이지 않고 늘린다.'Locke, 2003: 116 앞서 지적한 바와 같이#4.1, 노직은 로크의 발자취를 따른다. 그리고 여기서 한 발 더 나아가 재산권을 훨씬 절대적이고 신성한 것으로 만드는 권한 체계 이론을 정교화하는 방식으로 재산권을 지지한다.

그러나 재산권을 이런 식으로 정당화하는 데 결여된 것은 재산권이 그 자체로 평가를 요구하는 결과가 빚어진다는 사실이다.[4] 사실, 전 세계의 많은 곳에서, 기아와 심각한 권한 박탈의 원인과 예방은 물질적으로 재산권이 어떻게 구조화되고 또 관리되는지에 달려있는 듯하다. 일련의 재산권이 기아나 심각한 권한 박탈을 야기한다면, 결과와 상관없이 이런 권한을 갖는 것이 절대적인지 따져 물어야 한다. 그러나 센은 재산권에 대한 개입이 기아와 박탈을 피하게 하는 유일한 길이라고 주장하지 않는다. 3장에서 기술했듯, 기아는 권한 실패로 생긴 것이기에 주요 경제 전략은 박탈된 그룹의 권한을 증진하는 형식을 취해야 하며, 특히 모두에게 최소한의 권한을 보장해주는 정책을 갖춰야 한다. 이런 정책의 일부는 재산권과 좀 더 잘 사는 그룹들의 대응되는 권한이 재구조화되어야 한다고 요구한다.

따라서 센은 재산권과 다른 목표—예를 들어, 기아와 기근을 극복하거나 굶주리지 않을 사람들의 권리를 충족하는 것 같은 목표를 가치롭게 여기는 사회윤리학을 옹호한다. 이런 도덕 체계는 재산권을 본질적으로 중요하다고 여기지만, 동시에 권리침해의 부정적 결과를 포함해 전체 결과를 좀 더 낮게 한다면 (소득세, 상속세 및 기타 등을 통해) 재산권에 국가의 개입이 중요하다는 점 또한 인정한다.Sen, 1982c 누군가 권리를 타인의 행동을 제약하는 것으로 보는 틀에 머물러 있다면, 그는 개인이 제한된 수의 특정한 권리, 소위 X권리, Y권리, Z권리에 권한이 부여되어 있다고만 주장할 수 있다. 그러나 다른 한편으로, 누군가 이런 권리를 다른 비권리적 고려사항(토대역량, 가치, 및 기타)을 포함하는 일반적인 사회 목표의 맥락에 두면, P(x), P(y), P(z)와 같은 효과적 공

---

4. 네이절(Nagel, 2003: 66f.)이 지적하듯, 롤스의 이론은 재산권에 대한 자유지상주의적 옹호와 중요한 차이를 보인다. 자유지상주의자들은 재산권에 중요한 도덕적 가중치를 부여한다. 롤스가 기본적 자유 목록(#2.1)에 포함한 개인 재산의 소유권뿐만 아니라, 사적 재산의 축적과 처분에 관한 광범위한 권리를 포함하여 말이다. 롤스에 따르면 합법적으로 획득하거나 취득한 것에 대한 권리는 언론의 자유, 양심의 자유, 인격의 자유와는 완전히 다른 지위를 갖는다. 재산권은 개인 자유의 필수적 일부가 아니라, 경제 체계에서 장기적 계획, 투자, 생산, 자본 축적을 위한 필수적 특성이다. 게다가 차등의 원칙은 사회 내 가장 취약한 집단에 우선하는 재분배를 상정한다. 롤스의 공정으로서의 정의에서 개인의 재산권은 경제 제도 정의의 기초가 아니라 결과다. 노직의 경우 이는 정반대다.

공정책과 S(x), S(y), S(z)와 같은 사회적 제도가 이러한 권리 실현 목표를 추구해야 한다는 생각을 강화할 가능성을 제공한다.

(3) 가치 진작과 가치 존중

페팃Pettit, 1991; 1997c은 결과주의와 부속기반 사회윤리학의 구분이 가치에 대한 태도에서 나타나는 차이로 이해될 수 있다고 주장한다. 가치에 대한 적절한 대응이 가치를 '향상'하거나 단지 '존중'하는지 여부로 말이다.

> 결과주의는 개인이나 제도적 행위 주체가 어떤 가치를 채택하든 이런 가치에 적절한 대응이 그 가치를 증진하도록 하는 시각이다. 행위 주체는 가치 존중이 그 가치를 증진하게 하는 일의 일부이거나 이를 증진하도록 하는 데 필요한 경우에만 그 가치를 존중해야 한다. 다른 한편, 결과주의의 반대자(제약기반 의무론자)들은 적어도 일부 가치는 증진되건 그렇지 않건 존중되어야 한다고 요구하는 관점을 견지한다.Pettit, 1991: 231

결과주의와 비결과주의 접근의 구분을 도입하는 방식은 나름 매력적이고, 이 두 이론 사이에 있는 전통적 반대 상황을 좀 더 분명하게 해주는 듯하다. 이는 센과 같은 결과주의 이론이 실제 가치를 존중하는 것뿐만 아니라 이들을 증진하는 데 관심을 기울인다는 생각을 강화한다. 그런데 왜 그렇게 되는가? 이 물음에 대한 답은 도덕성, 특히 공공도덕성을 어떻게 그리고 있는지에 관한 방향성에 있는 듯하다. 페팃이 주장하듯 도덕성은 어떤 면에서 행위 주체와 가치의 관계로 보일 수 있다. 개인이나 제도적 행위 주체는 자신을 어떻게 위치 짓고 인지된 가치에 반응하는가? 다른 말로 하자면, 늘 그렇듯 모든 사례에서처럼 행위 주체는 가치에 관한 두 종류의 질문에 맞선 듯하다. 내 기본적 책임은 내가 한 가치에 헌신함으로써 그 가치를 존중하는 것으로 만들어지는 가? 그렇지 않다면 그 가치를 증진하는 것으로 만들어지는가?

여성 평등이란 가치의 예를 들어보자. 이 가치에 관해 나는 무엇을 해야 하는가? 존중하는 태도는 내 생활과 행동에서 이 가치를 '표출' 하는 것만을 요구하는 듯하다. 나는 여성에게 좀 더 친절하고 예의 바르게 행동할 수 있다. 그러나 이것이 곧, 이 가치에 관한 좀 더 많은 것이 이 사회에서 대체로 실현된다고 내가 좀 더 긍정적으로 보도록 뭔가 하는 것을 의미하지 않는다. 적어도 두 가지가 존중하는 태도를 뒷받침하는 것으로 보인다.Pettit, 1988; 1997c 첫째, 존중하는 태도는 다소 일종의 완벽한 순응적 세계를 가정한다. 나는 할 수 있는 최선의 방법으로 내 역할을 감당한다. 그리고 타인도 똑같은 방식으로 행동할 것을 기대한다. 특정한 가치에 대한 내 존중은 궁극적으로 의문시되는 그 가치를 진작시키는 데 도움을 준다. 그러나 이는 기본 동기보다 두 번째 사례로 더 다가온다. 둘째, 행위 주체와 가치의 관계는 본질적인 것으로 보인다. 도덕적 행위 주체인 나는 주로 가치를 존중하라고 요구받는다. 내가 그 가치를 진작하든 그렇지 않든 상관없이 말이다.

가치를 향상하는 태도는 이와 상반된 것으로, 행위 주체가 자기 생활에서 특정 가치를 표출하는 것뿐만 아니라, 이 세계에서 그 가치를 실현하게 준비하라고 하는 듯하다. 우리가 믿는 가치를 실현하기 위한 어떤 노력도 하지 않으면서 우리 손을 깨끗하게 유지하기만 한다면 도덕성의 범위는 너무 좁아지게 된다. 실질적이고 전혀 고분고분하지 않은 세상에서 우리는 '우리 손을 더럽혀야만' 할지 모른다. 여성 평등을 뭔가 바람직한 가치로 생각한다면, 나는 이 가치를 표출하는 것에 더해, 이 가치에 대해 내 아내와 아이들에게 말하고 싶을 것이다. 나는 생각이 같은 몇몇 동료들과 여성 평등 센터를 설립할 수도 있다. 정치나 시민사회 단체를 통해 대학 캠퍼스와 공공 기관에 여성의 수를 비중에 맞추라고 로비할 수도 있다. 물론 도덕적 진보와 좀 더 나은 가치 실현을 위해 내가 하는 모든 일과 내가 그 일을 하는 방식을 꼼꼼히 살펴야 한다. 전제적인 접근을 취하든지, 아니면 정치적인 접근을 취하든지, 혹은 강압적인 방식을 취하는지 설득의 방법을 취하든지. 내 가치를 진작하기 위해서 말이다. 또한 내 삶과 행동에서 이런 가치를 존중하는 데 관심이 없으면서 가치를 진작하려고만 하면, 이런 노력은 완전함이 결여될 뿐만 아니라 궁극적으로 효과적인 결과를 내기 어렵다.

이때 가치 진작이 가치의 최대화를 가져오게 하는가? 여기서도 광범위하게 시각화된 결과주의가 다른 결과주의와 차별화될 수 있다. 공리주의적 결과주의에서 볼 수 있듯 누군가 늘 '가장 바람직한 것'에 따라 행동하고 이를 진작해야 한다는 생각에 끌린다면, 그 사람은 전체적인 성과로 이끄는 최대화 과정을 개진하지 않을 수 없다.Slote, 1985; Scheffler, 1988 이와 반대로 센은, 인간 삶에 중요한 가치가 다원적이고 서로 차이가 크게 나타나는 것들이기 때문에 공적 숙의는 가장 바람직한 것을 목표로 하기보다는 타당한 것만을 위해 타협되어야 한다고 주장한다.

결과론적 접근은 일반적인 형태로 최대화하는 논리를 사용하지만, 최대화는 대안이 될 만한 모든 것이 비교 가능해야 한다고 하지 않으며, 대안이 되는 것 중에서 가장 바람직한 것을 확인할 수 있다고 하지도 않는다. 최대화는 선택될 수 있는 것보다 더 나쁜 대안을 선택하지 않도록만 요구할 뿐이다. 대안이 되는 두 가지를 서로 비교하고 우선순위를 매길 수 없다

면, 이 둘 중 어느 것을 택하는 것은 최대화의 요구조건을 완
전히 만족시킨다.Sen, 2000a: 563-564, 저자 강조

이는 결과론적 추론에서 최대화가 요구하는 것에 대해 상당히 약하
고 '현실만족적인' 해석이다. 센에게 최대화는 다른 것보다 더 나쁜 대
안을 선택하지 않는 것일 뿐이다. 따라서 센의 광범위한 결과주의 이론
에서, 대안이 될 만한 두 가지 가치를 비교하고 우선순위를 매길 수 없
는 환경에서 둘 중 하나를 선택하는 것은 최대화의 요구조건을 충족하
게 한다. 사회정책 및 공적 숙의에서 실제 이슈를 다루는 관점에서 보
면, 가치를 진작하고 사회적 상황을 개선하는 약한 해석조차도 주요
한 차이점을 지닐 수 있다. 정부와 정책결정자들은, 효율성의 요구조건
과 평등에 대한 요구 사이의 균형점을 택해야 한다. 그리고 이런 선택은
자주 자원이 희소한 상황에서 이루어져야 한다. 국가와 같은 제도적 행
위 주체가 반드시 진작시켜야 하는 뚜렷이 구분되는 세 가지 목표, 즉
교육, 건강, 정치적 자유 보호를 예로 들어보자. 각 목표는 모두 중요하
고 서로에 관해 우열을 가리는 것, 즉 최적화를 위해 요구되는 완전한
서열을 만들기 어렵다. 그러나 '가용한 대안보다 더 나쁘지 않은' 기준
에 의존하는 광범위한 결과주의는 공적 숙의와 선택에 여전히 넉넉한
지침을 줄 수 있다. 세 영역을 진전시키는 성과는 이 세 영역 모두를 후
퇴시키게 하는 성과보다 나은 것이고, 한 영역만을 진전시키고 두 영역
은 있는 그대로 두게 하는 성과는 세 영역 모두를 있는 그대로 두는 상
태보다 선호될 수 있다.

4.3 권리, 결과, 시장

광범위하게 해석된 결과주의 윤리학이 우리의 도덕적 직관과 더 가깝고, 사회적 진보를 위한 정책 영역을 찾아내고 목표로 삼게 하는 데 도움이 된다고 할 때, 다양한 사회 기관 및 제도의 정당성을 입증하는 데 이것이 갖는 적절성을 부인하기 어렵다. 센이 주장하듯, '개인은 제도라는 세상 속에서 살고 움직인다. 우리의 선택과 미래 전망은 결정적으로 어떤 제도가 존재하고 이들이 어떻게 기능하는지에 달려있다. 이 제도들이 우리의 자유에 공헌할 뿐만 아니라, 이들의 역할은 우리 자유에 이들 제도가 기여하는 정도에 따라 적절하게 평가받을 수 있다.'Sen, 1999a: 142 시장은 어느 때보다 긴밀하게 꼼꼼한 조사를 요구하는 제도다. 특히 사람들의 자유와 이들의 토대역량 전망을 결정하는 데 맡게 되는 만연한 역할 때문이다. 우리는 정상적으로 우리가 원하고 요구하는 것 모두를 생산하지 않으며, 따라서 삶은 시장에 적절한 접근 없이는 가난해질 것이다. 전형적으로 시장의 '가치'와 '도덕적 입장'에 의문을 품는 사람들에게도 이들의 의도는 시장에서 교환이 전혀 없는 세상이 아니다. 사실, 각자가 소비할 수 있는 재화와 서비스의 모든 부분을 생산해야 하는 세상을 상상하기는 힘들 것이다. 대신, 시장에 대한 비판가들이 관심 기울이는 것은 시장의 효과적인 기능성이다. 시장이 만들어내는 '자유로운 상태'와 '자유롭지 않은 상태'는 무엇인가? 시장 규범은 존경, 신뢰, 평등, 자유 등과 같은 가치 혹은 덕목을 훼손하는가? 그런 게 있다면, 국가는 시장 기제에 얼마나 많은 규제와 제약을 행사해야 하는가?

(1) 시장의 윤리적 한계

우선, 시장은 기본 토대역량을 증진하도록 시장이 제공할 가능성에 기반해 평가될 수 있다.Sen, 1985c; 1999a 그 근본적인 이유는 시장 거래 그 자체의 자유가 있기 때문으로 보인다. 우리는 우리가 원하고 또 그렇게 할 수 있는 것을 생산하고 이를 사고팔며, 시장 거래에 기반해 번영할 수 있는 삶을 추구할 마땅한 이유들이 있다. 시장 기제가 만들어내는 이런 기회가 부정되는 것은 그 자체로 자유롭지 않은 상태의 원천이 되며, 이 영역에 관련된 많은 토대역량을 행사하는 데 제약이 된다. 더욱이, 직업을 바꾸고, 새로운 사업을 시작하거나 장소를 이동할 자유와 같이 시장 생활의 일부가 되는 자유를 가치롭게 할 이유들이 충분히 있다. 프리드먼Friedman이 아주 소박하게 기술하듯, "이는 시장과 정치적 행위 주체성의 기본 차이점이다. 당신은 선택할 자유가 있다. 당신이 원하지 않는 것을 위해 돈을 지급하라거나 하고 싶지 않은 일을 억지로 하게 해서 당신 주머니 돈을 빼가는 정치인은 없다."Friedman & Friedman, 1980: 223, 저자 강조

근대 사회에서 주변 곳곳에 존재하는 것은 우리로 하여금 가끔 이를 당연하게 받아들이게 한다. 선택하고 거래할 자유가 없다는 것은 다양한 맥락에서 심각한 문제가 될 수 있다. 노동 시장에의 자유로운 접근을 예로 들어보면, 제도, 법률, 사회적 관습으로 부인될 수 있다. 남북전쟁 전 미국 남부의 흑인들은 북부의 임금 노동자들보다 많은 임금과 긴 기대수명을 누릴 수 있었다. 그러나 우리가 말할 수 있는 것은, 노예제 그 자체에 근본적인 자유가 없었다는 점이다. 이와 유사한 자유에의 거부는 일부 개발도상국에서 '예속된 노동', '아동 노동', 공무원을 비롯한 직업에의 여성 접근성 부족이란 면에서 중대해 보인다. 자본주의를 혹독하게 비판하는 마르크스조차도 봉건제 노동 제도에 비해 자본주

의 경제에서 취업의 자유가 부상하는 모습을 중요한 진보의 하나로 간주했다.

경쟁적인 시장 기제는 효율성을 실현할 수 있는 잠재력을 지닌 듯하다. 효율성은 시장이 최소화되거나 전혀 시장이 형성되지 않은 중앙집중적인 체제에서는 실현할 수 없다. 표준 경제 모델은 효율성을 효용, 소득, 부라는 측면에서 바라보아 왔다. 효율성은 소위 '파레토 법칙 Pareto Optimality(파레토의 적정성)'으로 규정되는데, 이는 다른 사람의 효용이 줄어들지 않으면 어떤 사람의 효용이나 복지도 높아질 수 없는 상황을 의미한다. 그런데 센은 효율성이 개인의 자유라는 측면에서 설명되어야 한다고 주장한다. 시장은 '상품'을 선택하는 자유라는 측면에서, '가치로운 기능성을 성취하는 토대역량'이란 측면에서 개인의 자유를 만들어낼 때만 효율적이라고 간주될 수 있다.Sen, 1985c 더욱이 효율성을 기하는 시장의 역량은 효율적으로 '성과를 최대화'하는 것에만 기반하는 것이 아니라 '포괄적인 성과'에 기반해 판단되는 것으로 간주되어야 한다. 전자, 즉 효율적인 성과의 최대화는 성과에 이르는 과정을 무시하고 최종 성과에만 관심을 기울인다는 뜻이다. 자유와 행위 주체성의 행사 같은 것이 여기 포함된다. 후자, 즉 포괄적인 성과는 성과의 최대화를 가져오게 하는 과정을 조심스럽고 면밀하게 살피는 것을 의미한다.

시장 효율성을 통해 얻게 되는 기회와 이득은 제한없이 얻을 수 있는 것이 아니다. 시장은 수많은 부정적인 결과를 만들어 내고, 따라서 시장 제도에 대해 완전하게 평가하려면 이들의 윤리적 한계에 주의를 집중해야 한다.Sen, 1999a; Anderson, 1993: 141ff. 무엇보다도 시장의 효율성을 성취하는 것은 불평등을 야기하는 일에 특별히 민감할 필요가 없다. 다른 누군가의 효용이나 소득을 감소시키지 않고는 누군가의 효용이나 소득이 향상될 수 없다는 점에서 상황은 효율적일 수 있지만, 효용과 소득의 분배에서 엄청난 불평등이 있을 수 있다. 불평등은 소득 불평등에서 실질적인 자유 및 토대역량 분배의 불평등으로 주의를 옮겨 보면 훨씬 악화하는 경향을 보인다. 누군가 선행하는 권리(선행권)의 관점에서 시장을 평가하고자 한다면, 시장이 만들어내는 소득 및 토대역량의 불평등은 관심거리가 아니다. '생산자'나 '소유자'에게는 이들 노동의 열매를 누릴 권리가 있기 때문이다.

이와 반대로, 시장이 자신이 만들어내는 결과에 기반해 평가되는 도덕 체계에서는 효율성과 평등이라는 두 측면 모두에서 시장을 평가하는 도덕적 관심이 우세하다. 더욱이, 시장 기제의 논리는 깨끗하고 건강한 환경, 대중교통, 교육제도 및 문화제도 등과 같은 '공공' 재화보다는 '사적' 재화에 적합하게 작동한다. 공공 재화가 별개가 아닌 공동으로 소비되기 때문에, 민간 시장은 이런 재화를 제공하는 것으로 충분한 인센티브를 갖기 어렵다. 그럼에도 공공 재화의 존재는 사람들의 기본 토대역량을 증진하는 데 너무 중요하기 때문에, 우리는 공공 재화를 제공하는 국가와 같은 비시장 제도가 필요하다. 이는 민간 시장 기제가 제공하려는 것을 넘어서는 것이다. 기초 교육은 국가와 사회 제도가 민간 시장 세력의 불확실성과 변덕스러움에 남겨두기보다 결정적인 역할을 할 수 있는 적절한 영역이다. 기초교육은 사적 재화와 공공 재화가 혼합되어 있는 것으로, 대체로 사회뿐만 아니라 개인도 이익을 얻을 수 있다. 교육받은 개인이 획득한 지식 측면에서, 그리고 미래 직업이나 삶의 전망이란 측면에서 개인적으로 얻게 된다는 점에는 의문의 여지가 없다. 그러나 기초 교육은 특정 지역에서 교육과 문해력을 일반적으로 팽창이 사회 변화, 경제 성장, 정치참여 등을 촉진할 수 있는 등 다른 것들도 획득하게 한다는 점에서 공적 재화의 측면을 지닐 수 있다. 따라서 기초교육과 관련된 서비스의 효과적인 역량은 협력적 활동과 국가와 사회 제도에 의한 제공을 요구한다.[5]

또한, 시장 메커니즘 논리는 개인 삶의 '재화'와 관련된 토대역량 강화 측면에서 심각한 영향과 윤리적 제약을 지닌다.Anderson 1993: 150ff.; Vandevelde 2000 결혼, 친구, 파트너 등의 개인적 관계의 맥락에서 교환되거나 공동으로 가치 있게 여겨지는 재화는 신뢰, 충성, 애정, 친밀감, 헌신의 표현이다. 아무도 그것들을 상품으로서 사거나 만들어낼 수 없다. 개인적 관계와 관련한 재화는 선물 교환을 통해 이루어진다. 선물 교환을 통제하는 '규칙'은 시장 교환과 상당히 다르다. 선물 교환은 공여자와 수령자 관계의 유대를 구축하거나 반복하며, 관계 그 자체에서 공유되는 이익을 실현하는 것을 목표로 한다. 반대로, 시장 교환은 구매자와 판매자 각자를 위한 특정 재화에 초점을 둔다. 진정한 선물은 암묵적이거나 명문화되지 않은 상호호혜성에 대한 이해가 있다 하더라도, 공여자가 보상으로 어떤 것도 기대하지 않는 것을 의미한다. 수령자는 선물에 대해 어떠한 형태라도 반응하거나 화답할 '의무'를 진다. 그러나 선물 교환에 따르는 상호호혜성의 종류는 시장 교환에 따르는 상호호혜성과는 다르다. 화답하는 것이 선물받은 것과 정확히 동일하거나 상응하는 것인지 계산하거나 가치를 따지지 않으며, 상호호혜성의 유형은 통화적 조건으로 측정되지 않는다. 또한, 선물과 관련한 상호호혜성은

---

5. 기초 교육의 성장을 살펴보면, 전 세계적인 기초 교육의 확대에 국가가 주요 역할을 했다는 점을 알 수 있다. 오늘날 유럽과 아시아 국가의 빠른 문해 수준 향상은 낮은 공교육 비용과 공공 혜택이 결합된 덕분이다. 이런 점에서 센은 개발도상국이 기초 교육도 제한 없는 자유 시장에 전적으로 맡겨야 한다고 권고하는 이들을 경고한다. Dreze & Sen(2002: 143f.)을 참고하라. 시장에 대한 어떠한 규제도 일반적으로 거부했던 애덤 스미스(Adam Smith)조차도 공공 지출을 통한 교육 지원에 찬성했다. '공공은 매우 적은 비용으로 교육의 가장 필수적인 부분을 획득할 필요를 촉진하고, 장려하며, 심지어 거의 모두에게 적용할 수 있다'(Sen, 1999a: 129에서 인용).

비공식적이며 시간제한이 있지도 않아서 시장 교환의 경우와 같이 어떠한 지연도 법적 조치를 요하지는 않는다. 그리고 마지막으로, 선물 교환은 사람에 초점을 두며 개인적 특성이나 개성에 반응한다. 선물은 유대와 관계를 표현하고 상징화하기 때문에 특정 개인과 상관없거나 일반적인 형태보다는 상호 존재하는 유대를 떠올리게 하는 형태의 선물 주기를 추구한다. 선물 교환과 시장 교환 간 이런 차이의 탐색은 개인 삶에 관한 재화가 시장 메커니즘의 규범이 적용될 때 어떻게 상품화되는지를 조명한다.

또한, 특히 민주적 '목소리', '참여', '포럼' 같은 정치적 영역에 관한 토대역량을 인정하거나 강화하지 못한다는 점에서 시장의 원리에는 한계가 존재한다.Anderson 1993: 158ff 시장은 기본적으로 선호 관련 제도다. 시장은 사람들이 선호하는 것들을 지불할 수 있는 능력에 수반되는 선호에 반응한다. 사람들이 선호를 갖게 된 이유에는 거의 관심을 갖지 않는다. 더욱이, 긴급한 수요와 강렬한 열망, 그리고 사람들의 선호에 대한 그들의 판단을 구분하지 않는다. 종종 개인들은 '목소리'를 통하기보다는 '퇴장(비선호, 비선택)'을 통해 상품 교환에 영향을 미친다. 생산품이나 서비스가 소비자의 선호에 상응하지 않으면, 소비자는 자신을 정당화할 필요 없이 그냥 그만둘 수 있다. 시장이 '소비자가 왕'이며, '소비자는 항상 옳다' 등과 같은 전제하에 작동하므로, 시장은 누군가가 찬성하는 원칙 및 가치의 정당화 및 누군가가 지지하는 정책의 정당화를 위한 '포럼'으로 기능할 수 없다. 시장과 반대로, 정치적 영역과 관련된 재화는 단순히 선호와 지불 능력에 기반하지 않는다. 경제적 지위와 관계없이 누구나 민주적 참여 가치에 대한 권한을 지니며, 시민들은 단순히 퇴장을 통해서가 아니라 목소리를 통해 자유를 행사한다. 시민들은 동료 시민들에게 의견을 말하고 그들을 정당화하는 관점에서의 판단을 표현한다. 이런 점에서, 시장을 지배하는 존중감은 정치적 포럼과 다르다. 소비자를 존중하는 것은 그들의 취향이나 선호에 대한 이유를 깊이 살펴보지 않음으로써 그들의 사생활을 존중하는 것이다. 반대로, 시민을 존중하는 것은 이해하려는 의지를 보이고 공적으로 특정 원칙이나 정책을 옹호하는 이유를 진지하게 고려하는 것이다.

(2) 복지국가, 최소국가, 시장

시장에 관한 위와 같은 광범위하고 다각적인 평가는 시장이 많은 가능성을 제공하는 한편, 많은 면에서 제한적임을 보여주었다. 따라서 규제되지 않은 시장은 다음과 같다.

- 사회적 불평등과 경제적 불평등에 무관심
- '공적' 재화보다 '사적' 재화 선호
- 개인적 관계에 관한 토대역량 제고에 제한적
- 정치적 토대역량을 위한 적절한 조건 생성 불가능

따라서 센은 사회의 모든 구성원의 기본 토대역량을 실현할 수 있는 정도로 시장을 활용할 수 있도록 정치·사회 제도와 시장의 역할 균형을 주장한다.Sen, 1985c 자유주의자는 시장 교환과 이전에 관한 선험적 권리에 근거하여 시장 메커니즘을 정당화하는 경향이 있으므로, '최소국가'의 이상을 목표로 하는 어떤 형태의 복지국가든 필연적으로 사람들의 권리에 반하게 된다. 그러나 센은 시장과 국가의 '상호 의존성', 즉 제대로 된 기능을 위해 하나가 다른 하나를 어떻게 필요로 하는지 인정해야 함을 잘 알고 있다.Sen, 1985c 시장 권력의 성공적인 기능은 여러 정치 제도, 특히 국가의 특성에 크게 영향받을 수 있다. 계약, 특허, 저작권 및 재산권을 보호하는 법적 조항과 이에 대한 위반이나 사기에 대한 법적 제재 없이, 시장 전반, 특히 생산·교환 과정이 제 기능하기 어렵다는 것은 주지의 사실이다. 더욱이 시장 기반 경제 성장을 일으키고 촉진하는 데 정부 기관이 적절할 수 있다. 적극 국가에 의한 시장 메커니즘의 도입과 육성은 실제로 이후 단계에서 시장의 탄탄하고 자급자족적인 역할을 위한 길을 닦을 수 있다. 시장은 국가와 같은 정치적 조직의 존재와 적절한 기능의 혜택을 볼 뿐만 아니라, 문화·사회 규범 안에서의 '착근성'으로부터 이익을 얻는다. 한 사회의 사회적 특질의 일부인 '사회 자본'은 사람들 간의 경제적 상호작용을 강화하고 안정화한다. 신뢰, 직업윤리, 계약 준수, 상호호혜성 같은 가치는 시장 권력이 기능하고 번영하는 데 중요한 역할을 한다.

시장과 국가 간의 영향력은 반대 방향으로도 작용한다. 시민이 자발적으로 상품과 서비스를 생산하며 자유롭게 교환하고 양도하는 것이 금지된다면, 국가가 만족스러운 사회·정치 체계를 이루기란 어렵다. 따라서 원칙적으로 복지국가와 시민의 토대역량 강화를 위해 더 나은 조건을 만들고자 하는 관련 사회·경제 제도가 반드시 개인의 권리에 반할 필요는 없다. 실제로 7장에서 주장한 바와 같이, 재분배를 목적으로 한 국가의 개입은 개인의 자유 행사를 방해하기보다 오히려 촉진할 수 있다. 국가의 개입이 지배적이지 않고, 토대역량을 높이며, 법의 범위에 있으면서 공적 추론 및 토론 과정과 연결 지어진다면 말이다.

그럼에도 센은 국가와 시장의 상호의존성을 인정하자는 요청이 시장 권력을 억압하거나 제거하기 위한 제안으로 고려되어서는 안 됨을 경고한다.Sen 1985c; Dréze & Sen 2002: 44ff. 일반적으로 국가의 개입을 두 가지 유형, 즉 시장 배제 개입과 시장 보완 개입으로 구분할 수 있다. 국가 개입을 통한 경제 및 사회제도는 시장이 자유롭게 기능하거나 전혀 작동할 수 없다는 점에서 시장 배제로 간주될 수 있다. 시장을 없애지 않고, 일반적으로 시장 메커니즘이 제공하지 않았을 것들을 보완한다는 의미에서 시장 보완의 특성을 지닐 수도 있다.

기근 문제로 돌아가면, 비시장 사회주의 경제와 시장 기반 자본주의 체제 모두에서 기근이 발생해왔다는 사실을 인식하는 것이 중요하다. 그러나 특히 시장 메커니즘이 왜 기근을 피할 수 없는지에 주목하여 질문할 때, 비록 몇몇의 경우 식량 시장의 왜곡에서 답을 찾을 수 있더라도, 전적으로 식량 시장 왜곡 때문만은 아니다. 조직적 거래자들에 의한 식량 시장의 조작은 기근 관련 위기를 악화시켜왔다. 그럼에도 기근의 위협은 시장을 제거함으로써 극복될 수 있는 것이 아니라, 오히려 국가에 의한 개입주의적 전략을 통해 빈곤층의 소득과 구매력을 창출한 다음, 민간 거래를 통해 새롭게 창출된 수요에 식량 공급이 대응하게 함으로써 극복할 수 있다.

기근의 경우뿐만 아니라 다른 영역에서도 시장 배제 개입보다 시장 보완 접근 방식의 혼합이 유용한 것으로 확인되었다. 예를 들어, 산업 생산 및 서비스에서 더욱 적극적인 시장 활용의 필요성은 기초 교육, 1차 의료 서비스, 실업 수당 및 사회 보장 접근 제공에 대한 요구를 없애지는 않는다. 사실 이런 시장 보완 공급은 사람들이 시장 거래로 발생하는 기회를 더 잘 사용할 수 있게 준비시킨다. 더욱이 경쟁 시장이 제공하지 않거나 보통 배제하는 것에 주목하는 일을 국가와 같은 '정치적' 조직의 배타적 영역으로 생각할 필요는 없다. 거의 모든 사회는 교환 노동, 소액 금융, 농민협동조합, 마을공동체 보호 같은 '협력적' 행위의 전통이 풍부하다. 더욱이 협력적 행위는 경제 활동에 국한되지 않는다. 공공보건, 갈등 해소, 문화생활, 환경보호에서 적절한 역할을 해왔고, 계속하고 있다.

4.4. 결과론적 추론과 상호 절충의 도덕적 한계

모두를 위한 기본 토대역량의 실현이라는 목표는 일련의 정책적 우선순위와 동등하게 중요한 요구권한들 사이에서 희소한 사회적 자원의 분배를 요청한다. 따라서 토대역량접근을 결과론적 윤리와 연결 짓는 것이 중요하다. 하지만 이를 넓은 의미에서 이해해야 한다. 이상하게도 인권과 기본 토대역량은 모든 것을 개방적이고 취약하게 두는 도덕적 시스템에서는 효과적으로 보호될 수 없다. 신중하게 고려된 결과론적 추론이 공공정책 영역에 가치 있는 통찰력과 지침을 많이 제공할 수 있음에도 우리는 그 범위가 완전하고, 광범위하며, 포괄적일 수 없다고 생각하는 경향이 있다. 인간사를 결과론적 추론과 비교할 수 없는 가치 간 상호절충의 대상으로 삼을 수 있는 범위에는 도덕적 한계가 있다. 모든 것을 고려했을 때, 결과론자들이 상황의 질서화가 어떤 형태로든 가능하므로, 아무리 어려운 갈등도 해결할 수 있다는 전제에서 출발한다면, 도덕적 딜레마에 관한 서로 다른 질문을 구분하지 못하게 된다. 누스바움Nussbaum, 2001b; 2001c에 따르면, 도덕적 갈등 영역에서 근본적으로 구별되는 아래 두 가지 질문을 구분할 필요가 있다.

많은 선택적 상황에서는 두 가지를 질문해야 한다. 하나는 '내가 무엇을 해야 하는가?'라는 당연한 질문이다. 하지만 내가 '비극적 질문'이라고 칭할 다른 질문은 '심각한 잘못이 없는 선택지가 나에게 있는가?'라는 것이다. 비극적 질문의 답은 때때로 '아니오'일 수 있으며, 나는 이 사실을 숙고하는 것이 중요하다고 생각한다. 그러나 이것이 의미하는 바는 무엇인가? 행위자가 가능한 대안 중 최선을 선택한 상황이라면, 도덕

적으로 전혀 문제없다고 하는 것은 도덕적 결벽이 아닌가? 나
는 아니라고 할 것이다. Nussbaum, 2001c: 114

결과론적 윤리는 '모든 것을 고려했을 때, 내가 지금 해야 하는 최선
은 무엇인가?'라는 첫 번째 유형의 질문을 다루는 데 가장 적합할 수
있다. 가장 어렵고 힘든 상황에서 자신에게 이 질문을 하고 심각한 책
임 없이 일종의 답에 이를 수도 있다. 그러나 결과론적 윤리가 두 번
째 유형의 질문, 즉 행위자가 어떤 행동을 취하든 심각하고 피할 수 없
는 손실이 초래될 것이며 항상 도덕적 책임이 존재한다는 비극적 질문
을 다루는 데 적합한지는 의문이다. 결과론자들은 문제를 해결하고 해
결책을 얻으려는 열망으로 인해 비극적 질문에 따르는 복잡성을 숙고
하지 않고, 개별 행위 주체와 기관 행위 주체에게 요구되는 모든 요구주
장에 주목하기를 주저한다.

종종 비극적인 질문은 사람들이 가치 영역들 사이에서 만나게 되
는 도덕적 딜레마의 형태로 나타난다. 소포클레스의 비극 〈안티고네
Antigone〉의 등장인물을 예로 들어보자. Nussbaum, 1986: 51ff. 크레온Creon
은 배신자 폴뤼네이케스Polynices를 묻어주는 사람은 누구든 도시의 적
이며 사형당할 거라고 도시 전체 사람들에게 분명히 말했다. 그러나 안
티고네는 이 명령이 오빠를 위해 제대로 된 장례를 치러야 하는 마땅
한 종교적 의무를 위반하게 하므로, 이를 받아들일 수 없었다. 이 비극
의 핵심은 도시polis와 가족oikia, 시민의 의무와 가족의 의무, 공적 영역
과 사적 영역 가치의 두 세계 간 고통스러운 긴장을 생생하게 그린다는
점이다. 안티고네의 흥미로운 논쟁에서 헤겔은 크레온과 안티고네 모두
의 편협함을 이야기한다. Nussbaum, 1986: 51ff.; Ricoeur, 1992: 240ff. 둘 다 가치
의 세계를 단순화하는 데 빠진 것처럼 보인다. 크레온은 가족의 의무라

는 '불문율'을 전혀 고려하지 않은 채 도시와 법적 의무만 생각한다. 안티고네는 가족에게만 마음을 집중하여 도시를 전혀 고려하지 않는다. 바로 이 단순화가 각 주인공이 당면한 비극적 상황을 완전하게 인식하지 못하게 하는 것이다.

여기서 주목할 만한 것은 헤겔이 〈안티고네〉 같은 비극이 지닐 수 있다고 생각하는 실생활의 '정치적' 중요성이다. 극 중 삶에서 여러 영역 간의 깊은 갈등을 보여준 이런 비극은 관객들로 하여금 그런 갈등을 마주하지 않아도 되는 세계를 상상하게 한다. 왜 사람들은 삶에서 비극적인 선택을 계속 마주해야 하는가? 이를 막기 위해 개인과 국가는 무엇이라도 할 수 있었을까? 말하자면 극에서의 문제들이 현실 세계에서는 해결되는 것이다. 헤겔은 바로 이런 관점에서 안티고네의 갈등에 대한 해결책을 제시했다. 국가와 종교의 비극적인 갈등은 하나가 다른 하나를 배제하는 특정 방식으로 규정되기에 발생한다. 하지만 국가가 종교적 의무의 자유로운 행사 보호를 중요한 의무들 가운데 가장 중요하다고 생각한다면, 시민들은 그런 비극적 선택을 마주해야 할 부담을 겪지 않게 될 것이다.

누스바움은 많은 부분 헤겔과 견해를 같이한다. 다수의 비극적 갈등은 실제로 더 나은 사회·정치제도에 의해 피할 수 있거나 최소화할 수 있다. 그러나 누스바움은 헤겔이 '인간 진보에 대한 지나친 믿음과 이성과 질서의 지배력에 대한 지나친 자부심'이라는 잘못을 범하고 있다고 생각한다.Nussbaum, 1986: 77 삶에서 모든 도덕적 갈등을 없앨 수는 없다. 도덕적 딜레마의 잔재는 늘 아주 가까이 있는 것처럼 보인다. 게다가, 〈안티고네〉의 주요 이야기는 대부분 도시와 가족 간 갈등을 둘러싼 도덕적 딜레마에 대해 말한다. 하지만 도덕적 딜레마는 가족 내부와 주변의 관계에서 만연한다. 개인은 결혼 관계와 혈연관계, 부모의 의무와 사회적 의무, 가족의 역할과 직업적 역할 사이에서 꽤 자주 갈피를 잡지 못할 수 있다. 이런 모든 갈등은 어떤 의미에서 중요한 인간 조건을 상기시킨다. 즉, 삶의 조건에 비극적 영역이 구조적으로 내장되었다는 것이다. 도덕적 딜레마가 종종 '원죄'의 '세속적 유사체'라고 불리는 이유는 바로 이 때문이다: '당신은 어떠한 가치도 어기지 않는 완전히 순수한 삶을 살 수는 없다.'Nussbaum 2001c: 117; 1990a: 133-135

〈안티고네〉와 완전히 다르지는 않은 인도의 서사시 〈마하바라타 Mahabharata〉에 제시된 도덕적 딜레마를 생각해 보라. 이야기의 주인공이자 전사인 아르주나Arjuna는 그의 친구이자 고문인 크리슈나Krishna에게 전사로서의 의무를 행하여 치열한 전투에 참여하라는 이야기를 듣는다. 이 전투는 아르주나가 속한 판다바 집안Pandavas과 부당하게 왕국을 찬탈한 그들의 사촌들인 카우라바 집안Kauravas의 전투다. 따라서 아르주나는 딜레마에 놓인다. 즉, 그가 싸운다면 너무나 많은 사람을 죽여야 할 것이고, 그들 대다수는 친족과 친척일 것이며, 그가 싸우지 않는다면 부정의한 친척들이 왕국을 통치하도록 그냥 두어야 할 것이다. 크리슈나의 싸우라는 충고에도 불구하고, 아르주나는 그의 행동이 가져올 결과를 생각하여 망설인다. 둘 간의 이어지는 긴 논쟁은 보통 의무론과 결과론적 윤리에 대한 찬반 논쟁으로 이해된다. 그러나 여기서 주목해야 할 더 중요한 점은, 아르주나가 직면한 싸울 것인가 싸우지 않을 것인가 하는 도덕적 딜레마는 아르주나 자신이 선택한 게 아니라는 것이다. 그건 말하자면 그에게 떠안겨졌다. 그가 (하지 않는 것을 포함하여) 어떤 결정을 하든 불가피하게 심각한 손실을 초래할 것이다.

가치 있다고 여길 만한 모든 것을 함께 두고 가장 중요한 것과 가장 덜 중요한 것 사이에 상호 절충할 수 있으므로 사회적 진보가 가능하다는 생각에서 시작하는 결과론적 추론은, 도덕적 추론의 복잡성을 인식하지 못할 수 있다.Nussbaum, 2001b; Barry, 1991a 전형적인 결과론자들은 어떠한 상황에도, 아무리 불편하더라도, 항상 최선이 있다는 견해를 고수하는 경향이 있다. 모든 대안이 틀린 상황이 있을 수는 없다. 모든 행동 방침이 일부 절충 불가능한 원칙과 부딪치는 것처럼 보이더라도, 적어도 다른 것보다 덜 나쁜 하나는 존재해야 한다. 그것이 모든 것을 고려할 때 선택해야 할 대안이다.

경제학에서 일반적으로 전통적인 비용-편익 분석은 그런 결과론적 추론의 한 유형이 될 수 있다.Frank, 2001 비용-편익 분석은 어떤 일을 하는 데 비용과 그 이익을 비교하여 결정에 이르는 방법이다. 따라서 이것의 기본적 원칙은 만약 그것들을 행함으로써 발생하는 이익이 비용보다 크다면 행할 가치가 있다는 발상에 있다. 이 접근의 기본적 한계는 거의 모든 것이 경제적 용어(지불 의사)와 시장 메커니즘으로 계산된다는 것이다. 예를 들어, 거대한 수력발전 댐을 건설하기로 할 때 우리는 자연 경관 파괴와 마을과 지역사회 이동에 따른 '인적 비용'에 결코 가격을 매길 수 없을 것이다. 센은 분명히 비용-편익 분석과 거리가 있다. 센이 옹호하는 결과론적 추론의 유형은 그것의 이행이나 침해가 내재적 중요성을 지니는 권리들을 포함하여 어떠한 경제 평가나 시장 평가의 대상이 되지 않기 때문이다. 그러나 센이 상호 절충되지 않을 기본권과 기본 토대역량의 집합을 상세히 설명하는 것을 꺼리는 한, 그는 결과론적 추론에 고취되어 있다고 할 수 있다.

누스바움Nussbaum, 1986: 318ff.; 2001c이 숙고하듯, 우리는 비극적 질문과 선택에 관한 철학적 성찰과 토대역량 목록을 관계 지을 수 있다. 삶에서 비극적 영역의 존재는 건설적인 사회 및 정치적 사고에 대한 초대이다. 이는 많은 형태를 취할 수 있다. 우리의 시급한 과제는 기본적인 권리의 핵심군을 식별하고, 사회의 모든 사람에게 그것들을 보장하려는 것일 테다. 사회의 목표가 무엇이든, 사회 내 개인들은 번영하는 삶을 위해 최소한의 토대역량을 확보받아야 한다. 따라서 누스바움은 사회적·경제적·정치적 제도의 규범적 효과성을 판단하기 위해 '각 개인의 토대역량 원칙'을 채택한다. 더욱이 결과론적 추론과 상호 절충에 관한 '도덕적 제약'으로서 기본 토대역량의 목록을 구상한다.Nussbaum, 2000a: 198ff. 비극적 선택에 직면한 정의 문제를 다룸에 기본권 집합으로 시작하는 도덕적 접근은 모든 것을 열어두고 명시화하지 않은 도덕적 접근보다 더욱 잘 준비되어 있는 것으로 보인다. 기본권과 기본 토대역량 집합은 상호 절충과 극대화를 수반하는 결과론적 추론에 도덕적 한계가 있음을 계속 상기할 것이다.

하지만 상호 절충될 수 없는 기본 토대역량의 여러 종류로 구성된 목록을 지지하는 것 자체는 여러 토대역량 간 상호연결성과 갈등의 인간적 조건을 무시할 수 없다. 여성과 사회 약자의 완전한 정치 참여에 힘을 부여하고 촉진하는 최선의 방법 중 하나는 그들의 문해교육과 고등교육 기회에 정성을 들이는 것이다. 사람들은 기본적인 정치적 자유가 마련되어 있고 인종, 카스트, 성별, 성적 지향, 종교 등에 근거한 차별에 대해 최소한의 보호가 있어야만 자기존중과 인간 존엄성을 지니고 살 수 있다.

그럼에도 결핍과 부적절한 정치적 계획 혹은 단순히 인간 존재 조건에 따르는 토대역량과 취약성의 혼합으로 여러 가치 간 충돌이 발생할 수 있다. 앞서 지적했듯이, 갈등은 소포클레스의 안티고네와 같이 가족과 시민의 의무 사이에서 발생할 수 있다. 정부는 때로 시민의 종교적 자유를 존중하는 동시에 종교의 이름으로 인권이 남용되는 것을 막아야 하는 딜레마에 직면해야 한다. 정책입안자들은 교육, 의료, 기타 시급한 요구 사이의 어려운 자원 배분 선택에 종종 직면한다. 이런 모든 것에 대하여, 쾌락주의자나 공리주의자처럼 좋은 삶의 여러 요소를 하나 또는 몇 개 항목으로 압축하고, 그런 갈등이 존재하지 않는 것처럼 가장할 수 있다. 혹은 도덕적 갈등과 비극적 선택을 사회적·정치적 계획의 초대로 볼 수도 있다. 그래서 인적·물적 자원이 허용하는 한 피할 수 있고 불필요한 취약성과 실패를 극복할 수 있다고 생각할 수 있다. 게다가, 결과론적 추론과 상호 절충에 한계를 두는 것은 비극적 관점에서 다른 중요성을 지닌다. 그 한계는 우리가 비극적 선택에서 발생한 손실을 보상하기 위해 서로에게 지닌 책임을 상기시킨다. 비극적 선택이 가져온 피할 수 없는 손실이 도덕적 장면에서만 사라지지 않는 것이 아니라, 우리의 미래 행동에까지 큰 영향력을 미친다. 종종 광범위한 평가와 결정 절차에 의존하는 도덕 이론가들은 비극 현상을 없애는 것처럼 보인다. 그들의 자신감은 때로 유감스러운 태도를 만들어낼 수 있다. 즉, 일단 결정에 도달하는 데 적당한 방법이 발견되면, 비극적 선택에서의 손실 요구에 더 이상 관심을 갖지 않는 것이다.

4.5 프롤도 대천사도 아닌

헤어Hare, 1981:44ff.는 도덕적 갈등 상황에서 숙고하는 행위자의 두 가지 전형으로 대천사Archangel와 프롤Prole을 제시한다. 프롤(프롤레타리아)은 평범하고 일상적인 합리성을 부여받은 사람이다. 그는 도덕적 딜레마를 현실적이고 해결 불가능하다고 볼 수밖에 없으며, 계속해서 자책과 보상적 행동에 짓눌린다. 반대로, 대천사는 비판적 합리성, 즉 '신의 시점'을 타고난 사람이다. 그는 도덕적 딜레마의 평범한 복잡성을 초월하여 도덕적 딜레마가 사라진 것처럼 숙고할 수 있다. 우리는 사회적 윤리에 대한 접근에서 헤어의 대천사인 척할 필요는 없다. 프롤처럼 될 필요도 없다. 사회적 진보가 어렵고 힘든 선택을 수반하므로 그 가능성에 불신을 표하며 다른 극단을 향해 흔들리면서 말이다.

정치적 도덕성에 대한 광범위한 결과론적 이론은 결과 기반 및 목표 기반 접근 사이의 전통적 반대를 극복하고자 하므로, 사회정의의 여러 측면에서 진보를 이룰 가능성을 제공한다. 광범위한 결과론적 관점에서는 권리뿐만 아니라 토대역량도 사회적 윤리의 기본원칙으로 간주된다. 토대역량은 사람들이 특정한 기본권을 효과적으로 이용하기 위해 필요한 것이다. 가장 시급하고 긴급한 일부 토대역량들은 권리의 관점에서 표현될 수 있으나, 모든 토대역량이 권리의 언어로 표현될 수 있는 것은 아니다. 동시에 광범위한 결과론적 이론은 모든 토대역량이 정의를 요구한다고 제안하는 수준까지 갈 필요는 없다. 예를 들어, 우리는 인간의 웰빙을 위해 사랑과 인정이 중요하다고 할 수 있으나, 정의의 문제로서 사랑과 인정에 대한 무조건적 권리가 있다고 주장할 수는 없다.

결과론적 도덕 추론에 따르면, 토대역량 패러다임에서 사회의 주요 경제·정치 제도, 특히 시장 메커니즘은 자유로운 교환과 양도에 대한 일부 무조건적 선행 권리에 근거하여 정당화되지 않는다. 오히려 모두를 위한 기본권과 기본 토대역량의 실현을 위해 만들어내는 결과의 측면에서 정당화된다. 시장이 많은 기회와 가능성을 제공할지 몰라도, 모든 사회적 병폐의 해결책으로 고려될 수는 없다. 사실, 많은 시장제도는 윤리적 한계가 있으며 개인적 관계, 사회적 상호작용, 정치적 참여 영역에서 적합하지 않은 것으로 확인되었다. 이런 영역에 시장 규범을 적용하려는 모든 노력은 각 영역과 관련한 재화를 '상품화'할 뿐이다. 따라서 시장이 제공하는 것과 제공할 수 없는 것의 보완은 국가와 시장의 균형을 요구한다. 이와 반대로, 우리는 시장의 자유와 권리를 단순한 부속 제약으로 간주하고, 어떤 유형의 복지국가보다 시장에 특권을 부여하는 극단적 자유주의 시각이 지니는 어느 정도의 모호함을 인식할 수밖에 없다.

5장
개인 책임에 대한 질문

타인은 도덕성의 근원이 됨으로써, 명령 근원의 연약성 및 취약성과 관련한 관심 대상의 지위로 승격된다. 그리고 변위는 반전된다. 즉, 가장 먼저 개인은 다른 사람에 대해 책임을 지니므로, 피해에 대한 책임을 지니게 되는 것이다.

_폴 리쾨르Paul Recoeur, The Just

사람들이 서로 의존하고 일과 욕구 충족에서 서로 연관되어 있을 때, 주관적인 자기 본위는 다른 모든 이들의 충족에 기여하게 된다. … 이를 초래하는 욕망은 모두의 복잡한 상호의존성에 기반하며, 이제 그 욕망은 교육과 기술의 발휘를 통해, 생계 보장의 기회를 제공하는 영구 보편 자본으로서 나타난다. 일을 통해 얻는 것이 일반적인 자본을 유지하고 증대시키는 동안 말이다.

_헤겔G. W. F. Hegel, The Philosophy of Right

교육과 건강 면에서 동등한 토대역량 집합으로 시작한 앨리스Alice와 벤Ben을 생각해 보라. 앨리스가 그것들을 낭비하여 결국 나쁜 기능의 삶에 처한 한편, 벤은 그것들을 책임감 있게 잘 활용하여 훨씬 좋은 삶의 결과를 이끈다. 정의의 이름으로 사회는 벤과 비교하여 뒤처진 앨리스의 지위를 보상해야 하는가? 우리는 앨리스가 그녀의 선택을 감수해야 한다고 생각하는 경향이 있다. 다시 앨리스와 벤을 생각해 보자. 단, 약간은 다른 시나리오에서 말이다. 상대적으로 안 좋은 앨리스의 형편이 그녀의 낭비하는 행동의 결과가 아니라, 그녀의 통제 밖에 있는 환경과 요인들 때문이라면 사회는 무엇을 할 것인가? 여기서 가장 가능할 법한 우리의 평가는 반대 방향에 있을 것이다. 우리는 사회가 앨리스의 교육과 건강의 기초선을 가능한 한 회복시키고, 그런 사례가 예방되거나 그 영향이 최소화될 수 있도록 사회의 기본 구조를 설계하는 것을 생각할 것이다.

이 단순한 사례가 보여주듯, 정의론에 대한 한 가지 리트머스 실험은 두 가지 갈등하는 직관에 동일한 설명을 제시하는 것이다. 한편으로는 개인적 책임과 행위 주체성에 대해, 다른 한편으로는 사람들의 결핍을 보상하는 측면에서의 재분배 의무에 대해 말이다. 또한, 사람들은 자신의 선택에 책임져야 한다는 사실에 기인한 '특정 보상의 부적합성'과 사람들의 웰빙과 사회적 지위가 우연, 취약성, 환경에 의해 나빠질 수 있다는 사실에 기인한 '특정 보상의 적합성'에 대해 설명하도록 한다.

이런 두 가지 아이디어는 상세한 설명이 필요치 않다. 성인 시민을 고려한다면, 정의에 대한 이론은 성인 시민의 비판적 성찰, 행동, 인생 계획 추구 능력에 의해 그들을 '주체적 행위자'로 간주해야 한다. 이런 능력의 함양과 발휘는 물론 개인의 유전적 재능과 이력과 같은 내부 요인에 의존한다. 또한, 개인의 사용 가능한 사회적·정치적·경제적 기회 같은 외부 요인에도 의존한다. 하지만 개인에 미치는 내부 요인과 외부 요인의 영향을 인정한다고 해서 인간이 단지 꼭두각시나 기계라는 결정론적 견해로 이어지는 것은 아니다. 따라서 정의론은 사람들을 책임에 상관없이 복지 혜택을 제공받는 '피동적 수혜자'가 아니라, 행동하고 변화를 가져올 수 있으며 자신의 선택과 행동에 책임질 수 있는 '행위 주체'로 바라보아야 한다. 하지만 정의론은 행위 주체성에 대한 개념과 함께 개인 통제 밖의 요인과 환경, 이를 피할 수 없는 완전한 운수로 인해 어떤 사람들이 다른 사람보다 열악한 상황에 놓이게 되는 것에 이의를 제기하는 사고방식을 구체화해야 한다. 만약 그렇다면, 사회는 문제가 되는 개인의 손실과 결핍을 보상할 어느 정도의 의무를 지니게 된다.

특히 토대역량접근의 명시적 목표를 모두의 기본 토대역량을 실현하고 이를 위한 최상의 조건을 만들어내는 것으로 이해한다면, 토대역량 이론가들에게는 이 접근이 사람들의 토대역량 결핍의 보상을 위해 정의가 재분배를 요청한다는 관점을 유지하면서, 개인의 책임 문제를 어떻게 진지하게 다루는가에 대해 정당화하고 설명할 책임이 있다. 개인은 자신의 기여나 참여와 관계없이 토대역량을 증대할 수 있는 물적·사회적 자원에 대한 무조건적 권한을 지니는가? 있다 하더라도, 어떤 조건에서 개인의 책임을 줄일 수 있는가? 예를 들어, 사고, 강박, 무지, '잘못된 양육'같이 다양한 상황에서 행위 주체의 책임이 없거나 덜하다고 할 수 있는가? 개인의 어떤 토대역량의 결핍은 보상될 만하지만 다른 것은 아니라고, 어떤 기준에 따라 결정할 수 있는가? 음주 운전자, 자발적 마약 중독자, 위험한 스포츠 애호가들이 의료 서비스를 위한 보조금을 받아야 하는가? 센, 누스바움 그리고 다른 선도적 토대역량 이론가들은 책임 문제를 폭넓게 논의하지 않았으며, 이 주제를 실질적[1]으로 다루지 않았다. 그럼에도 그들의 글과 토대역량접근의 종합적 '사상'에서 그들의 위치를 도출해 볼 수 있다.

토대역량접근은 개인 책임이 사회적 책임의 맥락에 내재하며 그 속에서 함양되는 것으로 간주하는 상호적 책임 관점을 옹호한다.[#5.1] 사람들의 삶의 결과가 그들의 선택에 민감해야 한다는 생각을 지지하는 것도 중요하지만, 사회가(집단적 의미에서 개인들이) 가치 있는 선택을 위한 적합한 조건과 제도를 형성하는 것을 사회 의무로 고려해야 함을 강조하는 것도 중요하다. 즉, 개인적 책임과 행위 주체성은 사회적 책임과 분리되거나 반대되는 것으로 생각되어서는 안 된다. 롤스나 드워킨 같은 정의에 대한 자유주의적 설명은 개인적 책임을 위한 적절한 사회적 기반의 중요성을 인정한다.[#5.2; #5.3] 또한, 사회취약계층의 불리한 환경과 요인들을 보상하기 위해 일정 수준의 재분배를 택하는 것은 단순히 인간애나 자비가 아니라 정의의 일부임을 인정한다. 하지만 이런 설명은 책임의 조건을 가능한 한 확고하게 만들려는 자유주의적 선입견 때문에, 책임에 대한 통제 관점—개인이 자신의 삶과 환경을 완전히 통제할 수 있다는—을 수용한다. 더욱이, 이런 설명은 인간적 취약성과 실패의 여지를 거의 남기지 않을 정도로 개인의 선택 범위를 확장하려 한다.

5.1. 자유, 기회, 책임

센[Sen, 1992: 148-51]은 토대역량접근이 개인적 책임에 대한 의무와 긴밀히 연계될 수 있다고 주장한다. 이 주장의 한 가지 중요한 근거는 토대역량접근이 정의 이론으로서 사람들의 이익과 사회 내 지위가 그들의

---

1. 앤더슨은 'What is the Point of Equality?'(1999)에서 개인의 책임 문제를 다룬다. 여기서 그녀는 '운 평등주의(luck egalitarian)' 이론이 개인의 책임을 장려한다는 구실로 인해, '민주적 평등' 체제에 필요한 기본 토대역량 문제를 다루지 못한다고 비판한다. 그러나 그녀는 다양한 범위의 복잡한 토대역량을 충족하는 데 어떤 원칙이 적합한지에 대해 충분한 설명을 하지 못했다.

성취된 기능성으로 평가되는 것이 아니라, 토대역량 측면에서 평가되어야 한다고 제안하는 관점이다. 따라서 그는 다음과 같이 말한다.

> 책임 있는 성인을 다룰 때 사회에 대한 개인의 요구(또는 형평성이나 정의에 대한 요구)를 실제의 성취보다 성취할 자유의 측면에서 보는 것이 적절하다. 책임 있는 성인에게 다른 사람들과 동등한 자유(집합 비교 측면에서)가 주어지는 사회제도가 있다면, 부당한 불평등이 수반되지 않을 거라고 주장할 수 있다.Sen, 1992: 148)

이 지점에서 분명하게 확인할 수 있는 것은 토대역량접근이 결과(또는 성과)의 평등 이론이 아니라는 점이며, 따라서 개인 책임을 위한 공간을 형성한다는 것이다. 결과의 평등을 옹호하는 관점은 모든 개인이 소득, 복지, 자원과 같이 규정된 형태의 결과에 대하여 동등하게 성공을 이룰 수 있도록 사회 조직과 사회 정책 설계를 권장하는 경향이 있다. 사회의 모든 개인은 특정 측면에 대하여 자신의 적극적인 관여와 기여와 관계없이 동등해야 한다. 따라서 결과 평등의 관점에서 개인은 자신의 선택에 사실상 책임을 지지 않는다. 반대로 토대역량접근은 사회가 사람들에게 실제 성취한 기능성보다는 가능한 한 동등한 토대역량의 전망('성취할 자유')을 제공해야 함을 옹호함으로써, 개인 선택을 중심적으로 고려한다. 따라서 토대역량 이론가들은 다음과 같이 말할 것이다. 교육과 건강을 위한 기회를 제공하는 한 개인이 자신의 교육과 건강을 활용하는 방식은 개인 책임의 영역에 속한다. 사회가 일자리 보장을 위해 노력해야 하지만, 전문적 커리어는 개인적 선택과 행동의 문제다. 투표권과 언론의 자유, 공공집회에 참여할 자유가 보장된다면, 개별 시민이 정치적으로 참여하기 위해 이를 활용하는 방식은 개인 책임의 문제다. 이런 자유와 기회, 그리고 실제 성취한 기능성 사이의 구분에 대한 설명으로, 토대역량 이론가들은 정의에 대한 결과 기반 접근을 비판하고 거부하는 롤스 및 기타 자유주의 철학자들과 궤를 같이한다.[2]

정의의 관점에서 사람들이 실제로 성취하게 되는 것보다 사람들이 할 수 있는 것에 집중하는 것이 더욱 합당하다는 아이디어는 개별 행위 주체에게 자신이 가치 있게 여길 만한 삶의 유형을 선택할 여지를 줄 뿐 아니라, 나쁜 결과가 개인 선택에 의한 것일 때 이에 대해 사회에게 책임을 묻지 않는다. 책임에 대한 선택 기반 관점은 누스바움 Nussbaum, 1990b: 234ff이 보여주듯 아리스토텔레스의 논의에서 등장하는 책임의 여러 영역을 연상시킨다.[3] 아리스토텔레스는 『윤리학』 제3권에서 자발적 행위는 한 사람이 책임질 수 있는 유일한 것이라고 말한다. 자발적 행위가 무엇인지 특징지으려는 시도에서, 아리스토텔레스는 자발적 행위란 '발생 원인이 자신의 행위의 특정 상황을 알고 있는 행위자 자신에게 있는' 행위라고 말한다.Ethics III, 1:115 그는 이것을 '강제적이거나

---

2. 2장에서 살펴본 바와 같이 개인의 책임 문제에서 롤스의 이론과 토대역량접근에는 공통점이 있다. 예를 들어, 뢰머는 롤스와 센의 이론이 결과 중심 이론이 아니므로 책임에 민감한 이론으로 보아야 한다는 의견을 제시한다. "(롤스나 센의) 이론은 최종 결과의 분배를 옹호하지 않으며, 기본재와 기능성은 모두 개인이 자신의 의지로 성취할 수 있는 것에 대한 투입 요인이다. 따라서 두 이론 모두 개인적 책임에 대한 여지를 남긴다"(Roemer, 1996: 164).

3. 안타깝게도 누스바움은 토대역량접근과 아리스토텔레스의 책임에 대한 논의의 연결고리를 자세히 설명하지 않는다. 여기서 제시하는 아리스토텔레스의 책임에 대한 설명은 글로버(Glover)의 Ethics, 제3권 텍스트 독해와 해석에 따른 것이다. Glover(1970: 제1장)를 참고하라. 또한 Broadie(1991: 제3장), Hardie(1968, 제9장), Meyer(1993)를 참고하라. 아리스토텔레스 제3권 논의를 적절히 반영한 책임에 대한 최근의 정교한 설명은 스캔론(Scanlon, 2000: 제6장)을 참고하라. 여기서 설명하려한 것처럼, 아리스토텔레스의 책임 논의에 대한 스캔론의 주석은 토대역량접근이 수용하는 개인의 책임에 대한 설명을 검토하는 데 필요한 연결 고리를 제공한다.

무지한 상태에서 행해지는' 비자발적 행위와 대비한다.Ethics III. 1: 111 아리스토텔레스는 강제와 무지에 대해 꽤 길게 논의하며 그런 상황에서 개인이 책임질 수 없다는 결론에 이른다. 선장이 사람들에게 제압되거나, 바람으로 항로를 이탈할 때와 같이 강제적인 경우, 그 원인은 행위 주체 외부에 있으며 행위자 자신은 아무런 기여도 하지 않는다. 유사하게, 비난할 수 없는 무지를 통해 행해진 행위는, 특히 행위 주체가 이어지는 후회와 고통을 보일 때 비자발적이다.

아리스토텔레스가 강제와 같은 사례를 떠올린 이유는 책임의 내용이 사실상 무의미할 수 있음을 보여주기 위한 것 같다. 특정 방식으로 행동하기를 선택한 행위 주체에게 선택의 기회가 충분하지 않았고, 행동방식을 숙고할 수 있는 대안이 없었다는 것을 보여줄 수 있다면 말이다. 즉, 아리스토텔레스는 초기에 개인 선택의 여부는 행위 주체의 책임을 결정하기에 옳은 방법이라는 견해를 지닌 것 같다. 하지만 책임에 대한 더욱 충분한 설명을 거기서 멈출 수 없다. 행위 주체의 선택이 '진정한 선택'이었는지 결정할 자유의 배경조건을 질문하고 조사하며 주목할 필요가 있다. 실제로 아리스토텔레스의 책임에 관한 설명에서 책임은 물리, 경제, 정치 등 여러 유형의 자유를 요구한다. 토대역량 이론가들은 아리스토텔레스의 견해를 반영하는데, 책임이 있거나 없는 행위와 행동에 대한 유죄 판단이 개인에게 가능한 자유나 선택 조건에 비례해야 한다고 주장한다는 점에서 그러하다. 책임 귀속을 위해서는 개인이 특정 행동방식이나 삶의 방식을 선택하도록 강제되었는지 살펴보아야 한다.

만약 외부의 강제적 조건이 행위 주체의 책임을 줄이거나 없앨 수 있다면, 화나 욕망으로 야기된 행동들은 어떠할까? 극도의 화(예를 들면, 분노)나 극도의 욕망(예를 들면, 갈망)에 따라 행동한 사람들에게 그 책임이 더 적다고 할 수 있을까? 결국, 이런 것들은 행위 주체가 (내재적) 자유라는 필요 전제조건을 지니지 않았다는 점에서 강제적 행위와 유사성을 공유하는 것처럼 보인다. 아리스토텔레스는 그렇게 생각한 것처럼 보이지 않는다. 그에게 화나 열정으로 홧김에 행해진 행위들은 비자발적 행위로 간주될 수 없다. 이런 행동에는 진정한 선택의 특성인 숙의가 부족하지만, 그렇다고 해서 그 행동이 비자발적 행위로 구분될 수 있는 것은 아니다. 아리스토텔레스는 "성질이나 욕망으로 인한 행동은 또한 인간 행위 주체에게 고유한 것이다. 따라서 이런 행동을 비자발적으로 분류하는 것은 불합리하다"고 말한다.Ethics III, 1: 115 즉, 강요가 행위 주체의 책임을 다양한 수준으로 감소시키거나 없앨 수 있다고 생각하는 아리스토텔레스는 인격이나 성격적 특징의 차이가 책임에 대한 어떠한 변명거리도 되지 않는다고 본다.

또한 이는 제4권, 1-10장의 아크라시아akrasia(의지의 나약함)에 관한 아리스토텔레스의 논의를 읽었을 때 얻는 인상처럼 보인다.[4] 아리스토텔레스가 말하길, 의지가 약한 사람들은 특정 종류의 결정 이후 어느 정도의 심리적 억압을 경험하는 경향을 보인다. 이성적 결심은 쾌락이나 분노, 그 외 다른 감정적 욕구에 의해 반대되어, 사람들은 괴로운 내적 긴장을 경험한다. 반대로, 덕망 있는 사람은 성취를 통해 그가 자신에 대해 통달했기 때문에 그런 억압을 경험하지 않는다. 말하자면, 덕은 사람들을 괴롭히는 비합리성으로부터 덕 있는 사람을 해방시킨다. 그러므로 아리스토텔레스는 행위 주체자가 그들의 특성에 책임을 지고, 격렬한 감정과 잘못된 육아, 혹은 아크라시아에 의해 자의적으로 변명

---

4. 아리스토텔레스 학자들은 아리스토텔레스의 아카라시아 논의를 해석하기가 악명 높게 어렵다는 데 동의한다. 여기서는 브로디(Broadie, 1991: Chapter 5)가 제시한 결론을 따른다.

할 수 없다는 윤리적 관점을 지닌다.[5] 그러나 사람들이 자신의 인격에 책임을 진다는 상당히 '완벽주의적' 관점을 옹호하는 아리스토텔레스도 '자발적으로' 그리고 '비자발적으로' 행해지는 행위들의 명확한 구분을 거부하며, 인간의 행동이 때로는 꽤 복잡함을 인정한다는 것은 다소 놀랍다. 아리스토텔레스는 생명을 위협하는 폭풍을 만난 선원들이 배와 자신들을 구하기 위해 화물을 던지는 예라든가, 매우 불명예스러운 일을 하지 않으면 부모를 죽이겠다고 위협하는 독재자의 자비에 놓인 사람의 예를 든다. 아리스토텔레스는 그런 행동들이 어떤 면에서는 자발적 행동이고 다른 면에서는 비자발적인 행동이므로 '혼합적'이라고 말한다. 즉 이는 '행위의 근원이 행위자 내부'에 있으므로 자발적 행동이다. 하지만 관련한 대안적 행동방식을 택할 기회가 없었으므로 비자발적 행동이기도 하다.

스캔론Scanlon, 2000: 280, 290-293이 보여준, 인간 행동의 '혼합적' 본질에 관한 아리스토텔레스의 통찰은 책임의 두 가지 개념, 즉 귀책성으로서의 책임과 책무성(실질적 책임)으로서의 책임을 도출하기 위해 이용될 수 있다. 첫 번째 의미에서 누군가에게 책임이 있다고 하는 것은 행동이 행위 주체에게 귀속될 수 있는지, 그리고 그런 식으로 행동한 것에 행위 주체가 도덕적 비난의 대상이 되는지를 묻는 것이다. 예를 들어, 그 행동이 몽유병 중에 말한 것이라거나, 다른 사람이 행위 주체의

---

5. 아리스토텔레스는 강제적인 조건에서 행위 주체에게 책임을 묻는 데 관대했던 반면, 개인의 인격에 대한 책임을 묻는 데는 엄격했던 것으로 보인다. 이는 부분적으로 그의 '완벽주의적' 입장에서 기인할 수 있다. 개인은 환경이 아무리 어렵거나 유리하더라도 덕의 탁월성을 갖추기 위해 노력해야 한다는 것이다. 그러나 인간의 행동을 자발적 행위와 비자발적 행위로 구분하고, 분노나 격노에 의한 행동을 비자발적 행위가 아닌 자발적 행위의 하위 유형으로 취급하는 것은 설명하는 바가 있어 보인다. 아리스토텔레스의 도덕 심리학은 자발적 행위는 명확한 숙의적 특성 여부에 근거하여 더 세밀하게 분류되어야 한다고 제안한다.

뇌를 전극으로 자극하여 발생한 것으로 밝혀진다면, 우리는 그 공격적인 말을 행위 주체의 탓으로 돌리지 않을 것이다. 하지만 동일한 공격적 말이 질투나 화에 의한 것이라면, 우리는 그것을 행위 주체의 탓으로 돌릴 것이다.

다른 한편, 누군가가 두 번째 의미에서 책임 있다고 하는 것은 행동 결과를 행위 주체가 감수하게 하는 것이 적절한지를 묻는 것이다. 책무성으로서의 책임은 '우리가 서로에게 의무를 지닌 것'에 대한 실질적 결론이다. 결과적으로, 스캔론의 글에서 아리스토텔레스의 예시 속 선원들은 그 행동을 그들에게 귀속시키는 것이 적절하므로 첫 번째 의미에서 책임을 져야 하지만, 그들이 배 밖으로 던진 화물에 대해 값을 지불하게 하는 것이 적절하지 않을 수 있기 때문에, 두 번째 의미에서는 책임은 없다. 또한, 이런 두 가지 의미의 책임은 사회 정책과 공공 숙의와 관련한 우리의 추론을 조명할 수 있다. 스캔론은 다음 예시를 제시한다.

우리는 일반적으로 어린 시절 끔찍한 대우와 적절한 조기 훈련의 부족 때문에 규율이 없고 신뢰할 수 없는 사람을 상상할 수 있다. 이 사람이 고용주에게 거짓말을 하고, 행하기로 한 것을 하지 않고, 일을 완수하기 위해 노력하지 않는다면, 그가 비판받는 게 당연하다. 하지만 그것 때문에 그가 실직하게 된다면, 이 실업이 그의 책임이라는 이유로 그에 대한 복지 지원을 거부하는 것은 허용되지 않는다. 그는 자신의 행동에 책임이 있지만(즉, 비판받을 수 있다), 그것에 영향받는 것을 피할 충분한 기회를 갖지 못했으므로, 단순히 결과를 감수하도록 그를 내버려 둘 수는 없다.Scanlon, 2000: 292

실업수당과 관련한 판단을 음주 운전, 마약 중독, 위험 스포츠, 유해 흡연 등의 기타 문제로 일반화할 수는 없다. 어떤 것이 사회적 책임의 범위에 해당하는지 여부와 그런 사람들에게 확대될 복지 지원 수준은 사안별로 결정되어야 한다. 종종 이런 문제에 대한 판단은 사회적 규범과 해당 사회의 집단적 맥락에 달려있다.[6] 그럼에도 실질적 책임과 도덕적 귀속성 및 비난 가능성을 구분하지 못하면, 사람들이 자신의 행동에 대해 도덕적으로 비난받을 만하다고 판명될 경우, 적절한 기능성의 삶으로 회복하기 위한 어떠한 지원도 받을 자격이 없으며, 행동에 대한 결과를 겪도록 내버려 둬야 한다는 논쟁으로 이어질 수 있다는 점을 강조한다.

토대역량접근의 기초가 되는 책임에 관한 설명은 스캔론이 아리스토텔레스의 책임에 관한 선택 중심 관점에서 도출한 것과 상당히 유사하다. 대부분 토대역량 이론가들은 사람들에게 자신의 선택에 책임을 묻는 것은 특정한 자유의 조건이 우선적으로 따라야 한다는 주장을 옹호한다. 분명한 조건 중 하나는 불가피한 운에서 비롯된 '불확실성'과 관련된다.[7] 여기서 토대역량 이론가들은 다른 평등주의 철학자들도 지지하는 것에 동의한다. 한 사람의 사회 내 지위가 교육, 건강, 고용 수준 등 중요한 기능성 측면에서 통제 밖의 요인과 상황들로 더욱 열악할 때, 사회는 이런 결핍을 가능한 한 보상해야 할 의무가 있다. 불가피한 운에 기인한 개인의 곤경은 개인의 책임을 근거로 간과될 수 없다.[8]

하지만, 불가피한 운에 기인하지 않고 자신의 선택(선택 운)에 기인하

---

6. #5.4에서 이 문제를 자세히 살펴볼 것이다.
7. 경제학 문헌에서 '불확실성'이라는 용어는 대개 아리스토텔레스 및 다른 철학적 문헌에서 '운'을 의미하는 것과 동일하게 쓰인다. 센은 불확실성의 의미를 불가피한 운 (brute luck)과 선택 운(option luck)이라는 두 가지 측면에서 말한다(Sen, 1992: 148ff).

는 '불확실성'은 어떠할까? 여기서 토대역량 이론가들은 엄격한 공식을 옹호하는 것을 주저하는 듯하다. 한편으로, 개인이 기꺼이 위험을 감수하고 결국 도박에서 진다면, 개인의 책임을 적용할 수 있는 여지가 커진다. 이론적으로 이는, 개인이 자신의 선택 비용을 감수해야 하고, 사회는 정의의 이름으로 그들이 경험하는 토대역량 결핍을 보상할 의무가 없음을 의미한다. 앞선 예시의 앨리스와 같은 사람들은 그들의 낭비적이고 지혜롭지 않거나 위험한 행동의 결과를 인식하게 해야 한다. 그런 입장은 앨리스와 같은 사람들에게 다소 가혹한 것처럼 보일 수 있으나, 자유를 이론의 핵심으로 만들기 위해 기꺼이 지불해야 할 대가다. 그렇지 않다면 자유는 공허하다. 자유의 대가는 책임이다.

다른 한편, 토대역량 이론가들은 스캔론과 다소 유사하게 행위 주체가 도덕적으로 잘못된 것을 하면, 결과적으로 어느 정도 손해를 겪는 것이 도덕적으로 낫다는 '도덕적 응분' 개념이 공공 도덕의 기초가 되어야 할지 의문을 갖는 것처럼 보인다. 그들은, 특히 제도적 실패와 긴밀히 연관된 개인의 선택과 관련된 경우, 이성적 결정을 위한 적절한 정보를 얻기 어려워서 주저하는 것으로 보인다. 센Sen, 1992: 149이 상기하듯, 유명한 보험회사와 은행들마저 파산하기도 한다. 이런 경우 피해자들이 스스로 그 보험회사나 은행을 '선택'했음을 근거로, 그 결과를 감수하게 하는 것은 정말 불행할 것이다. 여기서 행위 주체들의 행위는 아리스토텔레스가 '혼합' 행위라고 부른 것과 유사해 보인다. 즉, 그 행위는 자발적이기도 하고 동시에 비자발적이기도 하다. 따라서 토대역량

---

8. 예를 들어 배리(Barry, 1991b)는 정의의 중요한 원칙 중 하나로 불가피한 운에 대한 보상을 고려한다. 그는 이 원칙의 요구사항을 다음과 같은 조건으로 명시한다. '그것 [보상의 원칙]은 행운과 불운의 영향에 대응하는 방식으로 한 사회의 제도가 운영되어야 한다.' 특히, 불운의 희생자는 불운을 겪은 것 외에는 모든 면에서 비슷한 위치의 사람들과 가능한 한 동등한 처지여야 한다고 말한다(Barry, 1991b: 142).

접근 사상에 따르면, 나쁜 선택 운의 경우 불가피한 운보다 개인의 책임을 적용할 수 있는 여지가 더 많다. 그럼에도 사회가 개인에게 가능한 한 불행한 상황에서도 보상할 의무가 있는가의 문제와 이 질문은 구분할 필요가 있다. 특히 사람들의 손해가 영양, 보금자리, 건강, 고용 전망같이 중요한 기능성에 영향을 미칠 때, 토대역량 이론가들은 도덕적 응분의 조건으로 이런 권한에 접근하기를 거부한다. 많은 곳에서 시행하는 것처럼, 무임승차와 의존적인 행동을 막기 위해 사회보장 수혜자에게 높은 보험료, 지역사회사업과 같이 현금이나 현물로 사회에 무언가를 환원하도록 할 수 있다.

5.2 개인과 사회적 책임의 그물망

사회정의 이론에서 책임은 개인이 자신과 환경에 대해 완전히 통제할 수 있는 능력으로서가 아니라, 개인과 사회의 상호적 관계로서 가장 잘 이해된다. 비판적으로 성찰하고, 행동하고, 삶의 계획을 따를 수 있는 행위 주체로서 개인은 자신의 선택과 행동에 책임을 져야 한다. 개인 입장에서 이것은 다른 무엇보다 행위 주체성의 행사에 도움이 될 수도 있고 안 될 수도 있는 외부의 장애물과 내부의 한계를 극복하는 것을 포함할 수 있다. 여러 개인의 집합체로서의 사회는 개인의 주도권과 행위 주체성을 저해하기보다 장려하는 환경과 기회를 제공할 책임을 진다. 이는 사회적 책임이 시민들의 토대역량 결핍을 보상하는 지원 역할뿐만 아니라, 시민들의 행위 주체성 함양과 행사에 우호적인 경제제도와 사회제도를 설계하는 적극적 역할을 요구할 수 있음을 의미한다. 또한, 이는 사회적 책임이 개인의 책임 상실을 판단하고 그에 따른 보상을 규정하기 위해 단순히 회고적인 것이 아니라, 개인의 자유가 사회적 기여의 일부 및 핵심적 부분이 될 수 있는 전향적인 것임을 시사한다.

롤스는 정의의 개념을 알리고 형성하기 위해 개인 책임과 사회적 책임의 서로 연관된 두 영역을 전면에 내세우려고 앞장선 사람 중 가장 유명한 사람이다. 그는 이를 '사회적 책임분담'이라 부르며, 기본재의 공정한 분배가 사회정의를 충족시킬 수 있는 이유인 기본재에 대한 정당성의 일부로 간주한다.

> 기본재에 대한 앞선 설명은 '사회적 책임분담'이라고 칭할 수 있는 것을 포함한다. 사회, 즉 집단으로서의 시민은 이런 틀 안에서 평등한 기본 자유와 공정한 기회의 평등을 유지하고, 모두에게 기본재의 공정한 몫을 제공하는 책임을 수용한다. 한편, 여러 개인 및 단체로서의 시민은 그들의 현재 상황과 예측 가능한 상황을 고려할 때 기대할 수 있는 다목적 수단을 고려하여, 그들의 목적과 열망을 수정하고 조정할 책임을 수용한다. 이런 책임분담은 자신의 목적에 책임을 지고 그에 따라 사회 제도에 대한 요구권한을 조정할 수 있는 사람들의 능력에 의존한다.Rawls, 1993: 189

롤스는 우선 시민들에게 삶의 계획을 추구하는 데 필요한 물질적(소득과 부)·비물질적(기회와 자존감) 자원뿐만 아니라, 기본권을 보장해 줄 사회의 책임에 관해 이야기한다. 그는 또한 사회적 의무의 일부로서, 사회의 더 열악한 사람들의 불리함을 보상해 주기 위해 차등 원칙에 의해 규정되는 자원의 재분배를 구상한다. 그러나 이는 사회적 책임분담의 절반에 불과하다. 나머지는 개인에게 있다. 즉, 개인은 자신의 인생 계획에 책임져야 하며, 필요한 경우 합리적으로 기대할 수 있는 기본재의 몫과 맞출 수 있도록 인생 계획을 '조정하고', '조율하며', '수정'해야 한다. 예를 들어, 롤스가 '고급 취향'을 지닌 사람들이 그들의 인생 계획을 실행하기 위해 사회에게 보상이나 보조금 받는 것을 권장하지는 않을 것이다.[#2.1]

롤스가 옹호하는 시민과 사회 간 사회적 책임분담은 매력적으로 보인다. 이는 특히 행위 주체로서 시민이 자신의 삶에 책임질 수 있고, 거의 또는 아무것도 할 수 없는 것에 대해서만 보상받을 수 있다는 단순하고 복잡하지 않은 아이디어로 작동하기 때문이다. 롤스의 이론을 모델로 한 사회는 최소 정부도 전면적 개입 국가도 아닌 둘 간의 만족스러운 조합을 권장할 것이므로, 정치적 개념의 관점에서도 롤스의 책임에 관한 설명은 적절해 보인다. 롤스는 최소국가에 대한 주장에 맞서며, 예를 들어 자유방임 경제 사회에서 시민들의 기본권과 기회가 존중되지 않는 위험이 늘 존재한다고 지적할 것이다. 그러므로 개인의 행위 주체성 증진에 대한 관심은 국가와 사회적 책임 측면에서 인권 보호와 평등한 기회 보장을 요구할 수 있다. 따라서 롤스는 노직의 자유주의적 관점과 최소국가에 대한 제안에 거리를 둔다.[#4.1] 반면, 노직은 차등의 원칙에 의해 요구되는 재분배 계획을 사람들의 자유와 삶에 대한 관심으로 다룬다. 롤스는 그것을 정의에 대한 요구의 일부로 정당화할 것이다. 동시에 롤스는 국가가 모든 것을 책임질 것으로 생각되는 전면적 개입주의 국가에 대한 주장에 대하여, 그런 제도는 개입주의를 묵인하고 행위 주체로서 행동하는 시민들의 능력을 약화한다고 할 것이다.

그러나 토대역량접근의 관점에서 볼 때 롤스의 사회적 책임분담은 낮은 수준의 기본 토대역량으로 인해 전형적으로 발생하는 불이익을 포착하기에 심도 있어 보이지 않는다. 토대역량 이론가들은 시민의 모든 토대역량 결핍이 기본재의 공정한 분배와 차등의 원칙에 따른 재분배에 의해 해결되지 않음을 밝힌다. 예를 들어, 센은 다음과 같이 불만족을 표한다.

사실상 토대역량 관점에서 롤스의 '공정으로서의 정의' 이론에 대한 비판은 부분적으로 개인이 '기본재'를 성취할 수 있는 자유로 전환하는 과정에서 자연적으로 혹은 사회적으로 만들어지는 어려움에 주목하려는 시도에서 비롯되었다. 자유를 확보하기 위해 기본재를 사용하는 데 능력이나 재능이 부족한 사람(예: 신체적 혹은 정신적 장애, 병에 대한 다양한 취약성, 혹은 성과 관련된 생물적 혹은 관습적 제약)은 동일한 기본재의 집합이 있다 하더라도, 그런 측면에서 더 유리한 위치에 있는 사람에 비해 불리하다. … 이런 이유로, 여기 제시된 토대역량 접근은 롤스의 이론에서 비롯하며, 또한 이를 비판한다. 즉, 공정과 책임에 대한 롤스의 설명력 있는 분석을 바탕으로, 그의 이론은 특히 기본재 보유에 의존함을 비판한다(개인이 각각 누리는 자유 및 토대역량과 반대로).Sen, 1992: 148

롤스의 이론이 사람들의 토대역량 부족에서 기인하는 불리함에 주목하지 않는 것은 아니다. 대신, 롤스가 강조하고 싶은 것은 사람들의 불리점을 보상하기 위해 사회가 할 수 있는 것에는 사실상 한계가 있다는 것이다. 그는 유의미하지 않은 수준으로밖에 회복될 수 없는 극도로 무능력하고 아픈 사람들에게 사회적 자원 전부 혹은 대부분을 사용해야 한다고 확신하지 않는다. 이것이 롤스가 『정의론』TJ, 100ff에서 공정성으로서의 정의는 사회가 장애나 결핍을 어떠한 경계도 없이 보상하도록 의무화하기 때문에, 전통적인 '시정 원칙'을 거부한다고 하는 이유이다. 그는 다음과 같이 말한다.

> 차등 원칙은 물론 시정 원칙이 아니다. 그것은 동일한 경주에서 모든 이가 공정한 기준으로 경쟁해야 하듯, 사회가 핸디캡을 균등하게 하도록 요구하지는 않는다. … 비록 차등 원칙이 시정 원칙과 동일하지는 않으나, 그것은 후자의 의도에 일정 수준 도달한다. 그것은 기본구조의 목표를 변화시켜서 제도의 총체적 계획이 더 이상 사회적 효율성과 기술지배적 가치를 강조하지 않도록 한다. 따라서 우리는 사실상 차등 원칙이 자연적 재능의 분배를 공동 자산으로 간주하고, 이런 분배의 혜택을 공유하는 것에 대한 합의가 무엇을 의미하는지 이해하게 된다.Rawls, 1971: 101

롤스는 자신의 이론이 '사회적 효율성'과 '기술지배적 가치'를 중요하게 생각하지 않기 때문에, 역사적으로 다른 정의 개념에서 불리함을 타고난 사람들을 다룬 것보다 차등 원칙을 충족하는 제도적 질서가 이들을 훨씬 잘 다루리라 생각한다. 3장에서 논의한 바와 같이, 이것은 롤스의 이론과 토대역량접근의 차이를 보여주는 지점이자 이 둘 간에 합의되지 않는 논점이다. 센, 키테이, 누스바움 및 다른 토대역량 이론가들은, 특히 장애인, 부양 노동자, 일부 사회적 약자들이 필요로 할 특수 요구와 추가적인 사회적·물질적 자원이 필요하다면, 차등 원칙의 범위와 그 기본이 되는 사회적 책임이 확장되어야 한다고 지적한다. 더욱이, 토대역량 이론가들은 롤스의 '행위 주체성', '자율성', '자존감' 등에 대한 자유주의적 관심이 책임에 대한 통제적 관점, 즉 책임을 개인 간 상호적 관계보다는 개인이 자신과 환경을 통제할 수 있는 능력으로서 바라보는 관점을 옹호하도록 이끈다는 것을 확인했다. 롤스의 이론은 사람들이 통제할 수 없는 일에 의해 결정된 욕구와 욕망을 받아들이지 않는다고 본다.Rawls, 1980: 545ff.; 1993: 185ff 책임에 관한 더 완전한 설명은 제도와 환경이 욕구와 욕망을 형성하고 영향을 미친다는 사실에 주목해야 할 것이다.

그렇다면 롤스의 이론과 관련하여 토대역량접근을 지지하는 책임에 대한 설명에 관해 어떤 결론을 도출할 수 있을까? 롤스의 이론보다도 토대역량접근은 사람들의 자유와 기본 토대역량의 배경 조건의 중요성을 강조하므로, 당연히 개인적 책임의 대체나 감소 없이 사회적 책임에 더 넓은 범위를 상정한다. 사회적 책임에 대한 더 넓은 인정이 개인적 책임의 여지를 감소시키는 것으로 볼 필요는 없다. 광범위한 고용 기회를 제공하기 위해 경제 정책을 목표로 하는 것이 사회적 책임의 범위에 해당한다고 명시할 때, 어떤 기술을 얻고 직업을 선택할지 결정하는 것은 궁극적으로 개인의 책임이라는 것을 배제하지는 않는다. 기초교육과 보건의료 기회의 거부가 사회적 책임의 실패라고 할 때, 교육 혹은 건강의 성취가 개인적 책임 문제라는 것이 부정되지 않는다. 사회적 책임에 대한 긍정은 개인의 자유와 행위 주체성의 향상으로도 볼 수 있다. 정치적 개념 수준에서 이는 사회적 책임이 인권 보호와 기본적 가치의 공정한 분배뿐만 아니라, 사람들의 기본 토대역량의 향상을 포함하는 민주주의와 복지국가의 개념을 토대역량 이론가들이 선호함을 시사한다.

사실상 개인의 행위 주체성과 책임을 더 넓은 사회적 기반과 상호의 존성에 고정하기 위한 토대역량 이론가들의 노력을 보고 감사하게 될 수도 있다. 하지만 토대역량 이론의 책임 설명에서 다소 불완전하게 발전된 것은, 어떤 토대역량의 결핍이 사회적 책임의 관심을 받을 만하고 어떤 토대역량의 결핍이 개인의 책임으로 간주되어야 하는지를 가늠하는 기준이 부족하다는 것이다. 예를 들어, 지금까지 센은 사람들에게 토대역량 결핍의 책임을 묻기 전에 그런 사람들이 충분히 선택할 기회를 얻었는지, 그리고 그들의 선택이 '진정한' 것인지 살펴보아야 한다는 관점을 발전시켜 왔다. 그는 어떤 토대역량의 결핍이 정말로 개인이 통제할 수 없는 것인지, 그리고 어떤 토대역량의 결핍이 개인의 진정한 선택 영역에 있는지에 대한 이론을 제공하려 하지 않았다. 토대역량 목록에 관해 작업하는 누스바움과 앤더슨조차 목록에 있는 각 항목에 대한 사회적 책임과 개인적 책임을 나누는 임계 수준을 규정하지 못했다. 이와 관련한 센의 답은 민주적 절차를 참조하는 것이다. 즉, 공공 토론을 통해 각 사회는 토대역량 결핍의 목록을 만들고, 그것은 개인의 통제 밖에 있다고 판단하여 어떤 형태로든 사회로부터 보상받을 가치가 있다고 본다. 민주적 숙의에 관여하는 정치인, 정책입안자, 대중이 자신의 윤리적 직관을 확인하고 수정하기 위한 이론적 통찰을 기대하기 때문에, 누군가는 이 대답이 특히 불완전하다고 주장할 수 있다.

5.3 드워킨의 책임에 관한 설명

토대역량 이론가들은 사회적 책임분담에 대한 롤스의 생각을 기본적으로 수용하지만, 토대역량 불평등 해결을 위한 적절한 사회적 기반이 만들어질 수 있도록 사회적 책임의 더 넓은 범위를 원한다. 하지만 사회적 책임을 확대하자는 그들의 제안은 사회적 책임 아래 무엇이 발생하고 개인이 사회에 얼마만큼의 보상을 청구할 수 있는지에 관한 상세한 설명이 부족하다. 법철학자 로널드 드워킨Ronald Dworkin, 2000: ch. 2은 그의 '자원의 평등'이 제시하는 상이한 분배체계가 롤스 이론의 한계뿐만 아니라 토대역량접근의 모호성도 극복할 수 있다고 생각한다. 모든 시민을 '평등한 관심'으로 대한다는 정부의 정치적 이상은 정부가 시민들을 복지나 기본적 가치 측면에서 평등하게 만들려고 할 때가 아니라, 오히려 자원 측면에서 가장 잘 실현될 수 있다고 드워킨은 지적한다. 드워킨은 이런 자원에 다음 두 종류를 포함시킨다. 첫 번째는 시민적 자유와 정치적 자유, 교육, 의료, 고용, 사유 및 공공재 요구권한과 같은 사회적(비개인적) 자원이고, 두 번째는 개인의 신체적 능력 및 재능과 같은 내부적(개인적) 자원이다.[9]

자원에 대한 드워킨의 정의는 롤스의 기본재화보다 더 포괄적이다. 드워킨의 자원은 롤스의 목록에 있는 모든 항목[#2.1] 외에도 롤스가 남겨둔 것, 즉 '건강과 활력, 지능과 상상' 같은 '자연적 기본재화'Rawls, 1971: 62를 포함하기 때문이다. 우리는 낮은 수준의 재능과 능력으로 다른 사람들보다 형편이 안 좋은 사람들이 이런 부족에 대해 보상받아야 한다고 생각하는 경향이 있으므로, 롤스가 제외한 것을 자원에 포함시키려는 드워킨의 의도는 타당해 보인다. 물론 드워킨은 신체적 능력이

---

9. 드워킨이 '개인적 자원(personal resources)'이라고 부르는 것을 지칭하기 위해 나는 '내부적 자원(internal resources)'이라는 용어를 사용하는데, 일반적으로 내 집, 자동차, 자전거 역시 개인적 자원이나 재산으로 불리기 때문이다. 마찬가지로 '사회적 자원(social resources)'이라는 용어는 드워킨이 '비개인적 자원(impersonal resources)'이라는 용어로 의미하는 바를 훨씬 잘 포착한 것 같다. 드워킨은 자신의 자원 평등 이론을 설명하는 글에서 정확한 정의를 내리지는 않았지만, 'Foundations of Liberal Equality'(1985b)에서 그 정의를 찾을 수 있다. 여기서 그는 다음과 같이 말한다. "개인적 자원은 신체적·정신적 건강, 힘, 재능과 같이 사람들이 자신의 인생 계획과 프로젝트를 성공적으로 달성하는 데 영향을 미치는 심신의 자질을 의미한다. 비개인적 자원은 토지, 원자재, 주택, TV, 컴퓨터 및 이에 대한 다양한 법적 권리와 이익과 같이 소유와 양도가 가능한 환경의 일부다"(Dworkin, 1985b: 224).

나 재능이 재산이나 부와 같은 물질적 자원처럼 똑같이 분배될 수 없다는 것을 인지한다. 그럼에도 그 부족분을 보완하기 위해 몇 가지 간접적 방법이 고안될 수 있다. 예를 들어, 신체적 장애가 있는 사람에게 휠체어를 제공하고, 학교, 대중교통, 영화관에 접근 가능하며 장애 친화적으로 만들어 이동성을 높일 수 있다. 따라서 드워킨의 자원 이론은 롤스 이론의 문제들에 대한 타당한 대응으로 보인다.

드워킨의 이론과 토대역량 이론의 관계는 무엇일까? 드워킨Dworkin, 2000: 300ff.이 지적한 바와 같이, 그의 자원 이론은 토대역량접근에 가까운데, 이는 사회가 내부적 자원의 불리함을 보완하기 위해 자원 (재)분배를 규정해야 한다는 생각을 공유하기 때문이다. 그리하여 드워킨은 자원을 규정하면서, 이제는 토대역량 문헌에서 더욱 친숙한 유사 어휘들을 사용하게 된다. '사람들의 힘[토대역량]은 자신의 삶에서 가치 있는 무언가를 만드는 데 사용되므로 물질적 자원과 함께 사실상 자원이다.'Dworkin, 2000: 80 그러나 이런 두 이론은 적절한 보상 정도를 정하고 정당화하려는 '방식'에서 차이가 있다. 앞서 지적했듯이, 특히 토대역량 이론가들은 정의가 가치 있는 인간 기능성의 삶을 위해 요구되는 한, 토대역량의 결핍이 있는 사람들에게 사회가 추가적 자원을 제공할 것을 요구한다고 제안한다. 그럼에도 이것에 대해 어떻게 할 것인지 질문을 받았을 때, 예를 들어 센은 이 문제를 더 이상 비판적으로 검토하지 않고 민주주의와 공적 토론에 대한 순환적 대답을 넌지시 언급한다.

그런 점에서 드워킨의 이론은 이론 자체의 내적 모순에도 불구하고, 토대역량접근보다 한 단계 나아가려고 한다. 드워킨은 가상의 보험 시장에 관한 사고 실험을 통해 무엇을 얼마나 보상받아야 하는지에 대한 어떤 척도에 도달할 수 있다고 주장한다. 드워킨이 제시하는 가상보험을 복지국가나 사회보장제도의 실제 보험제도와 동일시해서는 안 된다. 그것은 드워킨이 자원적 평등을 정당하기 위해 제안한 반사실적 사례일 뿐이다. 따라서 드워킨의 가상보험은 롤스의 원초적 입장과 유사하다. 우리는 참가자들이 타고난 재능의 분포에서 자신의 위치를 모른다는 의미에서, '더 얇은' 변형된 무지의 베일 뒤에 있는 것을 상상해야 한다.[10] 각각 평등한 몫의 자원이 있고, 다양한 신체적 장애와 적은 재능에 대하여 똑같이 취약하다고 한다면, 우리는 다음과 같은 가상의 질문에 답하려 할 수 있다. 참가자들이 자신의 자원 중 얼마를 장애나 자연적 재능 분배에서 불리할 것에 대비하여 보험에 쓸 것인가? 보험 가입에 모든 자원을 쓰지 않을 가능성이 크다. 그럴 경우, 인생 계획을 추구하기 위해 남아 있는 자원이 없을 것이기 때문이다. 대신 모든 사람은 자신이 경험할지도 모르는 여러 불이익에 대하여 보험에 가입할 것이다.

드워킨은 사람들이 가입하려는 보험의 종류와 수준에 따라 세금 시스템을 사용하여 병행 계산을 할 수 있다고 제시한다. 실제 세계의 세금은 사람들이 지불하기로 가정한 보험료를 징수하는 방법이 될 수 있다. 다양한 복지·의료·실업 제도는 자연적인 불이익을 받은 것으로 확인된 사람들에게 보험금을 지급하는 다른 방법이 될 것이다. 또한, 드워킨은 가상의 보험이 제시하는 보상의 척도는 전부와 아무것도 없는 것 사이에 있으리라 생각한다. 즉, 일부 개인들의 불리함은 진정으로 보상을 필요하므로, 어떠한 보상도 요구하지 않는다고 할 수 없다. 개인의 책임과 행위 주체성을 약화할 것이므로, 모든 불리함이 보상받아야 한다는 관점을 취할 수도 없다. 드워킨의 자원 평등론은 아무것도 보상하

---

10. 드워킨의 가상보험에서 무지의 베일은 롤스의 원초적 입장보다 더 얇다. 이는 드워킨의 보험가들은 선에 대한 관념, 즉 인생에서 가치 있다고 생각하는 것을 알기 때문이다. 두 이론의 차이점에 관한 상세한 내용은 Dworkin(2000: 112-119)을 참고하라.

지 않는 것과 전부 보상하는 것의 '중간지대'를 제안한다. 물론 무엇이 중간지대가 될지는 보험 시장에 의해 결정될 것이다.[11]

드워킨은 자신의 이론을 뒷받침하는 두 가지 문제, 즉 (a) 불가피한 운수와 선택 운의 구분, (b) 책임 실험의 문제에 분명하고 타협하지 않는 관점을 취했으므로, 다른 이론보다 강한 의미의 행위 주체성과 개인적 책임을 적용할 수 있을 것이다. 토대역량 이론가들은 이 문제들이 우리가 서로에게 진 의무가 무엇인지에 관한 토대역량 중심 추론에 문제가 되며, 도움이 되지 않는다고 생각한다.

(1) 토대역량 결핍과 보험 가입 실패

현대의 정의 이론가들에게 매우 중요한 무기는 보험 제도다.[Barry, 1991b] 정의 이론가들은 여러 불행에 대비하여 보험에 가입할 가능성을 적용하여, 많은 경우에 대해 보상 원칙을 무시하는 주장을 구성할 수 있다고 지적한다. 예를 들어, 그 이면에 있는 생각은 당신의 집이 통제할 수 없는 원인으로 타버린다면 이는 의심 없이 불운의 사례라는 것이다. 하지만 집의 손상으로 인한 재정적 손실을 당신이 짊어져야 할지는 보험에 완벽히, 불충분하게 가입하거나 전혀 가입하지 않은 당신의 사전 결정에 달려 있다. 따라서 많은 정의 이론가들은 손실에 대비한 보험 가입 선택은 가능했으나, 선택하지 않음으로써 화재로 모든 것을 잃은 사람이 그 결과를 합당하게 경험해야 한다고 생각하는 경향이 있다.

---

11. 드워킨은 자신의 자원 평등론과 가상의 보험이 영국과 미국의 훨씬 많은 재분배를 권고할 것이라고 다음과 같이 주장한다. "이 주장은 현재 영국이나 미국의 실업 수당이나 최저임금 수준을 운영하는 데 사용되는 소득 수준보다 훨씬 설득력이 있다고 생각한다"(Dworkin 2000: 97). 그러나 드워킨은 자신의 이론 요건을 충족할 수 있을 뿐 아니라, 사회적 연대를 위해 더 많은 재분배를 시행하는 스웨덴이나 벨기에와 같은 복지국가에 대해서는 언급하지 않는다.

드워킨은 보험 개념을 충분히 이용한다. 그는 불가피한 운과 선택 운을 명확히 구분하고, 불가피한 운의 피해자들이 경험하는 부족분에 대해서만 보상을 권고한다. 나쁜 선택 운의 피해자들이 경험하는 불행은 보상에 대한 요구권한이 없다. 또한, 드워킨의 보험 시장은 사람들이 자신의 삶과 결정을 책임질 수 있는 행위 주체이며, 예측 가능한 대다수의 불가피한 운을 특정 형태의 선택 운으로 전환할 수 있다고 제안한다. 따라서, 결과를 합리적으로 예측할 수 있는 자발적 선택으로 인한 모든 결과는 행위 주체가 감수해야 한다. 이런 선택으로 발생할 수 있는 결핍은 보상에 대한 어떠한 요구도 보장하지 않는다.

> 선택 운은 의도적이고, 계산된 도박의 결과가 어떻게 나오느냐의 문제다. 즉, 예상돼야 했고, 거부할 수도 있었던 유리된 위험을 수용함으로써 이득을 얻거나 손해를 입는지의 문제다. 불가피한 운은 그런 의미에서 의도적 도박이 아닌 위험이 어떻게 발생하는지에 대한 문제다. 시세가 오르는 주식을 사면 나의 선택 운은 좋은 것이다. 진로를 예측할 수 없는 낙하 운석에 맞았다면 나의 불운은 불가피한 것이다. … 재앙을 사거나 거부하는 결정은 계산된 도박이므로, 보험은 가능한 한 불가피한 운과 선택 운의 연결고리를 제공한다.Dworkin, 2000: 73-74, 저자 강조

나쁜 선택 운의 피해자들을 불가피한 운의 피해자들과 다르게 대해야 한다는 드워킨의 제안은 타당해 보인다. 그렇지 않으면 사회는 사람들의 나쁜 선택을 보조하게 될 것이기 때문이다. 더 중요한 것은 그것이 대부분의 성인 시민이 옹호하는 중요한 윤리적 경험을 표현하고 지

원한다는 것이다. 누구도 동료 시민들로부터 연민이나 보상의 대상으로 보이기를 원하지 않을 것이다. 우리의 의도된 행동과 판단이 일련의 유전적이고 환경적인 요인에 의해 인과적으로 결정된다고 생각하고 싶지도 않을 것이다. 우리는 여러 대안 중에서 선택할 수 있을 뿐만 아니라, 이런 선택에 뒤따르는 것들에 책임질 수 있으므로, 자신과 다른 이들을 행위 주체로 간주한다. 그래서 드워킨의 자원 평등론은 행위 주체가 되고 선택에 대한 결과적 책임을 지고 싶어 하는 사람들의 윤리적 경험에 분명한 제도적 형태를 제공한다. 센 자신은 기근 구호와 빈곤 감소 계획에서 행위 주체성과 상호호혜성의 중요성을 강조할 때도 이런 윤리적 경험을 넌지시 언급한다. 음식과 복지를 단순히 분배하는 것 대신, 이것들을 공공사업 및 고용과 연계할 때 이는 더욱 존엄해진다. 실제로 자신에게 지급된 복지 보상이 은혜를 베푸는 듯하고, 수혜자의 상호호혜성이 전혀 포함되지 않는다면, 수혜자들은 분개하고 모욕을 느낄 것이다.Sen, 1999a: 177-178; Dreze & Sen, 1989: 122ff.

하지만, 행위 주체로서 행동하는 사람의 윤리적 경험은 의료 서비스, 실업 수당, 가족 복지, 기타 형태의 보상적 분배가 결점과 도덕적 응분에 의해 규정되어야 한다는 생각과 긴장 관계에 있을 수 있음을 인식하는 것 또한 중요하다. 즉, 행위 주체가 결국 그것을 선택했으므로 그 결과를 감내해야 한다는 생각 말이다. 우리는 빈곤과 기본 토대역량의 결핍이 보험에 가입하지 못했거나 부적절한 보험에 대한 너무 큰 불이익이라고 말한다.Barry, 1991b; Phillips, 2004 물론, 나쁜 선택 운의 피해자들은 불가피한 운의 피해자들이 하지 않는 방식으로 비판받을 수 있지만, 그들이 이런 결과를 택했기 때문에 사회가 그들을 보상할 의무가 없다는 관점으로 이어질 필요는 없다.

앤더슨Anderson, 1999은 드워킨과 같은 '행운 평등주의자'의 입장이 이런 불행한 사람들을 '동등한 존중'과 '동등한 관심'으로 대하지 못하는 것을 보여준다며 다음과 같이 주장한다. "행운 평등주의자들은 매우 나쁜 선택 운의 피해자들에게 그들이 위험을 무릅쓰기로 했으므로, 불행을 겪을 만하며, 그래서 사회는 빈곤과 착취에 대비하여 보호할 필요가 없다고 말한다. … 심지어 경솔한 사람도 그런 운명을 겪을 만하지는 않다."Anderson 1999: 301 이를 설명하기 위해 앤더슨은 상해 보험에 가입할 기회가 있었지만 가입하지 않고 그 후 교통사고로 심각한 상해를 입은 사람의 예를 제시한다. 그녀는 드워킨과 같은 행운 평등주의자들이 그런 사람들을 방치할 거라고 지적한다. 마찬가지로, 보험에 가입하지 않고 위험한 작업을 하거나 위험한 지역에 거주하는 사람들은 보험에 가입하지 않았다는 이유로 지원을 거부당할 것이다.

3장에서 보았듯이, 앤더슨의 대안적인 제안은 행운 평등주의에서 벗어나 모든 시민에게 기본 토대역량 집합을 보장하며, 손실이 발생해도 어떤 보상도 청구할 수 없는 토대역량과 구분하는 '민주적 평등' 주의로 옮겨가는 것이다. '민주적 평등은 개인의 경솔한 행동으로 인한 모든 손실을 보상하지 않는다. 그것은 단지 자유롭고 평등한 시민으로서 기능하고 억압을 피하기 위해 필요한 토대역량 집합을 보장한다. 개인은 스스로 많은 다른 손실을 감수해야 한다.'Anderson, 1999: 327

(2) 책임 실험

토대역량 이론가들이 난처하게 생각하는 두 번째 복잡한 문제는 개인이 자신의 특성에 대한 책임을 지는가에 대한 드워킨의 입장과 관련이 있다. 드워킨은 개인을 그의 특성, 특히 '야망과 선호'가 통제할 수 없는 요인들에 의해 형성되거나 초래되었는지와 관계없이 전적으로 책임이 있다는 관점을 옹호한다. 또한 드워킨은 개인 책임과 사회적 책임의 경계를 결정하게 해준다고 생각하는 '책임 실험'을 제시한다. 이에 따르면, 개인을 그의 선호와 동일시하는 한, 그에 따르는 선택은 개인의 책임 영역에 속한다. 물론 드워킨은 개인 책임의 일부로 간주해서는 안 되는 '갈망' 같은 선호의 범주가 있다는 것을 이해한다. 갈망은 갖고 싶지 않은 선호이므로 개인 특성의 일부를 형성하지 않는다고 드워킨은 말한다. 드워킨은 개인이 선호와 자신을 동일시하기 때문에, 갈망을 제외하고 모든 선호에 대한 책임이 있다고 생각한다.

드워킨의 책임 실험은 개인 행위 주체성의 더욱 강한 의미를 옹호한다는 강점이 있다. 그러나 코헨Cohen, 1989이 지적하듯, 드워킨의 책임 실험은 개인이 상황과 자신을 동일시하는 경우에도 특정한 기본 토대역량의 부족과 관련한 정의의 요건을 결정하는 데 부적절한 것으로 확인되었다. 따라서 코헨은 우리가 어떤 분배와 보상의 의무를 지고 있는지 밝히기 위해 물어야 할 옳은 질문은 개인이 자신을 선호와 '동일시'하는지가 아니라, 불리함을 피할 수 있었는지, 그리고 그것이 이제 극복될 수 있는지다.

정의가 자선과 반대로 재분배를 요청하는지 결정하고자 할 때, 평등주의자는 불리함이 있는 사람이 그것을 피할 수 있는지 혹은 그것을 이제 극복할 수 있는지를 묻는다. 그가 그것을 피할 수 있었다면, 그는 평등주의자의 관점에서 보상에 대한 권한이 없다. 피할 수 없었으나 이제 극복할 수 있었다면, 극복하고자 하는 노력에 대해 보조금을 요구할 수 있다. 하지만, 극복하지 않고 보상을 하는 것보다 극복하는 데 더 큰 비용이 들지 않는 한, 사회가 자신의 불리함을 보상해 주리라 기대할 수 없다.Cohen, 1989: 920

드워킨의 책임 실험은 토대역량 이론가들에게 다소 역설적으로 보인다. 가난한 가정에서 자란 아이를 생각해 보자. 부모는 글을 모르며, 집에서 아이에게 책을 보여주거나 학교에 보내는 것에 거의 신경 쓰지 않는다. 그 결과, 그 아이는 교육이 우선순위에서 낮은 위치를 차지하는 선호를 발전시키게 된다. 자라면서 그 아이는 교육받는 것에 신경 쓰지 않으며, 교육이 자신의 삶을 성공적으로 만들어주리라 생각하지 않는다. 그 아이는 이런 선호와 자신을 동일시하며, 이런 선호를 자신의 본질적인 특성으로 간주한다. 드워킨은 이런 사례에 어떻게 접근할까? 책임 실험으로 인해 우리는 드워킨이 그런 아이 혹은 성인으로 성장한 그 아이가 낮은 교육 수준과 그에 상응하는 낮은 임금에 대해 어떠한 사회적 지원과 연대도 요구하지 않아야 한다고 생각한다.

무엇보다도 이런 반응은 교육, 사회참여, 커리어 등과 관련한 선택을 형성하는 열망이 우리의 '사회적 위치'에 의해 형성된다는 사실, 특히 사회적 계급의 영향에 의해 지속적으로 형성된다는 사실을 과소평가할 뿐이다. 예를 들어, 필립스Phillips, 2004는 지난 100년 동안의 모든 변화에도 불구하고, 영국의 출신 계층, 교육 성취, 최종 계층 간의 지속적 상관관계를 밝혔다. 이런 현상은 유전, 학비 부담 학교와 공립 학교 간 교육 수준, 부유한 지역의 공립 학교와 가난한 지역의 공립 학교 간의 교육 수준과 같은 이유에 기인한다고 볼 수 있다. 이와 함께, 교육 전문가들은 다른 중요한 요인을 강조했다. 즉, 부모의 열망이 아이에게 전달되는 것, 하고 싶고 성취하는 것에 대한 인식이 부모들이 해 온 것을 반영하는 방식이다. 우리의 선택은 이용할 수 있는 자원뿐만 아니라, 선호와 열망이 형성되는 방식에 의해서도 강화되거나 제약된다. 드워킨의 책임 실험은 이런 사회적 현실을 쉽게 지나칠 수 있다.

5.4 사회적 규범과 정책 목표

책임 문제를 토대역량접근의 관점에서 접근하든 롤스와 드워킨의 자유주의적 평등 이론의 관점에서 접근하든, 개인 책임과 사회적 책임의 경계선을 제도적으로 정하는 것은 어려운 일임이 확인되었다. 누군가는 인간 행동 및 행위에 관한 '경험적' 증거에 근거하여 이를 해결하고자 할 수 있다. 예를 들어, 인식과 선택은 약물 중독, 유해 흡연, 음주운전, 교육과 직업에 대한 반감에 관여하는가? 그러나 사회적 규범과 공동체적 환경이 이런 문제에 대한 대중의 판단에 중요한 역할을 한다는 점을 알아야 한다. 이런 것들은 무엇이 공동 책임의 문제로 간주되어야 하고, 무엇이 개인 책임으로 취급되어야 하는지에 대한 이해를 표현하고 구체화한다. 예를 들어, 서유럽과 미국은 많은 공통점이 있는 듯하지만, 사회적 연대와 이와 관련된 소득 불평등, 실업, 의료 등의 문제에 관한 특정 기본 사회규범에서는 대조적인 사회적 윤리 원칙을 강조한다.[Sen, 1997b] 지금까지 미국이 공공정책 우선순위에서 모두를 위한 기초 의료 서비스를 제공하는 데 거의 전념하지 않으며, 가까운 미래에 급격한 변화가 없을 가능성이 크다는 것은 잘 알려져 있다. 미국에서 4천만 명 이상이 어떤 종류의 의료 보장이나 보험도 없는 것으로 보인다. 유럽에서는 그와 같은 비슷한 상황은 사회적으로, 정치적으로 수용되지 않을 것이다. 기초 의료 보장이 모든 시민의 기본권으로 여겨질 뿐만 아니라, 의료에서 교육에 이르기까지 다양한 공공시설의 제공은 복지국가의 사회적 책임으로 간주된다.

그러나 실업에 대한 사회적 규범으로 관심을 옮겨가면 이야기는 달라질 것 같다. 최근 몇 년 동안, 서유럽 국가에서 실업률이 여러 수준으로 증가한 것으로 보인다. 관련 연구들을 살펴보면, 실업이 개인에게 경제적 손실과 추가적인 실업수당 재정비용을 가져올 뿐만 아니라 개인과 사회의 웰빙에 부정적인 심리적·사회적 결과를 가져왔다. 하지만 서유럽 국가들은 이 문제를 정면으로 마주하는 데 주저하는 것처럼 보인다. 반대로, 유럽에서 현재 용인되는 실업률 수준은 미국에서 사회적·정치적으로 용납되지 않을 것이다. 예를 들어, 실업률이 두 자릿수로 증가하는 것은 미국의 어느 정부에게도 정치적으로 위험할 것이다.

유럽과 미국의 이런 사회적 가치 차이를 어떻게 설명할 수 있을까? 센은 다음과 같이 그런 대비에 대해 고민한다.

> 서유럽과 미국의 대비는 또 다른 흥미로운, 어떤 면에서는 더 일반적인 질문을 제기한다. 미국의 사회윤리는 복지국가에서 자란 전형적 서유럽 사람들이 용납하기 어려운 방식으로 궁핍하고 빈곤한 사람들에 대해 매우 호의적이지 않을 수 있다는 것을 발견한다. 그러나 미국의 동일한 사회윤리에 따르면, 유럽에서 흔히 볼 수 있는 두 자릿수의 실업률은 견딜 수 없는 수준이라고 생각할 것이다. 유럽은 실업과 그 증가를 놀라울 정도로 평온하게 받아들인다. 이런 대비의 근본적 원인은 사회적 책임과 개인적 책임에 대한 사회적 태도 차이에 있으며, 이는 논의가 필요한 문제다.Sen, 1997b: 160

센은 그런 대비가 부분적으로 개인적 책임과 '자조自助'할 수 있는 가치가 유럽보다 미국에서 훨씬 강하다는 사실로 설명될 수 있다고 말한다. 미국의 자조 문화는 의료보험 미가입 상태나 심각한 빈곤 상태보다 실업 문제에 더 관심을 보이는 것 같다. 여러 복지 혜택을 제공하는 것은 시민들을 더욱더 의존적으로 만들 것으로 보인다. 반대로, 고용 기회 제공은 자조를 촉진할 수 있다고 생각된다. 이것이 '복지'보다 '근로복지'에 대한 공적 참여가 더 많은 이유인 것 같다.

차별수정조치와 관련하여 인도와 미국에서도 유사한 사회적 가치의 대비를 찾아볼 수 있다.[12] 인도와 미국은 뿌리 깊은 사회적 편견과 불평등의 역사를 공유한다. 인도의 사회적 차별은 주로 힌두교의 위계적 카스트 체제에 기반을 둔 한편, 미국에서는 인종에 기반을 둔다. 그러나 이런 역사적 불평등 해소에 인도와 미국은 대비되는 접근을 보였다. 인도 헌법의 창시자들은 엄격한 위계적 힌두 사회에서 평등주의적 인도로의 전환은 정치, 공공 고용, 교육에서 차별수정조치 없이는 불가능할 거라고 확신했다. 그들은 이것들이 능력merit이나 경쟁에 기초한 모두의 기회 평등이라는 형식적 해석으로부터 사회적 약자의 위치를 향상하는 더욱 실질적 해석으로 나아가는 것임을 인지하고 있었다. 사실 과거 다양한 시기에 차별수정조치는 폭력, 긴장, 카스트 정체성 강화의 원인이었다. 그러나 지난 50년 이상 인도의 국가와 사회는 이런 정책과 사업을 지지했다. 차별수정조치의 정당성은 부분적으로 과거를 돌아보고 역사적 불평등을 바로잡는 것으로 간주되었다. 하지만 역사적 사건들이 시간상 멀어지고 대상 집단의 식별이 점차 어려워지면서, 회고적 정당성은 설득력을 잃게 된다. 게다가 차별수정조치는 과도기적 조치로만 생각되었다. 하지만, 미래지향적이며 토대역량 중심의 추론은 여전히 수용할 수 있는 정당성을 지닌다.

인도와 반대로, 미국 대중은 일반적으로 미국 차별수정조치를 선호하는 것 같지 않으며, 인종적 소수집단을 우대하는 정책이나 사업에 대

---

12. 인도와 미국의 사회규범의 차이에 대한 자세한 논의는 Nussbaum(2002)을 참고하라. 또한 차별수정조치에 대한 인도의 사회적 태도 및 합의에 대한 자세한 내용은 Alexander(2003b)를 참고하라.

해 회의주의적이며 약간의 공포를 가지고 바라보기까지 했다.[Nussbaum 2002] 미국 사회가 능력에 기반한 공정한 경쟁을 위해 '경기장의 평준화'가 필요 없다고 생각하지는 않는다. 사실, 미국 사법부와 일부 정치 지도자들은 선발과 고용에서 인종다양성 정책을 위한 대학과 기업의 민간 이니셔티브를 상당히 지지했다. 그러나 이런 사적인 동정은 인도에서 실험된 수준의 공식적 법률과 사업으로 전환되지는 못했다. 전반적으로, 미국에서는 국가와 시민사회가 기회의 평등 그 자체에서 벗어나는 것이 효율성과 인센티브에 해로울 것으로 생각하는 듯하다.

유럽과 미국, 또는 인도와 미국의 사회규범 차이를 강조하는 것이 미국이 서유럽이나 인도보다 개인주의적인 사회라고 말하라는 것이 아니다. 또한 드워킨의 책임에 대한 설명이 경쟁적 경제체제 사회에는 적합하고, 토대역량접근은 사회적 연대 및 복지국가 사회의 이론적 정당화를 제공할 수 있다고 간단히 결론 내려서도 안 된다. 이런 차이에 이의를 제기하고 다른 주장과 결론을 제시할 수도 있다. 강조해야 할 더욱 중요한 것은, 개인 책임에 대한 사전 제도적인 포괄적 이론을 옹호하는 데 따르는 복잡성과 어려움일 것이다. 사회적 책임이 끝나고 개인적 책임이 시작되는 경계선을 정하는 데 사회적 가치와 공동체적 실천이 중요한 역할을 한다는 것을 인식하는 것이 중요하다. 정의론은 공동체의 착근성과 공적 토론의 역동에 무관심할 수 없다.

5.5 균형 달성의 기술

자선은 종종 불쾌한 경험이 될 수 있다. 누군가 당신의 문을 두드리며 도움을 청하면, 당신은 기꺼이 도와줄지도 모른다. 하지만 그 사람이 당신에게 거짓말을 했고 도움 받을 만한 경우가 아니었다면, 당신은 속은 기분이 들고, 실망하며, 분노마저 느낄 수 있다. 그러나 이로부터 문을 두드리는 모든 사람이 거절당해야 한다는 결론을 도출하기는 어렵다. 정의의 문제로서 서로에게 지니는 의무를 강조하기 위해 비유를 들어 교훈을 도출할 수 있다. 토대역량 이론가들은 실제로 더 광범위한 사회적 책임과 사회 보장이 다른 주요 이론에서 보통 다뤄지지 않는 부정의의 문제를 해소할 수 있다고 생각하고 제안하는 데 민감하다. 그러나 그런 확장의 잠재적 위험은 사회적 자원의 남용과 낭비다. 점차 더 많은 사람이 사회복지시스템에 의존하고 수혜자가 되거나, 실제로 받을 자격이 없는 것에 대해 과잉 보상을 받는다는 것이 밝혀질 때, 취약성과 불행에 영향받는 사람들을 위해 이미 존재하는 제도적 형태의 연대를 유지하는 것조차 어려워진다. 하지만 남용의 잠재적 위험이 빈곤 집단과 취약 집단을 지원하기 위한 사회적 안전망의 제거나 축소를 정당화할 것인지는 모든 사회가 답해야 할 복잡한 문제다. 정치적 도덕성의 과제는 모든 사람이 수용할 수 있는 개인 책임과 공동의 책무성 간의 합리적인 균형에 도달하는 것이다.

사회정의론으로서 토대역량접근은 개인의 행위 주체성 측면에 중요성을 부여하면서 개인 선택의 결과로서 토대역량 결핍에 대한 보상을 권장하지 않으므로, 특히 책임에 민감한 것으로 간주될 수 있다. 그러나 토대역량접근은 책임에 대한 상호적 관점을 옹호하고 개인 책임과 사회적 책임의 상호의존성을 강조하기에 다른 현대 이론들과 다소 다르다. 그것은 적절한 자유와 선택의 조건이 개인이 행위 주체로서 행동하고 책임질 수 있는 훨씬 나은 환경을 제공한다는 생각을 강조한다. 또한, 토대역량 이론가들은 영양, 건강, 교육, 고용 같은 중요한 기능성의 성취와 관련된 토대역량을 도덕적 응분과 응보적 사회윤리의 조건으로 삼기를 거부한다는 점에서 다른 이론가들과 차별화된다. 더욱이, 토대역량접근을 롤스와 드워킨의 자유주의 이론과 비교하면 토대역량접근의 강점은 개인의 책임 조건을 대체하거나 감소시키지 않으면서도, 사회적 책임의 더 넓은 범위를 구상하는 데 있다는 사실에 주목할 수 있다. 더 광범위한 사회적 책임은 인권을 보호하고 시민들에게 물적·사회적 자원에 대한 평등한 접근을 제공할 뿐만 아니라, 모든 시민의 기본 토대역량을 증진하는 새로운 형태의 사회민주주의를 요청할 수 있다.

6장
아리스토텔레스와 누스바움의 토대역량 혼합 이론

아리스토텔레스가 정의를 정치적 삶의 첫 번째 미덕으로 칭송했을 때, 그는 정의 개념에 대한 실질적 합의가 부족한 공동체는 정치적 공동체에 필수 기반 또한 부족함을 제안하는 방식으로 그리 한 것이다. 하지만 그런 기반의 부족은 결과적으로 우리 사회를 위협하게 될 것이다.

_앨러스데어 매킨타이어Alasdair MacIntyre, After Virtue

고전 정치철학의 방향과 범위를 정한 것은 정치적 삶과의 직접적 관계였다. 따라서, 고전 정치철학에 기초하면서 그 지향점과 범위를 보존한 전통은 어느 정도 그런 직접적 관계를 유지했다. 이런 측면에서 근본적 변화는 근대 초기의 새로운 정치철학에서 시작하여 오늘날의 정치학에서 절정에 이른다. 고전 정치철학과 현대 정치학의 가장 두드러진 차이점은 후자가 최선의 정치적 질서에 관한 전자의 규준이 되는 질문에 더 이상 관심이 없다는 것이다. 다른 한편, 현대 정치학은 고전 정치철학에서 훨씬 덜 중요했던 방법에 관한 질문의 유형에 몰두한다. 두 가지 차이점은 고전적인 정치철학과 현대의 정치학이 정치적 생활과 관련된 직접성의 정도가 다르다는 동일한 이유에서 찾아야 한다.

_레오 스트라우스Leo Strauss, What is Political Philosophy?

    토대역량 이론가들은 일반적으로 아리스토텔레스와 아리스토텔레스 철학을 토대역량접근의 철학적 기초와 영감의 원천으로 인정한다. 다른 토대역량 이론가보다도, 이런 개념적 연관성을 명확히 하고 아리스토텔레스의 가치 있는 인간 기능성에 대한 초점을 도덕적 평등과 보편적 인간 존엄성과 혼합한 결합 토대역량 이론으로 발전시킨 사람은 바로 누스바움이다. 그렇게 함으로써 누스바움은 아리스토텔레스의 통찰력을 되살려 현대의 문제를 마주하고자 하는 더 많은 철학자 집단과 궤를 같이한다. 누스바움의 해석에 따르면, 아리스토텔레스의 『윤리학Ethics』, 『정치학Politics』, 『수사학On Rhetoric』의 관련 부분에 대한 면밀한 텍스트 연구는 토대역량접근의 중요한 이해 기준이 될 수 있는 세 가지 영역을 보여준다.

    첫째, 아리스토텔레스는 17, 18세기 철학자들 사이에 널리 퍼졌고 이후 롤스 같은 철학자들에 의해 되살아난 협약 개념에 근거하지 않고, 폴리스polis라 불리는 정치적 공동체에 함께 모이는 인간의 '정치적' 본성에 근거하여 윤리적·정치적 원칙을 도출하고 정당화한다. 폴리스는 최고 형태의 좋은 삶을 이루는 것은 아니지만, 좋은 삶은 폴리스 밖에서 구상되고 추구될 수 없다. 따라서 정치적 공동체는 좋은 삶의 추구를 위해 요청되는 물질적 자원, 교육, 사회적 조건의 수준을 제공해야 한다.#6.1 현대의 일부 '자유방임주의' 및 '정치적' 자유주의자들과 대조적으로, 아리스토텔레스는 시민들의 토대역량 전망을 높이기 위해 국가에 도덕적 의무를 거리낌없이 부과하고자 했다. 예를 들어, 아리스토텔레스Politics II, 9: 149는 시민들이 함께 식사하는 관습과 크레타Crete에서와 같이 공동 기금에서 공동 식사에 자금을 지원하는 관행을 진심으로 지지한다. 하지만 그는 이런 관행을 개인의 기부에 의존하는 스파르타의 방식은 가난한 사람들을 불리하게 하고 참여를 통제하기 때문에 반대하며 비판한다.

둘째, 아리스토텔레스에 따르면, 넓은 의미에서 해석되는 정의는 합법적인 것과 해당 정치 공동체의 법률, 규칙, 관습에 따라 행동하는 것으로 구성된다. 그리고 그것이 구체적으로 분배적 정의에 관한 문제일 때, 아리스토텔레스는 탐욕pleonexia, 즉 자신의 몫보다 많은 것을 비축하고 가지려는 경향에 대한 혐오를 보여주며, 그들의 필요에 비례하고 그들이 할 수 있는 것과 될 수 있는 것을 고려하여 재화를 받아야 한다는 생각을 선호한다. 그러므로, 아리스토텔레스는 Ethics II. 6: 100; Politics VII, 16: 442 프로레슬러가 아이보다 많은 음식을 필요로 하고, 임신한 여성은 임신하지 않은 여성보다 많은 영양을 섭취할 필요가 있다고 지적한다.[#6.2]

마지막으로, 아리스토텔레스는 감정의 인지구조를 인식하여 좋은 삶을 추구하는 데 감정의 규범적 역할을 부여한다. 감정은 야만적인 동물의 힘이 아니라, 윤리적 신념 및 행동과 밀접하게 연결된 사람의 지능적이고 분별 있는 부분이다. 누스바움 같은 토대역량 이론가들에게 아리스토텔레스의 감정론은 동정심을 '사회적 감정'으로 구상하고 정치적 공동체에서 정의의 의무를 구별하는 데 필요한 필수 연결고리를 제공한다.[#6.3] 대다수의 자유주의적 철학자들이 사회적 협력의 동기로서 동

---

1. 본 장, 특히 #6.1의 주장과 자료는 나의 논문 'Non-Reductionist Naturalism: Nussbaum between Aristotle and Hume', Res Publica: A Journal of Legal and Social Philosophy(2005a)에서 가져왔다. 나는 아리스토텔레스의 윤리학과 정치학에 관한 여러 연구자의 도움을 받았다. Hardie(1968), Broadie(1991), Annas(1993), Vandevelde(1994), Miller, F.D.(1995), Kraut(2002)를 참고하라.

정심을 언급하려 하지 많지만, 누스바움은 특정한 제도적 형태의 동정심이 정의로운 사회 유지에 필수적이라고 생각한다.

아리스토텔레스와 토대역량접근의 이런 공통점에도 불구하고, 아리스토텔레스를 현대의 정치적 논쟁에 적용하기에는 심각한 어려움이 있다. 아리스토텔레스는 노예, 여성, 장인과 농부, 외국인 거주자같이 천한 일을 하는 노동자들은 재능 없고 무능하거나, 그들이 하는 어렵고 힘든 노동이 덕 있는 삶과 진정한 인간 행복을 위해 요구되는 여가 및 교육을 위한 여유가 없게 만들기에 온전한 시민권에 대한 자격이 없다는 관점을 견지했다. 누스바움은 이런 반평등주의적 성격을 아리스토텔레스의 주요 단점으로 인식하고 아리스토텔레스의 이론을 변형, 수정함으로써 해결하려 한다. 또한 그녀는 아리스토텔레스가 자신의 관점에서 불공정성과 모순을 인정하지 않으려는 철학자로 간주한다. 누스바움 Nussbaum, 1988a: 171이 표현하듯, 아리스토텔레스는 '우리 문제를 직시하지 못한다'. 따라서 누스바움은 아리스토텔레스가 특정 개인(아리스토텔레스 시대의 모든 자유로운 남성)의 좋은 삶을 위한 조건을 제공해야 한다는 관점에 전념한 것으로 보인다면, 잘못된 신념과 지배적인 관습을 단순히 수용하는 것을 제외하고, 어떠한 차별 없이 이런 조건을 모든 사람에게 확장하지 않을 이유가 없다고 주장한다. 비슷한 방식으로, 누스바움Nussbaum, 1997b: 118ff.은 현대의 윤리 및 정치 이론가들이 그의 사상을 건설적인 정치적 목적을 위해 해방할 가능성을 확인하지 않으면서 아리스토텔레스를 반민주적이고 반자유적이라고 주장한다면, 이는 '기술적 쇼비니즘'이 된다고 한다.

6.1 아리스토텔레스 자연주의의 재고

(1) 아리스토텔레스의 윤리학과 정치학에서의 두 가지 자연 개념

아리스토텔레스의 윤리학과 정치철학은 아리스토텔레스가 윤리적 원칙과 정치적 원칙을 정당화하기 위해 자연(푸시스, phusis) 개념에 부여하는 중심적 역할로 인해 자연주의라고 할 수 있다.Annas, 1993; 1996; Miller, F.D, 1995; Kraut, 2002[2] 따라서, 그의 유명한 주장 중 일부는 다음과 같다. '인간은 본래 정치적 동물이다.'Ethics IX, 9: 305; Politics I, 2: 59; '폴리스 혹은 정치적 공동체는 자연적으로 존재한다.'Politics I, 2: 59; '폴리스는 자연적으로 그것을 구성하는 개인에 우선한다.'Politics I, 2: 60 이런 주장들은 모두 아리스토텔레스 철학의 특징, 즉 정치적 삶은 인간 본성에 깊이 뿌리내리고 있으며, 인간 본성은 그 실현을 위해 정치적 삶을 원한다는 점을 확인해 주는 듯하다.

하지만, 그런 주장을 자세히 검토해 보면, 아리스토텔레스가 본성에 대해 단일하고 일관적인 방식으로 이해하고 있지 않음을 보게 된다. 오히려 아리스토텔레스는 특히 『윤리학』과 『정치학』에서 본성 개념을 두

---

2. 아리스토텔레스가 윤리적 논증과 정치적 논증 모두에 자연주의적 접근법을 사용하며, 이 둘 사이에 일종의 연속성을 구상한다는 점에 주목해야 한다. 아리스토텔레스의 이런 취지는 『윤리학』(I, 2: 64) 서두에서 확인할 수 있는데, 그는 자신이 탐구하기로 한 주제, 곧 좋은 삶이 정치학에 속하는 주제임을 밝히고 있다. 아리스토텔레스는 좋은 삶의 본질을 이해하는 것이 삶을 살아가는 방식에 매우 중요하며, 정치학이 다른 모든 실천적 학문을 통제하는 학문이기 때문에, 좋은 삶의 본질을 탐구하고 그 탐구를 토대로 제언하는 것이 적절하다고 본다. 또한 아리스토텔레스는 『윤리학』을 전개하면서 그의 논의의 정치적 성격에 대해 독자에게 상기시킬 뿐만 아니라, 제5권에서 정의에 대해 자세히 논의한다. 마지막으로 『윤리학』의 마지막 장에서 그는 『정치학』에서 다룬 법률, 헌법, 정치 체제, 폴리스의 합당한 구조에 대한 상세한 검토가 중요하다고 언급한다. 그럼에도 아리스토텔레스는 윤리학과 정치철학을 구분하는데, 전자는 일반적으로 인간의 웰빙, 특성, 덕에 대한 탐구에 관심이 있는 한편, 후자는 헌법(폴리테이아, politeia)과 도시에 관한 탐구에 특히 관심이 있다는 점에서 차이가 있다. 자세한 내용은 Kraut(2002: 16ff.)를 참고하라.

가지 다른 방식으로 사용하는 것으로 보인다. 첫 번째, 본성은 처음부터 '주어진' 사물의 원천 혹은 근원(아르케, arche)으로서 '순수한 본성'으로 간주된다. 그러나 두 번째, 본성은 성장하는 것이 향해서 가는 목표 혹은 적절한 목적(텔로스, telos)을 의미한다. 이런 본성의 두 가지 의미가 표면화되는 패러다임은 아리스토텔레스가 주장하는 삼분법이다. 즉, 본성(푸시스, phusis), 습관(에토스, ethos), 이성(로고스, logos)이다. 아리스토텔레스에게 인간의 발전은 본성뿐만 아니라 습관과 이성을 필요로 한다.Politics VII, 13: 429-430; Ethics II, 1: 91 인간이 습관을 통해 본성을 함양하거나 통제하기 위해 어떻게 이성을 사용하느냐에 따라 본성은 더 좋아질 수도, 나빠질 수도 있다.

아리스토텔레스의 세 가지 체계에 대해 최소 세 가지 관찰이 가능하다. 첫째, 아리스토텔레스는 한편에는 '본성'을, 다른 한편에는 '습관'과 '이성'을 다소 극명하게 구분하는 것처럼 보인다. 본성은 습관 혹은 이성과 같지 않다. 그래서 여기서 '본성'은 '순수한 본성' 혹은 잠재력을 의미한다. 즉, 습관이나 이성을 통해 다양한 방식으로 발전할 수 있는 인간의 기본 재료 말이다. 실제로 인간은 어떤 경향과 충동에서 시작한다. 그러나 인간이 결과적으로 이런 경향과 충동을 습관과 이성을 통해 '제2의 본성'이라고 일컬어지는 것으로 발전시키는 것도 사실이다.

두 번째로, 아리스토텔레스는 인간의 본성, 습관, 이성의 발전을 위해 세 가지 모두 '조화롭게 작동한다'라며 다음과 같이 말한다. '인간만이 이성을 가지므로, 세 가지 모두가 함께[조화롭게] 작동할 필요가 있다. 이성은 그것이 더 나은 길이라고 확신할 때라면, 본성과 습관에 반하는 많은 일을 하게 한다.'Politics VII, 13: 430 여기서 아리스토텔레스는 '조화롭게 작동한다'는 것의 의미에 대한 역동적이고 평범하지 않은 설명을 적용하는 듯하다. 그가 생각하는 본성과 습관, 이성의 조화로운 작동은 평화로운 공존이 아니다. 대신 조화는 이성과 본성, 습관 사이의 갈등 및 차이와 양립할 수 있다.

세 번째 관찰은 두 번째 관찰과 관련된 것으로, 아리스토텔레스의 도덕심리학에서 이성의 위치에 관한 것이다. 아리스토텔레스에게 이성은 습관화와 분리되거나 외부에 있는 지적인 자질이 아니다. 덕 있는 사람이나 '잘 성장한' 사람은 이성의 외부적 명령에 순종하는 잘 훈련된 애완동물이 아니다. 또한 습관화의 산물이 개념적 사고와 무관한 동기적 성향으로 다뤄지는 것도 아니다. 반대로, 아리스토텔레스에게 이성(로고스, logos)은 선의 진정한 개념을 식별할 수 있고 추구할 수 있는 '지각적' 능력을 구현하는 실천적 이성(프로네시스, phronesis)이다. 그것은 과학적 추론을 통해서가 아니라, 말하자면 소유하는 것이기 때문에 지각적 능력이다. 대신, 경험과 성찰을 통해 그것을 얻을 수 있다.[3]

이런 관찰을 종합해 보면, 아리스토텔레스의 본성 개념 사용에 관한 복잡한 그림을 그릴 수 있다. 그는 한편으로 순수한 본성(혹은 '제1의 본성'이라고 부를 수 있는)과 실천적 이성의 결과인 제2의 본성의 구분을 제시한다. 다른 한편으로, 그는 이 두 가지가 인간 본성이 무엇인지(is)를 알고 결정하기 위해 인간이 무엇이어야 하는지(ought)에 대한 지속적인 탐구가 필요할 정도로 이 두 가지가 맞물려 있다고 생각하는 듯하다. 예를 들어, 누스바움이 자신의 목록에서 감각, 상상력, 생각을 사용하는 토대역량이라고 부르는 것을 생각해 보자.#3.2, 목록의 4번 심각한 장애가 있는 사람들 외에 모든 사람은 이런 토대역량을 향한 충동이 있을 것이다. 『형이상학Metaphysics』 서두에서 아리스토텔레스는 이

---

3. 아리스토텔레스(Ethics V, 8: 215)를 참고하라. 아리스토텔레스가 말하는 실천적 이성의 '지각적(perceptive)' 본질에 대한 자세한 내용은 누스바움(Nussbaum, 1990a)의 Love's Knowledge 중 '지각의 분별력(Discernment of perception)'을 참고하라.

것을 모든 인간이 태어날 때부터 지니는 충동이나 욕망이라고 언급한
다. 그런 면에서 이 토대역량은 순수한 본성으로 고려될 수 있다. 그러
나, 이 토대역량의 본질은 수학과 과학 철학에 대한 문해력과 교육을
통한 발달과 관련지어 이해하지 않고는 깊게 이해할 수 없다. 분명히,
이 토대역량을 발전시킬 기회가 있는 삶은 그렇지 않은 삶보다 나은
것으로 여겨질 것이다. 즉, 모든 인간이 감각과 상상력, 생각을 사용하
는 토대역량을 지니고 발전시키는 것이 정말 바람직하고 가치 있다. 따
라서, 아리스토텔레스가 사용하는 본성은 인간을 특정한 방향이나 목
표로 나아가게 하는 충동이나 자극을 가리키는 '자연적' 요소, 그리고
인간에게 좋고 가치 있는 것을 암시하는 '규범적'인 내용을 모두 포함
한다.

아리스토텔레스의 도덕 심리학의 배경에 있는 상호 연결된 이중적
의미의 본성을 이해한다면, 인간 본성과 이를 함양하는 정치적 원칙
및 제도의 필요성에 관한 그의 근본적인 주장의 일부를 밝히는 것이
좀 더 쉬워진다. 먼저 '인간은 본질적으로 정치적 동물'이라는 아리스토
텔레스의 주장을 생각해 보자. 이것에 의해 아리스토텔레스는 한편으
로 인간이 바로 처음부터 폴리스의 삶을 향해 그들을 추동하는 정치
적 충동과 자극을 지님을 강조하고자 한다. 아렌트^{Arendt, 1958: 22ff.}가 주
장했듯, 아리스토텔레스가 생각한 정치적 충동은 고립에서 벗어나 우
리가 가정과 마을에서 확인할 수 있는 사회적 연대를 형성하고자 하는
인간의 일반적인 욕망일 뿐만 아니라, 가정보다 더욱 복잡하고 풍부한
삶의 가능성을 제공하는 단위인 정치적 공동체에서 살려는 구체적 욕
망을 의미한다. 인정과 탁월함을 향한 욕망은 가정과 일가의 사적 영역
을 초월하여 공적인 영역에서만 충족될 수 있다. 그러나 아리스토텔레
스가 인간을 정치적 동물이라고 부르는 것은 인간을 폴리스로 향하게

하는 본성의 심리적 기질뿐만 아니라 살아야 하는 삶의 종류인 목표를 의미한다. 건강, 교육, 친구, 가족의 부재가 삶을 심각한 방식으로 피폐하게 하는 것처럼, 정치적 공동체에서의 인정과 탁월함을 위한 기회가 없다면 그것 또한 심각한 손실이 될 것이다.

유사하게 아리스토텔레스의 '모든 도시는 자연적으로 존재한다'는 명제도 기술적 요소와 규범적 요소를 모두 포함하는 것으로 볼 수 있다. 기술적 요소는 인간이 정치적 공동체를 세우게 하는 특정한 욕망과 필요를 지니고 태어났다는 전제에 기초한다. 즉, 식량에 대한 접근을 확보하고, 적으로부터 보호하며, 후손을 양육하기 위해 인간이 가정과 마을에 모이는 것은 자연스러운 일이다. 하지만 이런 필요들이 보장되거나, 혹은 이와 함께 인간이 좋은 삶을 살기 위한 욕망을 충족하기 위하여 폴리스라 불리는 더 큰 공동체를 추구하는 것은 자연스러운 일이다. 그러나 이런 기술적 주장은 원시적인 가정에서 마을, 그리고 마침내 폴리스로 이어지는 과정이 가장 적절한(어떻게 되어야 하는지) 발전 과정이라는 아리스토텔레스의 규범적 주장과 얽혀 있다. 사실, 아리스토텔레스에게 폴리스에 참여하는 것은 인간을 인간 아닌 동물이나 신과 대비시키는 뚜렷한 특징이 된다. "우리가 국가[폴리스]라고 부르는 공동체에 참여할 수 없는 것과, 예를 들어 어리석은 동물, 마찬가지로 완벽히 자급자족하고 그럴 필요가 없는 것(예를 들어, 신)은 국가의 일부가 전혀 아니다."Politics I, 2: 61

(2) 누스바움의 아리스토텔레스 전유

누스바움의 토대역량 이론은 아리스토텔레스가 윤리적·정치적 논쟁을 위해 본성 개념을 서로 맞물린 이중적 의미로 사용하자는 주장을 지지할 것이다. 즉, 인간의 본성이 무엇인지 알려면 인간이 의미하는 것이 무엇인지 살펴봐야 한다는 것이다. 그렇다면 놀랄 것도 없이, 누스바움도 아리스토텔레스처럼 '우리의 본성이 무엇인지 알아내는 것은 우리가 중요하고 필수적이라고 믿는 것을 알아내는 것과 동일한 것처럼 보인다'는 의견을 보인다.Nussbaum, 1995c: 106 사실, 토대역량의 열 가지 목록이 기본적인 정치적 원칙의 토대를 제공해야 한다는 누스바움의 주장은 수정과 보완을 가한 아리스토텔레스의 자연주의적 접근의 재조명으로 볼 수 있다. 누스바움의 '결합 토대역량combined capabilities' 개념만큼 아리스토텔레스의 자연주의와 토대역량접근의 연관성이 분명한 것은 없다.Nussbaum 2000a: 84-86 이 개념으로 누스바움은 인간이 특정한 선천적인(혹은 기본적인) 토대역량을 지닌다고 볼 수 있음을 제안한다. 예를 들어, 갓난아이는 이런 의미에서 말과 언어, 사랑과 감사, 실천이성 등의 토대역량을 지닌다. 하지만 이런 기본 토대역량은 언제나 완전한 발달(내적 토대역량으로서)뿐만 아니라, 여러 기능성을 발휘하고 실현하기 위한 능력(결합 토대역량)을 위해 적당한 외부 조건이 필요하다.

먹는 능력, 움직이는 능력, 성기능 같은 일부 결합 토대역량은 최소 지원 조건으로 시간과 신체적 성숙만을 필요로 할 수도 있다. 하지만 언어 구사 능력과 사고와 상상력을 창의적으로 사용할 수 있는 능력 같은 다른 토대역량은 더 집중적이고 정교한 지원 조건을 요구할 수 있다. 그러므로 누스바움에게 토대역량과 결합 토대역량의 차이는 정치적 목표의 중심이며, 정부, 비정부기구, 국제기구가 인간의 일정한 최소 한계치 이상의 토대역량을 높일 수 있게 한다. 즉, 윤리적·정치적 판단을 지지하기 위한 실천이성이 인간 본성의 연동된 이중 의미의 전형적 예라고 주장하는 아리스토텔레스와 같이, 누스바움도 시민의 토대역량으로부터 결합 토대역량으로의 이행은 윤리적·정치적 성찰의 초점이 되어야 한다고 주장한다.

게다가 누스바움은『윤리학』제1권 제7장에서 확인할 수 있는 아리스토텔레스의 '인간-기능성 논쟁'에 대한 끊임없는 질문과 해석을 통해 정의의 요건은 좋은 삶의 다원적 개념에 근거할 때 가장 잘 이해된다는 자신의 주장을 입증한다. 여기서 아리스토텔레스는 인간 자체에 일반적으로 고유하다고 할 수 있는 기능성이나 활동(에르곤, ergon)이 있는지에 대해 이렇게 질문한다.

> 하지만 목수와 제화공이 특정한 기능이나 활동을 하는 반면, 그렇지 않은 사람은 본성적으로 기능 없는 존재로 남겨질 수 있는가? 눈, 손, 발, 그리고 우리 몸의 모든 부분이 특정한 기능이 있듯이, 인간은 이런 특정 기능 이상을 지니고 있다고 가정해야 하지 않을까? 그렇다면 이는 무엇을 가능하게 할까? Ethics I, 7: 75

이 질문에 대한 아리스토텔레스의 답은 간단하지 않다.『윤리학 Ethics』I, 5에서 시작하는 이 대답에 대한 서문은 여러 가능한 후보를 거부하는 것으로 구성된다. 그는 인간의 기능이 육체적 쾌락, 부, 명예 등을 추구하는 것과 동일시될 수 있다는 관점에 반대한다. 이와 반대로 물음에 대한 아리스토텔레스 자신의 답변은 실천이성의 삶이다. Ethics I, 7: 75-76 아리스토텔레스를 뒤이어 누스바움 Nussbaum, 1988a: 181은 실천이성을 많은 활동을 가능하게 하는 삶 전체를 조직하는 구성 원칙으로서, 그리고 각각의 활동을 단순한 식물이나 동물이 아닌 인간적인 것으로 만드는 주입원칙으로서 구상한다. 그녀는 번영하는 인간 삶과 웰빙에 많은 구성요소가 있어야 하며, 일부는 영양공급, 건강, 교육 등과 관련된 기본 토대역량이 될 것이라고 말한다. 그러나 그것들을 명백하게 인간의 기능성으로 만드는 것은 실천이성에 의해 조직 및 주입된 인생의 일부로서 행해진다는 사실이다. 결과적으로 누스바움은 두 가지 상호 연관된 역할, 즉 윤리적 역할과 정치적 역할이 실천이성에 속한다고 생각한다. 실천이성은 개인의 가치 있는 삶을 구현한다는 점에서 윤리적 역할을 하는데, 제1의 본성과 제2의 본성의 지속적인 상호작용을 통해 인간은 좋은 삶을 사는 것이 무엇인지 인식한다. 하지만 누스바움에게 좋은 삶의 구성요소가 무엇이 될 수 있으며, 특히 실천이성에 따라 삶을 사는 것이 무엇인지에 대한 끊임없는 질문 또한 정치적 역할을 할 것이다.

> 따라서 도시[폴리스]의 주요 과제는 사람들에게 충분한 인간 생활의 조건, 즉 실천이성에 따른 필수 기능이 가능한 삶을 제공하는 것이다. 이는 단순히 식량을 제공하고 사람들이 배를 채우는 것을 의미하지 않는다. 사람들이 자신의 이성으로 영양을 조절하기를 선택하게 하는 것을 의미한다. 보는 눈과 듣는 귀 등을 만들어 내는 기계적인 방식으로 지각에 의한 필요를 다루지 말라. 대신, 사람들이 그들의 신체와 감각을 진정 인간적인 방식으로 사용하게 하라. 그리고 이 모든 것을 최소한의 방식으로 하도록 하지 말고, 이런 것들을 충분히 할 수 있게 하라.Nussbaum 1988a: 183

누스바움은 인간-기능성 논쟁의 정치적 의미를 강조할 뿐만 아니라, 노예, 여성, 천한 일을 하는 노동자를 제외하는 아리스토텔레스의 반민주적 입장을 수정하고 재구성한다. 따라서 누스바움은 아리스토텔레스 입장의 모순을 보여주고, 아리스토텔레스의 사상이 여전히 건설적인 정치적 목적에 사용될 수 있음을 지적한다. 그녀는 아리스토텔레스의 급진주의 결여에 대한 불만을 다음과 같이 표현한다.

> 아리스토텔레스는 때로 혁명적 의미일 수 있는 그의 일부 주장으로부터 토대역량에 이르는 일부 경로를 획득한 사람들에게만 이런 대우를 해야 한다는 입장으로 후퇴한다. 하지만 이런 주장의 의미를 축소하지 않고 발전시킨 정치이론 또한 아리스토텔레스 철학이라고 부를 수 있을 것이다.Nussbaum, 1988a: 184, 저자 강조

누스바움은 '아리스토텔레스적 논증'을 적용하여 아리스토텔레스 자신이 쉽게 수용한 것으로 보이는 엘리트주의에 효과적으로 대응할 수 있기를 기대한다. 아리스토텔레스의 윤리학과 정치철학의 전반적 취지가 가치 있는 인간 기능성을 발견하고 이를 증진할 수 있는 적절한 조건을 찾는 것이라는 사실을 고려할 때, 오늘날의 목적에 맞는 아리스토텔레스의 전유는 사회적 지위와 교육 측면에서 더 형편이 좋은 사람들의 토대역량에 집중하는 것보다는 정치공동체 내 모든 시민의 토대역량에 초점을 맞추는 것이 합당하다.

역설적으로, 누스바움의 토대역량 이론이 시도하는 방식으로 아리스토텔레스를 부흥시키려는 노력은 일부 '현대적' 경향과 맞지 않는 것처럼 보일 수 있다. 그러므로 예비 기초 작업으로서, 어떻게 아리스토텔레스를 읽지 않고 인간 본성의 환원주의적 이해를 거부하는지 보여주어야 할 것이다. 예를 들어, 맥도웰MacDowell, 1998b은 아리스토텔레스와 우리 세대 사이의 역사적 과정에서 현대 과학과 이와 관련된 철학 사상이 자연 세계에 대한 신비감 없고 시큰둥한 관점을 남겼음을 인식한

다.[4] 고대인, 심지어 중세인은 대부분 경외심, 경이로움, 그리고 어느 정도의 매혹을 가지고 자연을 바라보는 경향이 있었다. 반대로, 현대인은 자연을 비감정적이고 비가치적인 조사 '대상'으로 바라보는 경향이 있다. 다수는 오늘날 과학과 이에 의존하는 철학 사상에 대한 적절한 승인과 인정이 인간 본성을 논란의 여지 없는 과학적 사실로 보고, 본성에 관한 탐구에서 모든 규범적 측면을 제외하리라고 생각할 것이다.

아리스토텔레스의 도덕 및 정치철학에 대한 자연주의적 접근을 현대의 환원주의적 렌즈를 통해 읽을 수 있다. 아리스토텔레스의 인간 본성이 자연적 요소와 규범적 요소가 한 묶음이라는 사실을 잊고서 말이다. 예를 들어, 어윈[T.H. Irwin, 1980]은 현대적 성향을 연상시키는 아리스토텔레스 독해를 추구하는 것으로 보인다. 어윈에 따르면, 아리스토텔레스의 윤리적 주장은 아리스토텔레스 독자들의 공동 신념에 의해 입증되는 것이 아니라, 공동의 신념 '이상'의 독립적인 형이상학적 원칙에 의해 입증된다.

> 그[아리스토텔레스]는 때때로 공동의 언어와 신념을 윤리학의 올바름에 대한 최종 판단기준으로 간주한다. 그래서 그는 윤리학이 공동의 신념이 제기하는 어려움에서 시작하여, 그 신념을 일관되게 해야 한다고 생각한다. 공동 신념의 전부 혹은 대다수가 진실이라고 단언하면서 말이다. 윤리학적 방법에 대한 아리스토텔레스의 이런 개념은 기껏해야 절반의 진실이다. … 『윤리학』의 주장은 상식 그 이상에 의존한다. 그것은

---

4. 유사한 맥락에서 찰스 테일러(Charles Taylor) 또한 자연을 바라보는 방식에 대한 현대 과학의 영향을 논한다. 실제로 그는 자연을 '대상화(objectify)'하는 지배적 경향에 대해 현대 과학과 철학적 시각으로 거슬러 올라간다. Taylor(1993)를 참고하라.

아리스토텔레스의 형이상학과 심리학에서 약술된 자연 물질
에 대한 전체적인 시각에 의존한다.Irwin, 1980: 50-51

아리스토텔레스가 『윤리학』 1권 6장 및 13장에서 밝혔듯이 일반적으
로 자신의 윤리적 입장을 정당화하기 위해 형이상학적 원칙을 도입하기
를 '꺼린다'는 것을 어윈은 잘 알고 있다. 또한 그는 아리스토텔레스가
자신의 윤리학과 형이상학의 연관성을 '광고하지 않는다'는 사실을 인
정한다. 그런데도 어윈은 아리스토텔레스의 일반적인 윤리학은 사람들
의 공동 신념 '이상'인 특정한 '외부의 자연적 사실'에 호소하지 않고는
정당화될 수 없다고 주장한다.

또한, 아리스토텔레스에게 윤리 및 정치적 판단의 외부적 토대를 제
공할 수 있는 '자연에 대한 절대적 이해'가 있다고 버나드 윌리엄스
Bernard Williams는 생각하는 것 같다.MacDowell, 1998b; Nussbaum, 1995c 아
리스토텔레스에게는 인간 본성에 관한 질문이 최우선적이며, 윤리적 가
치와 구별되어야 하는 자연과학적 사실이라고 윌리엄스는 생각한다. 인
간이 무엇을 하고, 믿고, 선택하든 인간 본성의 일부 논쟁의 여지가 없
는 상태는 바꿀 수 없다. 더욱이, 윌리엄스는 아리스토텔레스에게 인간
본성에 관한 문제는 본래 인간 믿음의 상태가 아니라 과학적 사실과 관
련이 있으므로, 윤리적 질문과 같이 논쟁적이지 않다. 따라서 우리에게
없었다면 우리가 흥악하게 될 수도 있었던 고정된 지점을 제공한다.

하지만 누스바움은 이는 아리스토텔레스적 접근의 진정한 목표에 어
긋난다고 지적하며, 아리스토텔레스에 대한 이런 해석을 거부한다.

아리스토텔레스의 저작 어디에서도 사실과 가치의 현대적
구분과 정확히 일치하는 것을 찾을 수 없다. 게다가 아리스토

텔레스에게 과학과 윤리학은 세계에 대한 인간 경험의 지적인 설명을 제공하려는 시도라는 점에서 '본질적'이다. 아리스토텔 레스는 윤리학에서 그가 사용하는 방법은 다른 모든 분야에서 사용하는 방법이라고 분명히 밝힌다. 즉, 주제에 관한 인간의 인식과 신념이라는 가장 많고 가장 기본적인 '양상'을 보존하는 방법 말이다.Nussbaum 1995c: 102

따라서 누스바움이 보기에 아리스토텔레스에게 현대의 '사실 대 가치의 이분법'은 없다. 그래서 아리스토텔레스가 가치중립적인 과학적 사실에 근거하여 윤리적 판단을 내리는 경향을 지닌다는 해석에서 벗어날 수 있다. 아리스토텔레스에게 인간이라는 개념은 철저히 평가적인 개념이다. 즉, 제1 본성과 제2 본성, 인간의 자연적 요소와 규범적 요소는 서로 얽혀 있어서, 어느 한쪽을 배제하면서 다른 쪽을 탐구하는 것은 불가능하다.

토대역량접근 관점에서 아리스토텔레스의 자연주의를 비환원주의적으로 해석하는 것은 공공정책과 국가개입에 중요하다고 제기되는 토대역량의 본질과 특징을 깊이 이해하는 데 중요하다. 힐러리 퍼트넘Hilary Putnam, 2002: 46ff.이 지적하듯, 토대역량은 가치중립적인 개념이 아니다. 토대역량을 중심으로 하는 윤리적 접근 또한 그렇지 않을 것이다. '가치로운 인간 기능성'과 이와 관련된 어휘들, 예를 들어 '충분한 영양 섭취', '조기 사망률', '신체적 온전함', '자기 존중', '공동체 생활에의 참여 가능성' 등은 아리스토텔레스와 누스바움이 말하는 '두터운 윤리적 개념'으로, '경험적 부분'과 '규범적 부분'으로 단순히 나눌 수 없다. '용감한', '온건한', '정의로운' 같은 윤리적 용어와 마찬가지로, 누스바움과 앤더슨의 목록에서 확인할 수 있는 여러 토대역량은 공공 담론에서 이를 적용하고 정당화하려 할 때, 특정한 평가 관점을 전제해야 한다는 의미에서 '두터운' 개념이다. 이는 토대역량접근의 토대를 사용하여 기대수명, 교육, 생활 수준을 평가하고 순위를 매기는 인간개발보고서Human Development Report[#3.1]에서 확인할 수 있다.Fukuda-Parr, 2003 여기서 주목해야 할 중요한 점은 비록 인간개발접근이 '열량 섭취', '교육 연한', '언론 자유', '모국어 사용 및 종교 실천을 위한 문화적 자유'같이 기본적인 경험적 기준을 사용하여 사람들의 웰빙과 사회적 지위를 측정하지만, 여러 토대역량과 각 토대역량의 여러 측면에 적용될 우선순위에 관한 특정한 규범적인 입장을 가정할 수밖에 없다.

6.2 아리스토텔레스의 정의관

아리스토텔레스의 정의 관념과 토대역량접근에의 구체적인 공통점과 차이점을 언급하기에 앞서 어느 정도의 예비적인 검토가 도움이 될 수 있다. 아리스토텔레스는 이를 정의에 대한 기본 가치를 다루는 논법을 상세히 조사한 『윤리학』 제4권에서 명시적으로 인정하지는 않지만, 초기 아리스토텔레스의 정의관은 많은 측면에서 플라톤의 정의론에 대한 비판으로 보일 수 있다.Broadie, 1991; Kraut, 2002 『국가론』Republic IV-V: 112ff. 에서 플라톤은 정의를 자신과의 관계, 즉 영혼을 구성하는 각 요소들 간의 관계라는 관점을 지녔다. 이성은 지배하고, 기개는 이성에 협력하여 행동하며, 욕망은 이에 복종한다. 영혼의 정의를 유지하기 위해서는 일상의 사회적·정치적 문제로부터 거리를 두어야 하며, 이는 이상적 사회의 철인들에 의해 성취될 수 있다. 영혼의 여러 부분 간 위계적 개념을 반영하여 플라톤은 정의를 사회 내부의 위계적 질서의 확립으로 생각한다. 이는 정의로운 사회에서는 모두(농부, 상인, 군인, 철인 등)가 자신의 기능을 수행함을 시사한다.

아리스토텔레스는 플라톤을 비판하며 여러 유형의 정의를 구별함으로써 더욱 복잡한 정의 개념을 발전시킨다. 가장 먼저, 그는 정의가 정치적 공동체 문제에 대한 적극적인 참여를 요구한다는 생각을 지지한다. 정의는 플라톤이 생각하는 것처럼 영혼 간의 부분적 관계가 아니라, 오히려 사회 내 개별적 개인들 간의 관계인 것이다. 정의는 한 사람이 다른 이들을 해치지 않으며, 정치적 공동체의 규칙, 관습, 규범, 법에 따라 다른 이들을 대우할 것을 요구한다. 아리스토텔레스는 특정 상황에서는 도시의 일에서 물러나는 일종의 '관조적' 삶을 구상하지만, 그가 묘사하려는 정의로운 사람은 추상적 사물의 영원한 질서를 생각하는 철인왕의 이미지가 아니다. 정치적 구조 개편과 잘못된 정치 체계가 악화하는 것을 막으며, 시민의 이익을 증진하기 위해 기량과 기술을 사용하고자 하는 헌법과 법률문제에 관한 전문가다. 정의를 관계적이고 관여적인 것으로 묘사하는 아리스토텔레스의 예리함은, 정치이론가나 정치철학자는 최고의 도시뿐만 아니라 변화 가능성이 거의 없는 정도로 퇴보한 도시까지 포함하여, 가능한 한 모든 다양한 도시를 연구해야 한다고 강조하는 『정치학』Politics IV, 8: 235-238에서 찾아볼 수 있다. 따라서, 가치 있는 삶을 이끄는 유일한 방법은 아무리 그 효과가 작다 하더라도 매우 결함이 많은 체제에서 정의를 증진하는 것이다.

추가적인 예비조사로서, 『윤리학』 제5권 1-2장에서 아리스토텔레스는 두 가지 정의 개념을 옹호하는데, 넓은 의미와 좁은 의미에서다. 넓은 의미에서 정의는 다음과 같이 '합법성'과 동일시된다. '법을 지키지 않는 사람은 부정의하고, 법을 지키는 사람은 정의로우므로, 모든 합법적인 것이 어떤 의미에서 정의롭다는 것은 명백하다.'Ethics V, 1: 173 좁은 의미에서, 아리스토텔레스는 정의를 다음 세 가지 유형으로 특징짓는다. (i) 분배적 정의(재화 분배를 위해 따라야 할 기준), (ii) 시정적 정의(범죄, 위반 등에 대한 교정), (iii) 상업적 호혜(구매, 판매, 대출 등과 같은 상업행위를 지배하는 규범). 그럼에도, 법을 지키는 사람은 넓은 의미에서 재화 분배와 상업행위, 시정적 정의에서의 적절한 기준을 찾을 것이고, 그것을 따를 것이기 때문에, 아리스토텔레스에게 이런 두 개념은 상호관계적이다.Krau,t 2002: 105ff.; Broadie, 1991

(1) 합법성으로서의 정의

넓은 개념에서 정의는 합법성에 있다고 주장함으로써, 아리스토텔레스는 '법에 대한 존중'이 중요한 것일 수 있을지라도 단순히 정의의 중요한 구성요소 중 하나라는 생각을 표현한 것이 아니다. 이런 생각은 아리스토텔레스 이전의 고전 세계에서 이미 꽤 지배적이었던 것으로 보인다. 예를 들어, 플라톤은 소크라테스를 '법을 매우 존중하여, 불법적인 행위를 하느니 죽겠다고 하는 사람'으로 묘사한다. 반대로, 아리스토텔레스는 정의를 합법성과 '동일시'함으로써 더욱 근본적인 제안을 한다. 즉, 합법성이 정의의 구성요소라는 것이다.

이런 제안에 즉각적이고 분명하게 반대하는 의견은 악법이나 불공정한 법이 존재한다는 것이며, 이 경우에는 합법성이 정의를 구성하는지에 관한 필요 기준을 제공하지 못한다는 것이다. 법이 악법이고 불공정하다면, 법을 따르더라도 법 자체가 부정의하므로 부정의한 것을 하고 있을지 모른다. 유사한 논리로, 법을 따르지 않을 때도 우리의 행동이 여전히 정의롭다고 할 수 있다. 아리스토텔레스는 이런 가능성을 고려하지 않았을까? 『윤리학』과 『정치학』에서 아리스토텔레스가 이 문제를 인식하고 있었다는 많은 암시가 있다. 아래에서 지적한 바와 같이 아리스토텔레스는 '자연법'에 기초하며 특정 정치공동체 내 인간의 관습이나 법률에 의존하지 않는 법률적 정의 외에 다른 정의를 언급한다.Ethics V, 7: 189-190 이는 아리스토텔레스에게 통치자 혹은 입법기관의 제정이 정의로운가를 식별하기 위해 사용될 수 있는 정의의 기준이 있음을 시사한다. 더욱이, 『정치학』에서 아리스토텔레스는 고대사회의 '오래'되고 '문명화되지 않은' 법을 비웃으며,II, 8: 137-138 모든 결함 있는 정체는 많은 부정의한 법이 있음을 지적한다.III, 11: 206 스파르타의 교육을 존경하지만, 엄격하게 통제된 삶이 좋은 삶의 전부가 될 수 없기에, 그는 스파르타의 군국주의를 비판한다. 그러므로 아리스토텔레스는 입법자들이 정의가 무엇인지에 대해 틀릴 수 있고 법이 부정의할 수 있다는 것을 잘 알고 있다. 부정의한 법의 가능성을 알고 있었다면, 그는 어떻게 여전히 합법성을 정의와 동일시할 수 있었을까? 다음 요소들은 아리스토텔레스의 정의관을 합법성으로 이해하는 열쇠를 제공할 수 있다.

i. 노모스(Nomos)는 국민 전체가 타당하고 구속력 있는 규범으로 간주하는 것이다

무엇보다도 '법'으로 번역되는 그리스 단어 '노모스nomos'가 입법자나 입법부의 제정뿐만 아니라 관습, 규범, 불문율을 포괄한다는 사실에 주목해야 한다. 게다가, 명사 'nomos'는 '믿다(to believe)'를 의미하는 동사 '네메인nemein'과 관련이 있다. 이는 공동체가 적절하다고 믿는 어떤 행동도 그 공동체의 노모이(nomoi, nomos의 복수형)를 구성함을 암시한다. 아무도 믿지 않는 nomoi는 없을 것이다. 즉, nomos가 존재한다는 것은 사람들에 의해 인식되고, 인정받으며, 준수된다는 것이다. 아리스토텔레스가 『수사학』에서 지적하듯, 일부 모든 공동체에서 수용되는 것 같은 '불문율'이 있을지라도, 노모스는 모든 공동체가 아니라 하

나의 공동체에서 받아들여질 것을 요구한다. '법은 특정적[이디온idion]이거나 일반적[코이논koinon]이다. 나는 사람들이 폴리스에 살면서 따르는 성문법을 특수법이라 부르고, 명문화되지 않았을지라도 모두가 동의하는 것처럼 보이는 법을 일반법이라고 부른다.[I, 10: 88] 그래서 아리스토텔레스가 넓은 개념의 정의 하에 정의로운 사람은 법을 지키는 사람[노미모스nomimos]이라고 할 때, 그는 공동체에서 일반적으로 수용되는 법, 규범, 관습과 사람의 특정한 관계에 속하는 것으로 생각하는 것이다. 따라서 정의는 한 공동체 내 입법자들의 성문 제정뿐만 아니라, 그 공동체의 구성원을 지배하는 더 넓은 규범 집합과 관련이 있다. 비슷한 관점에서, 부정의한 사람은 성문법을 위반하는 것일 뿐만 아니라, 그가 사는 공동체가 수용하는 규칙을 위반하는 사람이라고 할 수 있다.

ii. 법은 '칙령(decree)'과 구분되어야 한다

『윤리학』Ethics V, 10: 199에서 아리스토텔레스는 노모이(nomoi, 법률)와 '칙령'으로 번역될 수 있는 '프세피스마타psephismata'를 구분한다. MacDowell, 1978: 43ff.; Kraut, 2002: 105ff. 후자는 현재 상황에 특별히 맞춰진 법률 제정을 의미하며, 미래의 유사한 사례에 적용될 선례를 설정하지 않는다. 반대로 전자는 당면한 사례뿐만 아니라 미래에 발생할 수 있는 일반적인 범위의 사례에도 적용되기 때문에 일반적인 성격과 범위를 지닌다. 만약 입법기관이 도시에 대한 공적으로 누군가에게 시민권이나 특별한 명예를 제공한다면, 이는 일반적 원칙을 지키지 않았으므로 칙령을 내린 것이다. 반대로, 시민의 자녀가 시민이라는 결론에 이른다면, 규범의 일반적 범위가 미래 사건의 분명한 처리 방식을 약속하므로, 이는 법률을 채택한 것이다.

아리스토텔레스가 법률과 칙령을 구별하고 이상적인 폴리스를 위한 법률의 필요성을 주장한 것은 여러 정권 유형을 분석한 맥락에서 명확하게 확인된다.Politics IV, 4: 250; IV, 6: 256 아리스토텔레스는 독재 정권의 특징이 안정적인 법체계가 아닌 일련의 '칙령'에 의해 통치하는 것이라고 지적하며, 과두정치 및 민주주의의 최악의 형태를 전제정치와 비교한다. 독재자에 의한 폭정, 선동가에 의한 민주주의, 부유한 엘리트에 의한 과두정치 같은 모든 비정상 형태의 지배체제에서 통치자는 보편적이고 안정적인 법률 구조를 제공하지 않는다. 이런 체제에서 권위를 지니는 건 법이 아니라 개인들이다. 이런 통치자들은 시간에 따른 일관성이나 장기적 원칙에 대한 약속을 고려하지 않는다.

iii. 정의로운 사람은 단순히 수동적 규칙 수행자가 아니다

아리스토텔레스에 따르면, 정의로운 사람이 되기 위해 공동체의 규범을 알고 이를 준수하는 것은 충분하지 않다. 그는 이것이 어느 성인에게나 이루기 쉬운 과제라고 생각한다. 반면 성취하기 어려운 것은 실천적 지혜phronesis를 요구하는 모든 진정한 미덕이다. 이런 점에서 아리스토텔레스에게 합법성의 덕목은 단순히 법 준수의 문제가 아니다.[5] 대신, 이는 분배적 정의, 시정적 정의, 상업적 교환 등에 적극적으로 관여하는 것들로 구성된다. 합법적인 사람은 재화 분배와 분쟁 해결에 능숙한 사람일 것이다. 그는 도시의 분배 문제와 사법적 질문에 관한 결정에 기여함으로써 적극적 역할을 하기 위해 노력한다. 따라서, 아리스토텔레스의 사상에서 완전히 정의로운 사람은 단순히 법을 수동적으로

---

5. 우리가 위에서 인용한 구절(Ethics V, 1: 173)에서 합법이라는 능동적 개념을 반영하기 위해 어원이 nomimos를 '합법적(lawful)'이라고 번역한 것은 톰슨이 '법을 준수하는(law-abiding)'이라고 번역한 것보다 적합해 보인다.

따르는 사람이 아니라 능동적으로 법을 만들고 중재하는 사람이다.

더욱이, 아리스토텔레스는 웰빙과 정치제도에 대한 타당한 이해에 기초하여 법률 및 입법 시스템을 처방하는 학문으로서 '법학nomothetike'과 연계되며 지원받는 법을 구상했다. 본래 법은 보편적이고 광범위하다. 즉, 법은 일반화되기 때문에 가치가 있다. 그러나 이런 이점에는 대가가 따른다. 일부 입법자들이 다른 이들보다 미래를 더 잘 예상하여 개정이나 보완이 덜 필요한 법을 제정할 수 있을지라도, 모든 복잡성을 예측할 수 없기 때문이다. 이 경우 판사는 과도한 일반성으로 인한 법률의 결함을 바로잡기 위해 '공정성'을 발휘할 것이다. 판사에 의한 시정은 법을 만든 이에 대한 모욕의 표현이 아닌, 입법자들이 그런 상황을 마주했다면 의도했을 것이라는 추론에 따른 것이다. 따라서 합법성의 덕은 법의 결함을 외면하고 기계적으로 이를 준수하는 것을 요구하지 않는다. 특정 상황에서 합법성이 요구하는 것을 식별하기 위해서는 상당한 주의가 필요하다. 역설적으로, 합법성은 때로 법의 '위반'을 요구할지도 모른다.

위의 특징들은 아리스토텔레스가 왜 광범위한 개념 아래 정의가 합법성으로 규정될 수 있다고 생각하는지를 이해하기 위해 폭넓은 관점을 제공한다. 그의 정의는 모든 공동체가 예측할 수 없고 경솔하게 변하지 않는 확립된 일련의 규범과 관습, 규칙과 법을 통해 가능한 안정성을 요구한다는 생각을 포함한다. 또한, 무엇이 합법적인가를 결정하는 데 입법자들이 기존 법을 살필 뿐만 아니라, 정의의 미덕을 합법성으로서 발휘함을 지적한다.

(2) 분배적 정의의 기준

아리스토텔레스는 정의와 합법성을 동일시하도록 하는 광의의 정의

관과 함께 분배적 정의, 시정적 정의, 상업적 호혜주의와 관련하여 특정한 의미에서 수반되는 정의의 아이디어를 사용한다. 아리스토텔레스는 이런 특정 의미로 여러 재화의 정의로운 분배에 적용될 타당한 규범, 기준, 지침을 식별하는 데 특히 관심을 기울인다. 비록 누스바움의 혼합적 관점이 아리스토텔레스의 엘리트주의와 반자유주의적 특성을 정제하고 상대화하려고 했음에도, 아리스토텔레스가 제안한 다음 문제들은 토대역량접근의 준거점이 된다.

i. 산술적 평등과 비례적 평등

아리스토텔레스는 분배적 정의에 대한 시정적 정의에 관해서는 통일된 형태의 정의 기준을 제공하지 않는다. 모든 당사자 간의 자발적 거래(매매, 계약, 대출 등) 또는 한 쪽이 비자발적으로 참여하게 된 거래(절도, 중독, 간통, 폭행 등)에서 행해진 잘못의 시정과 관련된 시정적 정의의 경우, 아리스토텔레스는 가장 적절한 준수 기준으로 산술적 평등을 제시한다.Ethics V, 4: 179ff. 예를 들어, 법원이 한 사람이 다른 사람의 물건을 훔쳤는지, 그리고 만약 훔쳤다면 그에 상응하는 처벌이 무엇이어야 할지에 관해 판단할 때, 원고와 피고가 어떻게 공적功績 측면에서 비교되어야 할 것인가를 고려하지 않는다. 법은 두 당사자를 '산술적으로' 평등하게 대우하며, 피고가 자신이 고발당한 잘못을 저질렀는지만 조사한다. 아리스토텔레스가 말하듯, '좋은 사람이 나쁜 사람을 속였든 그 반대이든 차이가 없으므로 … 모든 법이 고려하는 것은 손해로 발생한 차이뿐이다. 그리고 법은 당사자들을 동등하게 대우하여, 한 사람이 부정의를 저지르고 다른 사람이 고통받았는지, 혹은 한 사람이 고통을 주고 다른 사람이 상해를 입었는지만을 물을 뿐이다.' Ethics V, 4: 180

반면, 분배적 정의의 경우, 아리스토텔레스는 가장 적절한 기준은 산술적 평등이 아닌 비례적 혹은 기하학적 평등일 것이라고 제안한다. 그러므로, 아리스토텔레스는 분배적 정의의 영역이 다루어야 하는 질문을 다음과 같이 지적한다. 다양한 재화의 잠재적 수혜자들을 어떻게 서로 비교할 것인가?Ethics V, 5: 182-184 아리스토텔레스에 따르면, 재화 분배, 특히 공직의 재화와 권력 및 명예의 지위를 분배하는 데 가장 보편적으로 수용되는 기준은 공적axia이며, 그러므로 정의로운 분배는 공적kat'axian에 근거한 것이다.

이 지점에서 누스바움은 아리스토텔레스가 공적 기준을 제외하고 '필요', '개인의 토대역량 편차', 그리고 '기회의 평등'같이 다른 기준을 분배정의와 관련 있는 것으로 생각하는지 질문을 제기한다. 아리스토텔레스는 정치적 공적이 분배정의의 정당한 기준이 될 것으로 생각하지만, 『윤리학』 제5권에서 그는 '공적功績, merit'이 어떻게 정확히 이해될 수 있을지에 관한 질문을 남긴다. 그는 사람마다 공적을 다르게 이해할 수 있다는 사실을 잘 알고 있다. 즉, 민주주의자들은 '자유로운 출생'의 관점에서, 과두정치자들은 '부'의 관점에서, 그리고 귀족들은 '탁월성'의 관점에서Ethics V, 3: 178 공로를 이해한다. 아리스토텔레스는 특히 토대역량의 편차와 관련하여 사람들의 필요와 잠재적 재능을 고려해야 할 때 공적의 기준을 제외하기도 한다.

이 장 도입부에서 지적한 것처럼, 여기서 레슬링 선수와 임산부의 예를 떠올릴 수 있다. 아리스토텔레스는 이런 경우 이 사람들의 추가적인 필요를 처리하는 것이 입법자의 책임이라고 주장한다. 추가적인 예시로서,Politics III, 12: 207-208 가장 좋은 플루트를 누가 받아야 하는지 알아내는 비유에서, 아리스토텔레스는 미모와 열등한 출생의 기준은 이 판단과 관련 없는 것으로 제외한다. 가장 좋은 플루트는 고귀한 출생이나 아름다운 사람이 아니라, 연주를 더 잘할 수 있는 사람에게 가야 한다.

누스바움은 아리스토텔레스의 이런 개방성을 활용하고자 한다.

> 아리스토텔레스주의자들은 도구적 재화의 기능적 역할에서
> 개인 편차가 크다는 점을 인정한다. 아리스토텔레스의 유명한
> 예시를 보면, 레슬링 선수 마일로Milo에게 적당한 식량의 양은
> 그의 활동 수준, 체구, 직업을 고려할 때 대다수 사람에게는
> 너무 많은 양일 것이다. 반대로 앉아서만 일하는 작은 체구
> 의 철학자에게 적합한 양의 식량을 섭취한다면, 마일로는 기
> 능적 측면에서 매우 불리한 형편일 수 있다. 또한, 아리스토텔
> 레스에게는 분명히, 임신부의 식량 및 다른 건강 관련 재화에
> 관한 필요가 임신하지 않은 여성과는 매우 다르다.Nussbaum,
> 1990b: 211

누스바움은 아리스토텔레스의 예시를 현대의 상황으로 다음과 같이
확장한다.

> 우리는 거동이 불편한 사람이나 사지가 없는 사람이 이동
> 하는 데 필요한 지원이 그런 불편함이 없는 사람보다 훨씬 클
> 것이라는 사실을 덧붙일 수 있을 것이다. 사회적 맥락을 더 자
> 세히 살펴보면, 더욱 다양한 양상이 확인된다. 소수집단의 아
> 이들은 더 큰 비용이 필요하다. 그들이 무엇을 할 수 있고, 무
> 엇이 될 수 있는지를 살펴봄으로써 이를 확인할 수 있다. 이
> 모든 것이 아리스토텔레스 철학이 '그들이 얼마나 가지고 있
> 나?'가 아니라 '무엇을 할 수 있고, 무엇이 될 수 있는가?'를
> 중심 질문으로 삼고자 하는 또 다른 이유다. 이는 정부가 사

람들에게 많은 것을 주지 않았더라도 각자가 잘 기능할 수 있
도록 하지 않았다면, 정부가 제 역할을 다하지 않았다고 하는
이유이기도 하다.Nussbaum, 1990b: 211

이런 구절을 인용하는 것은 누스바움이 정의에 관한 토대역량 중심
의 이해를 위해 누스바움이 아리스토텔레스의 '비례적 평등'에 관한 이
해를 어떻게 재구성하는지를 보여주기 위함이다. 아리스토텔레스는 가
치 있는 인간 삶과 관련된 재화 분배의 문제에서 산술적 평등이 아니
라 비례적 평등을 따라야 한다는 사실을 정확히 인식하고 있다. 그러
나 그는 엘리트주의적인 편견을 가지고 공적 측면에서 상당수 이를 이
해하는 경향이 있다. 이런 측면에서 누스바움의 기여는 공적과 함께 필
요, 공정성, 잠재적 재능의 발전을 위한 기회의 평등과 같이 다른 원칙
을 함께 고려해야 함을 설명한다는 점이다.[6]

ii. '플레오넥시아(pleonexia)'라는 부도덕에 반대하여

아리스토텔레스의 분배적 정의관에서 눈에 띄는 기본적 직관은 물질
적 재화의 도구적 특성이다. 많은 사람이 부를 모으거나 축적하는 것
에 집착할지 몰라도, 부의 수입과 소유물은 그 자체로 가치가 없다. 그
것들은 삶의 여러 행위와 기능을 성취하는 수단일 뿐이다. 이는 이런

---

6. 이와 관련하여 누스바움은 고대 세계의 정치적 사상에 관한 두 가지 접근을 지적한
다. 첫 번째 접근은 인간 행복의 주된 문제가 나쁜 생각과 감정이라고 주장한다. 그래
서 그 접근은 인간이 물질적·제도적 변화에 신경 쓰지 않으면서 다르게 생각하는 법
을 배움으로써 번영할 수 있다고 주장한다. 아리스토텔레스가 옹호하는 두 번째 접
근은 인간 번영이 적절한 물적·제도적 조건을 요구한다는 점을 수용한다. 따라서 누
스바움은 기아와 결핍, 재산과 분배, 공동 급식, 인구 통제와 결핍의 관련성 같은 문
제에 관한 아리스토텔레스의 심도 있고 긴요한 관심을 강조한다. Nussbaum(1988a:
171-172)을 참고하라.

재화의 분배와 관련한 모든 질문(예: 얼마나 많이, 누구에게, 어떠한 조건에서 제공할 것인가 등)에 답하기 위하여, 무엇보다도 재화가 여러 인간 기능성을 증진하거나 막는 방식들을 살펴봐야 함을 시사한다. 실제로 아리스토텔레스는 '물적 재화'에 대한 '인간 기능성'의 우선순위를 인식하지 못하면, 부에 대한 과도한 집착으로 이어져서 시민들이 사회적 상호작용, 우정, 지식, 예술, 미덕과 같이 가치 있는 것과 멀어질 수 있다고 생각했다.

게다가, 앞서 지적했듯이, 아리스토텔레스의 패러다임에서 정의는 기본적으로 관계적 미덕이다. 따라서, 아리스토텔레스Ethics V, 1:171ff.; Kraut 2002:136ff.는 말 그대로 '자신의 몫보다 많이 소유하려는 욕망'을 의미하는 플레오넥시아pleonexia를 비판한다. 따라서 그는 부정의한 사람을 '욕심 많은' 혹은 '탐욕스러운' 개인을 의미하는 '플레오넥테스pleonektes'라고 정의한다. 또한 그는 플레오넥시아가 돈, 부, 명예 등과 같은 재화의 몫을 늘리려는 과도한 욕망에서 드러날 수 있다고 지적한다. 누군가가 자기 몫보다 많은 부를 욕심낸다면, 그는 부정의한 사람으로 판단된다. 유사하게, 자신이 받을 만하지 않은 명예를 요구하는 사람은 명예에 대한 탐욕이 있는 것이다. 이런 부정의에서 추구되는 이득과 이익은 물질적 부는 아니나, 다른 이들의 좋은 의견이다. 플레오넥시아를 특유의 부도덕이자 부정의의 행위로 만드는 것은 다른 이들을 희생하더라도 더 많이 갖고자 하는 욕망을 수반한다는 점이다. 부정의한 사람은 돈, 부, 명예와 같은 엄청난 양의 재화를 원할 뿐만 아니라, 자신의 욕심으로 다른 사람이 손해를 보거나 물건을 빼앗기는 것을 언짢아하지 않는다. 사실, 이런 사람은 자신의 이익에서 즐거움을 느끼며, 그를 기쁘게 하는 것은 다른 이들을 희생하여 얻는 이득이다. 다른 이들을 희생하여 더 많이 갖고자 욕망하는 상호관계적이고 공동체적 차원의 부정의는 플레오넥시아를 넓은 의미의 비합법성으로서 부정의의 일부로 만드는 것이다. 누군가가 플레오넥시아의 부도덕을 행사한다면, 그는 공동체에서 준수되거나 이상적인 정치공동체에서 준수되었을 법이나 원칙을 위반하는 것이다. 그는 그런 규칙을 자기 행동에 대한 불필요한 규제라고 생각하며, 실제로 법을 준수하는 동료 시민들을 무시한다. 즉, 그의 부정의는 법과 법을 준수하는 이들에 대한 경멸을 표현한다.

누스바움 같은 토대역량 이론가들에게 물질적 재화의 도구적 특성에 대한 아리스토텔레스의 근본적인 통찰은 소득과 물질적 재화를 근거로 사람들의 웰빙을 전적으로 혹은 부분적으로 평가하려는 정의 이론을 비판하는 창구로 기능한다. 소득과 부는 인간의 가치 있는 기능성을 성취하는 데 틀림없이 유용하지만, 삶의 가치 있는 활동과 목표를 위한 수단일 뿐이다. 사람들의 근시안적 행동을 제지하고 정의의 미덕을 증진하는 문제와 관련하여, 토대역량 이론가들은 아리스토텔레스가 실현하고자 하는 완벽주의 국가의 유형과는 거리를 둔다.[3.2] 그렇다 하더라도 토대역량 이론가들은 올바른 유형의 경제 및 정치제도를 마련하는 것이 시민들의 정의로운 행동을 위해 매우 도움이 될 것으로 생각한다.

6.3. 사회적 감정으로서의 연민

대다수 현대 자유주의 이론은 연민이나 그 외 관련한 감정이 정의의 요구를 이해하는 데 중요하다는 점을 잘 인정하지 않았다. 이런 이론은 우리가 정의의 이름으로 서로에게 의무를 지는 것과 선한 사마리아인 Good Samaritan같이 연민이나 동정으로 다른 사람을 위해 행동해야 하는 동기를 지니는 것은 완전히 별개라는 관점을 지닌다. 정의 관점에 근거한 주장은 인도주의, 이타주의 혹은 연민의 의무와 구분되어야 한다. 이런 여러 직관을 혼동하지 않아야 한다.

하지만 우리가 정의와 연민을 혼동할 필요는 없지만, 누스바움의 결합 토대역량 이론은 정의의 의무를 인식하기 위해 연민이 개인과 정치 공동체의 추론과 판단을 위한 정보를 제공하고 이를 형성하는 데 중요한 '공적' 역할을 할 수 있다는 생각을 지지한다. 연민은 개인과 공동체 사이에 요구되는 연결고리를 제공하므로, 우리 종種이 '우리 자신의 이익을 위해 다른 이들의 관심을 끄는 방식'으로 생각될 수 있다.Nussbaum, 1996: 28 현대의 다수 도덕 및 철학 이론은 연민을 인간사의 비합리적인 힘으로서 쓸모없다고 생각하거나 정의로운 사회제도와 정책의 특성과 범위를 고려할 때, 연민이 오도하거나 방해할 수 있다고 생각한다. 반면, 누스바움은 연민이 복잡한 '인지 구조'와 '추론'을 수반하는 감정으로, 공적인 삶에서 규범적인 영향을 미친다고 생각한다.[7] 누스바움의 말처럼 '연민이 정의의 전부는 아니지만, 부분적으로나마 정의로운 분배의 강력한 비전을 포함하며, 불완전한 시민들에게 자기 이익에서 정의로운

---

7. 누스바움과 유사하게 흄은 '정념(passions)'이 도덕 영역과 긴밀하게 연관되며, 우리가 어떻게 행동해야 하는지에 관한 단서와 지침을 제공한다고 했다. 예를 들어, 흄이 공감을 어떻게 이해하는지 살펴보자(Hume, 2000: 179ff). 그에게 공감은 타인의 강점이나 의견을 자신의 것으로 이해하고 경험하는 보편적인 역량을 의미한다. 이는 '소통(communication)'의 원리이며(Hume, 2000: 273), 인간 이해 작용에 '대응 (correspond)'할 뿐만 아니라 이를 '초월(transcend)'한다. 이와 연관하여 흄은 다음과 같이 말한다. "공감은 우리의 이해 작용과 정확히 대응하며, 더욱 놀랍고 특별한 무언가를 포함한다"(Hume, 2000: 208). 여기서 흄은 한편으로는 공감이 이해에 따르는 유사성, 연속성, 원인 및 결과와 같이 동일한 연상 원칙을 사용한다는 점에서 공감이 이해에 '대응'한다는 생각을 강조한다. 다른 한편으로 흄은 공감이 아이디어를 생동감 있고 역동적인 인상으로 '변형(transform)'할 수 있다는 점에서 공감이 이해보다 '그 이상'의 무언가를 지니고 있음을 지적하려 한다. 공감과 연민에 관한 누스바움과 흄의 유사성에도 불구하고, 그들의 접근에는 중요한 차이점이 있다. 어떻게 흄을 인간 토대역량의 비환원주의적 해석에 관한 영감을 주는 인물로 볼 수 있으며, 누스바움의 입장이 아리스토텔레스와 흄의 중간에 위치하는지에 관한 더 상세한 논의는 Alexander(2005a)와 De Dijn(2003)를 참고하라.

행동으로 옮겨가는 기초적인 연결고리를 제공한다.Nussbaum, 1996: 57

(1) 누스바움과 아리스토텔레스의 연민

누스바움은 연민의 내용을 설명하고자 기본적으로 아리스토텔레스가 『수사학On Rhetoric』에서 제시한 동정심에 관한 분석을 채택한다.[8] 아리스토텔레스는 동정심을 다음과 같이 정의한다.

> 동정심을 특정한 고통, 분명히 파괴적이고 고통스러운 불행이 마땅하지 않은 사람에게 일어날 때의 고통, 그리고 한 사람이 자신이나 그 가족이 겪을 것으로 예상하며, 그것이 가까이 있을 때의 고통이라고 하자. 동정심을 느끼는 사람은 필연적으로 그나 자기 가족이 겪을지도 모르는 어떤 불행이 실제로 존재하며, 이런 불행을 개념 정의에서 언급된 종류의 것 혹은 유사하거나 동등한 것으로 생각하기 때문이다.On Rhetoric II, 8: 152

아리스토텔레스의 정의를 따라, 누스바움은 연민의 세 가지 기본적인 특성을 밝힌다. 첫째, 연민은 삶과 웰빙을 극도로 혹은 심각한 방식으로 방해하거나, 위협하거나 파괴하는 '심각한' 문제의 맥락에서 발생한다. 위의 정의에서 지적했듯, 아리스토텔레스는 누군가의 삶에서 '파

---

8. 용어 사용에 대한 참고 사항: '연민(compassion)'과 '동정심(pity)'이라는 용어를 사용할 때 나는 동일한 감정에 대해 말하는 것이다. 나는 '동정심'을 특히 아리스토텔레스의 정의를 분석할 때 사용하고자 한다. 동정심이 그리스 단어 eleos를 영어로 번역할 때 일반적으로 사용되는 단어이기 때문이다. 그러나, 빅토리아 시대 이후 '동정심'이 이전에 없던 고통받는 사람에 대한 무시와 우월감의 어조를 갖게 되었다. 그래서 독일어 'mitleid'(또는 네덜란드어 'medelijden')에 가까운 '연민'을 사용하는 것이 더욱 적절해 보인다.

괴적이거나 고통스러운' 불행이라고 부른다. 아리스토텔레스가 관찰자의 연민을 불러일으킨다고 생각하는 상황은 죽음, 고통, 질병, 노화, 식량 부족, 친구의 부재, 친구와의 이별, 추악함, 나약함, 불구, 좋을 것으로 생각했던 대상의 심각한 반전이다.On Rhetoric II, 8: 153 이런 종류의 사건은 사람들이 일반적으로 사소한 특성을 지닌 사건으로는 연민을 느끼지 않음을 시사한다. 예를 들어, 신발 끈이나 외투의 단추, 혹은 결국 대체될 수 있는 귀중품의 분실은 연민의 적절한 문제가 되지 않을 것이다. 즉, 연민이라는 감정적 반응의 내면에는 삶과 죽음, 생계와 웰빙을 수반하는 심각한 문제라는 판단이 자리잡고 있다.

둘째, 연민은 '마땅하지 않은' 불운의 경우 발생한다. 누군가 자신의 태만이나 잘못으로 고통을 겪는다면 우리는 연민의 감정을 느끼기보다는 책망하거나 비난하는 경향이 있다. 반면, 손실이나 장애에 대한 비난거리가 없을 때, 그리고 잘못이 있더라도 잘못에 비해 고통이 비례하지 않을 때 공감하는 경향이 있다. 이런 경우에 대한 연민의 표현은 특정 세계관, 즉 자기 잘못이 아니어도 심각한 일이 일어날 수 있고, 삶과 웰빙에 가깝고 소중한 것들이 항상 안정적으로 개인의 통제에 있는 것은 아니며, 불운에 의해 엉망진창이 될 수 있다는 세계관이 동기와 근거가 된다.

셋째, 연민은 '유사 가능성'에 대한 판단이다. 앞에서 인용한 아리스토텔레스의 개념 정의가 상기시켜주듯, '누군가 자신이나 자기 가족이 겪을 것으로 예상할 수 있는' 불운에 관심을 둔다.On Rhetoric II, 8: 152 아리스토텔레스는 그런 경험이나 고통을 이해하는 사람이 고통을 느낄 수 있다고 덧붙인다. 만약 고통을 초월하고 모든 것을 소유하고 있다고 생각한다면 연민을 갖지 않을 것이다.On Rhetoric II, 8: 152-53[9] 이는 아리스토텔레스에게 연민은 고통받는 이와 유사한 가능성과 취약성이 있다고 하는 인정을 요구함을 시사한다. 누군가는 자신이 그런 상황에 마주할 수 있음을 인식함으로써 고통을 이해하고, 자신이 마주하는 것이 어떤 의미일지 생각함으로써 그 중요성을 추정하려는 경향이 있다.

그러나 누스바움은 아리스토텔레스가 묘사하듯 연민을 '유사 가능성'의 판단으로 좁히길 원하지 않는다. 이성적으로 우리 자신이 유사한 나약함과 취약성을 겪지 않으리라 확신하더라도, 우리는 여전히 고통받는 이의 웰빙을 우리의 일부로 생각할 수 있다. 따라서 누스바움은 연민을 '행복론적' 판단으로 특징지으며, 이는 다른 이의 고통을 '자신의 목표 및 목적에 대한 계획의 중요한 부분'으로, 그리고 '자신의 번영에 영향을 미치는 것'임을 시사한다.Nussbaum, 2001a: 319

정의의 이름으로 가질 수 있는 의무를 이해하는 데 연민이 긍정적으로 정보를 제공하고 개인과 집단에 영향을 미친다고 생각하므로, 누스바움은 공적인 생활에서 이 감정이 행할 수 있는 다음 역할의 일부를 언급한다.Nussbaum 2001a: 401ff.

i. 연민과 인간성을 함양하는 도덕교육과 시민교육은 지지되어야 한다

다른 사람의 불운과 고통을 상상하는 능력이 개인 삶과 사회적 삶의

---

9. 연민의 이런 측면은 루소의 『에밀』에서 매우 강조된다. 아리스토텔레스와 마찬가지로 루소는 자기 약점과 취약성을 인지하는 것이 연민(pitié)에 필요한 자질이라고 지적한다. 그는 다음과 같이 말한다. "왕은 왜 백성을 동정하지 않는가? 백성을 인간으로 생각하지 않기 때문이다. 부자들은 왜 가난한 자들에게 그토록 가혹한 것인가? 부자들이 가난해질 것을 두려워하지 않기 때문이다. 귀족은 왜 소작농을 그토록 경멸하는가? 자신이 절대 소작농이 되지 않을 것이기 때문이다. … 그러므로 당신의 학생이 자신의 명예로운 위치에서 불행한 자의 고통과 가난한 자의 수고로움을 바라보는 것에 익숙해지지 않도록 하라. 그리고 학생이 자신을 그들과 다른 존재라고 생각한다면 동정심을 가르치는 것을 바라지 말아라. 이 불행한 사람들의 운명이 자신의 것이 될 수도 있음을, 그들의 모든 고통이 그의 발아래 도사리고 있음을, 예측할 수 없고 피할 수 없는 수많은 사건이 어느 순간 자신을 몰아넣을 수 있음을 이해하도록 하라." (Nussbaum, 2001a: 315-316에서 인용).

중요한 부분이라고 할 때, 우리는 연민의 감정을 함양하고 확장하는 방법과 수단을 찾는다. 비록 많은 부분이 가정에서 이루어질 것이고 부모와 가족들이 이 책임을 져야 하지만, 모든 사회는 구성원들에게 시민적 판단, 의무, 시민성의 이상을 가르침으로써 이를 보완해야 할 것이다. 이 목표를 실현하기 위한 중요한 단계는 타인의 경험을 상상하고 분투와 고난과 고통에 참여할 수 있는 능력을 함양하기 위한 청소년 대상 공교육일 것이다. 물론 청소년만을 위한 것만은 아니다. 이는 '자문화 중심주의'에서 벗어나 그들이 속한 계층, 성별, 집단, 가문, 인종에 상관없이 동료 시민을 인정하고 존중할 가능성을 만들어 낼 것이다. 이런 맥락에서 누스바움은 미래 시민들의 도덕적 상상력을 넓힐 가능성을 지닌 인문학과 예술 교육이 특히 교육에서 큰 비중을 차지해야 한다고 강조한다.

ii. 연민의 상상력은 인간 토대역량을 증진하는 방향으로 경제적 사고를 안내하고 형성해야 한다

토대역량접근이 경제적 사고, 특히 웰빙 속성에서 기본적으로 기여하는 바는 소득이나 부와 같은 전통적인 복지 지표의 불충분성을 강조하는 것이다. 3장에서 설명한 바와 같이 1인당 GDP의 증가가 반드시 삶의 질 향상을 의미하는 것은 아니다. 이런 전통적인 경제적 접근에 반하여 토대역량접근은 유아 사망률, 의료서비스 접근성, 기대수명, 교육의 질, 실제적 정치참여 가능성, 성별 관계 현황 등의 토대역량 지표 측면에서 삶의 질을 조사해야 한다고 주장해 왔다. 기본 토대역량 관점에서 정의의 요건을 사고하는 것이 타당하지만, 연민에 관한 사고 실험이 정의로 우리를 인도할 수 있다고 누스바움은 지적한다.

iii. 우리는 연민을 지닌 개인과 제도 모두를 요구한다

누스바움은 정치 지도자, 변호사, 판사가 각 분야의 전문성 외에 연민의 능력을 보이는 사람이어야 한다고 주장한다. 정치 지도자들과 공직자들은 그들의 대표자가 되기 바라는 이들의 삶과 웰빙에 영향을 미치는 관련 결정을 숙고하고 내릴 책임이 있으므로, 사람들의 곤경과 상황을 이해하려는 의지를 지녀야 한다. 그러나 정치 지도자와 공직자에게 기대되는 연민의 능력은 그들에게 종종 요구되는 중립성과 비당파성의 역할에 반하는 것이 아니라, 그들의 공적 임무를 더욱 효과적으로 수행하는 데 도움이 되는 것으로 여겨져야 한다. 더욱이 누스바움은 연민의 일부 문제는 너무 관련이 깊어서 개별 지도자와 공직자들의 선의에만 의존할 수 없음도 인정한다. 이를 뒷받침할 정당한 복지제도, 조세제도 등 공적 제도 구조를 설계하고 정비해야 한다. 제도와 개인은 종종 서로를 강화한다. 공적 제도를 구체화하기 위해 연민이 어느 정도 생길 때, 그것은 개인들의 행동에 영향을 미치게 된다.

(2) 정의 대 연민

누스바움은 아리스토텔레스의 연민 분석을 지지하고 그것을 기본적인 '사회적' 미덕으로 지칭한다. 그러면서 개인적 도덕성을 넘어 연민의 미덕을 암묵적으로 취하며, '사회적'이고 '정치적'인 영역으로까지 진입시킨다. 따라서 연민은 정의와 구별되기보다는 정의에 내재해 있거나, 최소한 정의에 중요하다고 그는 주장한다. 아리스토텔레스와 유사하게, 누스바움의 연민 분석은 감정이 도덕교육과 시민교육, 경제 계획 및 정책, 정치적 리더십과 공공 제도에서 '공적' 역할을 할 수 있고, 또 그래야 하는 구체적인 방법을 제시한다.

누스바움이 말하는 연민의 미덕에 관한 구체적인 제안과 정치적 적용은 완벽을 추구한다는 이유로 비판받을 수 있지만, 이는 폴리스에서 시민들의 덕 있는 삶에 대한 아리스토텔레스의 관심을 연상시킨다. 사람들은 식량, 건강, 안보, 사회적 교제를 위한 평범한 욕구를 충족시키기 위해서뿐만 아니라, 그들의 동료 시민을 향한 연민의 삶을 포함하는 덕이 있는 삶을 살기 위해 폴리스라고 부르는 특정한 집합체에 모인다. 누스바움은 '최소'와 '수용 가능한' 형태의 완벽주의가 부분적으로 요구될 수 있고, 심지어 주요 사회 및 정치제도의 유지를 위해 필요할 수도 있다며 반대에 대처한다.

더욱 근본적인 차원에서 누군가는 한편으로는 정의를, 다른 한편으로는 연민의 독특한 특성을 적절히 구체화하지 못한 것 때문에 누스바움의 아리스토텔레스식 기획에 반대할 수 있다. 정의와 연민을 관련된 미덕으로 상정하고, 정의의 주장을 깨닫고 이해하기 위해 연민을 적용할 수 있다는 누스바움의 생각은 '연민의 정치'와 '정의의 정치'를 혼동하는 위험을 수반한다.Boltanski, 1999:3ff.; Ricoeur, 1996

정의의 한 가지 특징은 상호호혜 개념이다. 우리는 관련 당사자들 사이에 특정 형태의 상호작용과 호혜가 있을 때만 정의와 그에 내포된 의무에 대해 의미 있게 이야기할 수 있다. 전통적으로 이런 호혜는 정의의 문제가 강압적인 동일 주권자에게 속한 사람들 사이 혹은 강압적으로 부과되는 일련의 법률과 제도의 대상이 되는 시민들 사이에 발생한다는 점에서 '정치적' 용어로 이해됐다.Nagel, 2005 현대에는, 특히 롤스의 영향력 있는 공정으로서의 정의론 이후,#2.3 호혜가 '경제적' 상호작용과 상호의존성을 포함하는 것으로 더욱 폭넓게 이해된다. 따라서 정의의 의무는 이해관계자들이 공통의 정치제도 아래에 있기 때문만이 아니라, 더욱 일반적으로는 상호 이익을 위해 '협력적 사업'에 관여하기 때문에 발생할 것이다.

이와 반대로, 연민 혹은 동정은 비호혜성의 맥락에서 발생한다. 사실, 수난자 혹은 피해자의 취약성과 약점은 어느 형태의 상호호혜도 불러일으키기에 부적절하다. 물론 연민의 감정을 보이거나 행동으로 옮길 때는 수난자의 존엄성과 행위 주체성을 염두에 두며 할 수 있다. 하지만 그렇다 하더라도 그것은 정의에 필요한 상호호혜의 동일 유형이 아니다. 토대역량이 부족한 사람들도 자신들에게 유리하게 주장하는 토대역량 이론가들도, 연민을 근거로 그들의 고충이 다뤄진다 해서 환호하지 않을 것이다. 따라서 이 문제가 정의의 요구로 제기된다면, 비록 상정되는 상호호혜의 유형이 직접적이고 즉각적이며 순수하게 경제적일 필요는 없더라도, 더욱 폭넓은 도덕적·정치적 지지를 얻기 위해 일종의 상호호혜가 수반되어야 한다.

상호호혜와 연결되는 것이 정당성의 개념이다. 정의의 정치는 자신이 추구하는 특정 행동 방식의 이유를 제시한다는 의미에서 정당성을 요구한다. 합리적인 타인들이 인정하고 지지할 수 있는 이유로 자기 행동을 정당화하는 것은 정의를 위한 필요조건이다. 그러나 연민의 정치는 눈앞의 상황이 연민의 명백한 사례라는 전제에서 출발한다. 대개 우리는 정의를 요구하는 이에게 하는 것과 같이 불운의 희생자에게 정당성 문제를 제기하지는 않는다. 우리는 엄청난 고통에 직면했을 때 이런 문제들을 제기하는 것이 바람직하지 않다고 생각할 것이다. 연민의 문제에서는 정당성을 고려하는 것보다 취해야 할 조치의 시급성이 우선한다.

게다가 정의는 언제나 응분의 개념을 연상시킨다.Baker, 1987: 53ff.; Miller, D. 2001: 131ff. 행위나 몸짓은 당사자가 마땅히 받아야 할 것을 거부당했음을 보여줄 수 있는 경우에만 부당하다고 할 수 있다. 물론 분배되는 재화의 종류에 따라 응분의 기준이 다를 것이다. 예를 들어, 학문적 지위, 정치적 공직, 스포츠의 명예를 위한 응분의 기준은 다르다. 그럼에도 정의의 요구는 일종의 응분의 판단을 수반한다. 이와 반대로 연민은 응분에 근거하기보다는 오히려 '행/운'이라는 개념으로 작동한다. (불)운의 사례는 일부 사람들의 삶과 복지를 드러내고 취약하게 만들 수 있다. 따라서 연민은 행운과 불운의 대립에 초점을 맞추는 반면, 정의는 자격이 있는 것과 없는 것의 구별에 초점을 맞춘다. 이런 차이를 인식하려면 모두를 위한 기본 토대역량을 실현하기 위해 어떤 종류의 구체적인 원칙과 분배 유형이 필요한지에 관해 토대역량 이론가들의 더욱 깊은 고민이 필요하다.

6.4 공적 개념?

토대역량 이론가들은 토대역량 기반 정의론을 위한 지적 구조와 철학적 연결고리를 아리스토텔레스에서 찾아야 한다고 지적해 왔다. 누스바움은 특히 아리스토텔레스와 토대역량접근의 연관성을 설명함으로써, 이런 계보를 따라 매우 중요한 기여를 한 것으로 인정받을 만하다. 무엇보다도 누스바움은 '가치로운 인간 기능성'의 본질에 관한 지속적인 연구와 시민들의 토대역량에 맞는 적절한 정치 형태와 사회적 구조에 대한 탐색이 아리스토텔레스의 윤리학과 정치 철학의 중심이었다는 것을 보여주었다. 이런 아리스토텔레스의 기본원칙에 따라 누스바움은 사람들의 이익과 사회에서의 지위는 열 가지 기본 토대역량의 목록에 근거해 평가되어야 한다고 주장해 왔다.

게다가 누스바움은 아리스토텔레스의 원칙을 모든 개인의 가치에 대한 자유주의적 감수성과 일치하도록 재해석하고 수정함으로써 결합 토대역량 이론을 발전시키는 데 크게 기여했다. 따라서 누스바움은 '비례적인' 평등과 '인간 기능성' 주장이 정치적 개념에서 의미하는 바에 대한 아리스토텔레스의 엘리트주의적 해석을 바로잡는다. 그녀는 토대역량에 초점을 맞춘 정치적 개념이 귀족 태생의 사회적 지위와 자격 면에서 더 형편이 나은 시민들뿐만 아니라, 정치 공동체의 모든 사람이 토대역량을 증진할 수 있는 적절한 기본적인 경제, 사회 및 정치 구조에 초점을 맞춰야 한다고 꽤 설득력 있게 주장한다. 마지막으로, 누스바움의 혼합적 관점은 연민을 사회적 감정으로 구상하며, 어떻게 연민이 시민들이 정의의 문제로서 서로에게 제공할 의무가 있는 기본 토대역량을 포착하는 데 중요한 공적 역할을 할 수 있는지를 보여준다.

이런 유익한 기여에도 불구하고, 누스바움의 혼합적 관점에서 덜 주목받고 명확하게 표현되지 않는 것은 토대역량접근이 주로 합리적인 시민들이 정치적 목적으로 인정하고 지지할 수 있는 '공공' 정의관이라는 점이다.Acerly, 2000; Pogge, 2002b; Jaggar, 2006 토대역량접근의 공적 특성에 대한 강조가 부족한 이유는, 토대역량 목록이 개방적이고 보편적이라고 주장하더라도 미리 정해진 기본 토대역량 목록을 제시해야 한다는 사실에서 비롯된 것일 수 있다. 누스바움Nussbaum, 2000a: 69, 76은 비평가들과 동료 토대역량 이론가들에게 이 목록이 '선에 대한 독재적 관점'에 기초해서 발전된 것이 아니라, '비교문화적 논의'와 '다른 목소리의 투입'에 기초해서 발전된 것이라고 경고한다. 또한, 후기 누스바움은 기본 토대역량 목록을 작성하는 데 영감을 주었던 선의 '두텁고 모호한 개념'Nussbaum, 1990b이라는 초기 은유를 더 이상 사용하지 않고, 롤스적 의미에서 '중점적 합의'를 사용한다고 주장한다. 그러나 토대역량접근의 공적 특성은 요청되는 정당성이 결여될 수 있는 가치 있는 항목의 목록을 만드는 것보다, 공적 추론 개념과 결부되면서 정치적 공동체의 법에 따라 강화될 때, 더욱 설득력 있게 표현될 것이다. 아리스토텔레스는 이것이 소수의 현명한 입법자들의 특권이자 입법 과학의 특혜라고 생각했지만, 어떤 의미에서는 아리스토텔레스 자신에게서 단서가 발견될 수도 있다.

7장
자유와 공적 추론

완전한 정치적 도덕성은 정의의 원칙을 포함해야 한다. 그러나 정의에 대한 그럴듯한 관점은 고유하게 자유주의적이지도 않고, 특별히 자유주의 원칙에서 파생될 수도 없는 원칙과 교리에 달려 있다. 자유주의적 전통이 정치적 도덕성에 분명히 기여한 것은 개인의 자유를 존중해야 한다는 주장이다. 자유주의적 정의론이 정의에 대한 고유의 개념을 제시하는 것은 정치적 자유 원칙이 정의 개념을 형성하고 구체화하는 방식 때문이다.

_조셉 라즈Joseph Raz, The Morality of Freedom

말하고 싶은 모든 이들은 그렇게 했다. 이는 가장 순수한 형태의 민주주의였다. 누가 더 중요한 연설자였는지에는 위계가 있었겠지만, 우두머리와 피지배자들, 전사들과 주술사들, 가게 주인들과 농부들, 지주들과 노동자들, 모두가 말할 수 있었다. 사람들은 쉴 새 없이 이야기했고 모임은 몇 시간 동안 계속되었다. 자치의 기초는 모든 사람이 자유롭게 자신의 의견을 말할 수 있고 시민으로서 동등한 가치를 지닌다는 것이었다. 다수결의 원칙은 외래 개념이었다. 다수에 의해 소수가 짓밟혀서는 안 된다.

_넬슨 만델라Nelson Mandela, Long Walk to Freedom

7.1 답을 얻지 못한 질문들

마지막 주장을 제시하기 전에, 지금까지 우리가 해 온 일을 간략히
살펴보고, 그 관점에서 남은 문제들을 살펴보자.

처음 세 장이 공리주의와 롤스의 이론에 관하여 토대역량접근을 위
치시키고 그 기여를 평가했다면, 다음 세 장은 토대역량 중심의 그럴듯
한 정의로운 사회의 비전, 특히 그런 비전이 모두를 위한 기본 토대역량
의 실현을 위한 최상의 조건을 목표하는 것으로 이해될 수 있는 경우
의 원칙과 철학적 토대를 설명하고 검토했다. 여러 논점에서 드러났듯,
토대역량 이론가들은 다른 지배적인 정의 이론에 대한 비판과 그들 고
유의 토대역량접근을 발전시켜오면서, 민주주의와 이와 관련된 공적 추
론 개념에 호소하고 이를 매우 중요하게 여긴다. 특히 이는 다른 사람
들과 비교해서 토대역량접근을 공적 개념으로 끌어올리려 했던 센의
경우 더욱 그렇다. 예를 들어, 정책의 우선 순위와 관련 토대역량의 선
정 문제를 해결하기 위해 센이 민주주의를 암시한 것을 상기할 수 있
다. 즉, 모든 사회는 공적 토론과 민주적 숙의를 통해 기본 토대역량의
목록과 각 토대역량의 임계치를 정할 수 있다는 것이다. 누스바움이나
앤더슨과 달리 센이 미리 결정된 보편적 토대역량 목록을 수용하지 않
는다 해서 토대역량접근의 범위와 관련성이 최소화되거나 약해질 것으
로 생각하지 않는다. 또한, 개인의 어떤 토대역량 부족이 정의와 사회적
책임을 요구하며, 동시에 행위 주체성과 개인적 책임을 훼손하지 않으면

서 어느 정도까지 보상이 보장되어야 하는지에 대해서도 센은 이것이 공적 판단과 사회적 정신에 관한 문제라고 주장한다.

공적 추론과 시민들의 토대역량을 향상할 수 있는 강력하면서 잘 작동하는 민주 정부의 가능성에 대한 센의 확고한 믿음은 몇 가지 익숙한 이유로 인해 그리 놀랍지 않다. 기근의 원인에 대한 연구#3.1의 맥락에서 센은 민주주의와 공적 토론이 기근과 그 외 사회적 실패를 피하고, 영양, 건강, 교육이라는 사람들의 가장 기본적인 '권한' 또는 '토대역량'을 확인하고 실현하는 데 더욱 건설적으로 중요한 역할을 한다는 사실을 강조했다. 또한, 센Sen, 1999c은 민주주의가 모든 사람이 중요하게 여길 수 있는 '보편적 가치'라고 주장했다. 그러나 민주주의에 대한 이런 다소 추상적이고 일반적인 인식을 넘어 토대역량과 민주주의의 관계에 대한 질문으로 나아가면, 센은 탐구와 조사되지 않은 많은 개념적·철학적 문제를 남긴 것으로 보인다. 단순히 독재정치보다 민주주의가 사람들의 토대역량을 증진시키는 데 더 적합할 것이라고 하지 말고, 자유롭고 평등한 사회를 촉진하기 위해 어떤 형태의 민주주의가 더 적합할지 더욱 구체적으로 탐구해야 하지 않는가? 단순히 토대역량이 적극적 자유의 개념이라고 하지 말고, 토대역량과 적극적 자유가 어떻게 우리가 민주주의를 재고하고, 그에 따라 가능한 한 진정으로 자유로운 사회를 보존하거나 창조하기 위해 재편하는 데 도움이 될 수 있을지에 대한 가능성을 더 탐구해야 하지 않는가?

2장에서 지적된 바와 같이 현대 정치 철학에서 자유민주주의, 특히 롤스가 주창한 것은 자유와 평등을 대표하는 유일하고 정당한 근거로 제시되며, 인상적인 입지를 확보했다. 자유주의와 자유민주주의에 대한 불만의 소리는 여러 방면에서 나오고 있다. 개인의 자유와 권리에 대한 자유주의적 강조가 이기주의를 조장하고, 공동체적 내재성과 정치적 참여를 인정하지 않는다는 '공동체주의적' 불만[Sandel, 1982; Taylor, 1985a; #2.1], '정치적' 평등에 대한 자유주의적 우선순위가 상당한 경제적·사회적 불평등을 간과하거나 악화하기까지 한다는 '좌파적' 불만[Gray, 1989; Baker, 1987: 41ff.], 공적 영역과 사적 영역의 자유주의적 분리가 많은 젠더 관련 차별과 불평등을 방치한다는 '페미니스트적' 불만[Nussbaum, 2000a; Kittay, 2003; Okin, 1989], 중립성에 대한 자유주의적 요구가 다문화 정치 공동체에서 정체성과 인정의 가치를 과소평가한다는 '문화적' 불만[Phillips, 1994; Fraser, 1997; Baker et al. 2004]이 그것이다. 사회정의에 대한 자유주의적 이론화의 비판으로 중요하긴 하나, 이런 불만 중 어느 것도 사회정의에 대해 대안적인 접근을 제공할 수준까지 발전하지는 못했다. 토대역량 접근은 자유민주주의에 대한 또 다른 불만의 소리일 뿐이라 할 수 있는가?

몇몇 특성과 신념 때문에 토대역량접근은 자유주의 계열에 상당히 수월하게 들어맞을 수 있다. 이 접근은 모든 자유민주주의의 근간으로 여겨지는 개인의 동등한 도덕적 가치와 인권의 우선순위를 모두 수용한다. 그러나 다른 특징과 원칙으로 인해 토대역량접근은 자유주의적 정의 개념과도 충돌한다. 지금까지 주장되어 온 것처럼 공적 도덕성 영역에서 토대역량접근은 광의의 결과주의와 책임에 대한 호혜적 관점을 포함한다. 또한, 토대역량접근은 선에 기반한 이론에 포함된다는 사실로 인해, 좋은 삶의 여러 구성 요소에 대한 탐구에서 출발하며, 정의에 대한 주장을 도출하고 정당화하기 위해 대부분의 자유주의 이론에서 매우 중요한 사회계약 개념에 의존할 필요가 없다.

이런 차별적 주장을 한 단계 더 발전시키기 위해 어떻게 토대역량접근이 사람들이 실제로 할 수 있는 것과 될 수 있는 것의 의미로서 적극적 자유[#7.2]라는 개념을 수반하는지, 그리고 민주주의와 공적 추론을 알리고 형성할 수 있는 실질적인 내용으로서 특정한 기본 토대역량을 옹호하는지[#7.3] 설명할 수 있다. 그럼에도 토대역량접근을 사회정의의 더욱 급진적인 이상으로 발전시키기 위해, 비지배로서의 자유라는 공화주의적 사상을 통합하기 위해 그 이론적 틀을 확장할 필요가 있음을 제안한다.[#7.4] 지배의 조건을 극복하기 위해 토대역량이 필요하지만, 충분하지는 않다. 지배의 조건은 사람들이 필요한 토대역량을 보유하여 이런 토대역량의 보유와 행사가 타인의 호의와 선의에 임의적으로 의지하지 않도록 헌법 조항을 통해 강화될 때만 효과적으로 극복될 수 있다.

7.2 적극적 자유로서의 토대역량

센[Sen, 1987b; 1988b]은 '적극적' 자유와 '소극적' 자유를 구별하고, 토대역량이 적극적 자유의 개념을 대표할 수 있는 가장 적합한 후보라고 주장한다. 또한 그는 토대역량접근의 근본적인 목표는 소극적 의미의 자유를 보장하는 것이 아니라 적극적 의미의 자유를 증진하는 것이라고 주장한다.

> 자유에 대한 두 관점이 있으며, 각 관점은 오랫동안 광범위하게 탐구되었다. 한 가지 접근은 자유를 '적극적인' 관점에서 바라보는 것으로, 이런저런 일을 방해하는 특정 유형의 구속이 부재한다기보다는, 하기로 할 수 있는 것 혹은 성취할 수 있는 것[토대역량]에 초점을 맞춘다. 반대로, 자유에 대한 '소극적' 관점은 한 사람이 다른 사람에 대해 행사할 수 있거나

실제로 국가가 개인에 대해 행사할 수 있는 구속 유형의 부재에 초점을 맞춘다. 특히 이사야 벌린Isaiah Berlin이 논의한 이 대비는 자유를 특징짓는 두 가지 방법이 서로 다른 결과를 가져올 수 있기에 매우 중요하다.Sen, 1988b: 272, 필자 강조

센이 제안한 토대역량과 적극적 자유의 연계성, 그리고 이런 연계성을 뒷받침하기 위해 벌린을 언급한 것은 센이 생각하는 것만큼 분명하고 간단하지 않을 수 있다. 센의 토대역량과 적극적 자유의 연관성을 설명하지 않으면 잘못된 결론으로 이어질 수도 있다. 따라서, 우선 벌린이 말하는 적극적 자유의 의미를 살펴보고, 결과적으로 센이 토대역량을 적극적 자유와 동일시하는 것이 어떤 방식으로 이해될 수 있는지 제시하는 것이 도움이 될 것이다.

벌린은 『자유의 두 개념Two Concepts of Liberty』1969에서 자유의 두 개념, 즉 소극적 자유와 적극적 자유를 구분했다. 그는 소극적인 개념에서 자유는 타인 간섭의 부재를 필요로 한다고 지적한다. '일반적으로 어떤 사람이나 집단이 나의 활동을 간섭하지 않는 수준까지 나는 자유롭다고 할 수 있다. 이런 의미에서 정치적 자유는 다른 사람의 방해 없이 행동할 수 있는 영역이다.'Berlin, 1969: 122 따라서 벌린에 따르면 자유에 대한 소극적인 개념은 국가나 동료 시민 등 타인 간섭의 부재를 의미한다. 자유에 대한 소극적인 개념이 간섭의 부재에 관한 것임은 관련 질문을 살펴볼 때 명확해진다. '다른 사람들의 간섭 없이 주체(개인 또는 집단)가 할 수 있는 것이나 될 수 있는 것을 하도록 하는 영역은 무엇인가?'Berlin, 1969: 121-122 테일러Taylor, 1985b: 213가 설명했듯이, 벌린의 소극적 자유 개념은 국가나 동료 시민의 간섭이 없으면 개인이 결국 하게 될 어떤 일을 할 수 있는 '영역'이 만들어지거나 가능하다는 의미

에서 기회의 개념이다. 이것은 자유가 할 수 있는 기회를 갖는 것뿐만 아니라 실제로 특정 행동을 하는 것으로 구성되는 행사의 개념과 반대된다.

벌린은 소극적인 개념의 자유와는 대조적으로, 적극적인 개념에서 자유는 간섭의 부재나 할 기회를 필요로 하는 것이 아니라, 오히려 자기 지배의 존재와 실제로 특정한 일을 하는 것을 필요로 한다고 지적한다. '자유'라는 단어의 '적극적인' 의미는 개인이 자신의 주인이 되고자 하는 바람에서 비롯된다. '내 삶과 결정이 어떤 외부의 힘이 아니라 나 자신에게 달렸으면 좋겠다.'Berlin, 1969: 131 따라서 벌린에 따르면, 자유의 적극적인 개념과 관련된 질문은 다음과 같다. '무엇이 또는 누가, 누군가를 이렇게 하거나 되게 할 수 있는 통제나 간섭의 원천인가?', '누가 나를 통제하는가?', '누가 나를 지배하는가?'Berlin, 1969: 122, 131ff. 다시 말해, 이런 질문은 기본적으로 '권위'에 관한 것이다. 나의 삶을 통제하는 사람이 나든 누군가든 말이다.

이렇게 간섭의 부재와 뭔가를 하거나 할 기회로서의 소극적 자유, 그리고 자기 지배와 실제 어떤 행동의 실행으로서의 적극적 자유를 구분하면서, 벌린은 그의 고전적 에세이에서 적극적 자유가 '논리상' 권위주의로 이어지거나 변질될 수 있다고 계속 지적한다. 더욱 부드러운 형태의 권위주의는 '상위'와 '하위' 본성을 구분하고, 무엇이 '참된' 혹은 '진정한' 자아에 대한 결정인지를 수반하므로, 개입주의로 변질될 수 있다. 이는 개인 자신이 아닌 다른 사람이 그 개인에게 무엇이 좋은지 알고 있다고 주장하며 자신의 의지에 반하여 '자유롭게 만들기' 위해 그의 삶에 간섭할 가능성을 준다. 극단적으로 표현하면 전체주의, 혹은 테일러Talyor, 1985b: 214-215가 말하는 '전체주의적 위협'으로 변질될 수 있는데, 이는 '참된' 자아를 결정하는 것뿐만 아니라 진정한 자아의 삶이 실현될 수 있는 사회의 올바른 규범 형태를 규정하는 것을 포함하기 때문이다.

(1) 권위주의 혹은 실질적 자유?

벌린에게 권위주의는 적극적 자유로 귀속되거나 적극적 자유의 권위주의로 변질될 수 있다. 따라서 토대역량이 적극적 자유의 개념이라는 센의 주장은 오해의 소지가 있다. 따라서 센 자신의 입장을 잘못 전달할 수도 있다. 센[Sen, 1993: 42-46]은 토대역량이 권위주의적 의미를 갖게 하려는 의도가 거의 없었다. 3장에서 강조된 바와 같이, 그는 토대역량 개념을 도입하여 가치 있는 특정 기능성을 성취하기 위해 필요한 역량을 개발하고 행사하는 데 필요한 기회뿐만 아니라, 관련 역량을 지닐 때 자유롭다고 할 수 있다는 생각을 강조한다. 즉, 센이 토대역량을 적극적인 자유라고 할 때, 국가나 동료 시민의 간섭이 없는 소극적 자유의 필요성을 부정하려는 것이 아니다. 타인이(개입적 또는 그 외 이유로) 지속적으로 자신의 삶을 간섭한다면 개인이 특정 토대역량을 소유하고 행사하는 것은 거의 불가능할 것이다. 그럼에도 센(또는 누스바움과 다른 토대역량 이론가들)은 자유를 단순히 타인의 간섭이 없는 것으로 축소하지는 않을 것이다.[1]

---

1. 벌린의 소극적 자유와 적극적 자유의 구분 이후 방대한 문헌이 뒤따른 가운데, 맥칼럼(MacCallum, 1967)은 소극적, 적극적 자유에 관한 모든 논쟁이 실은 주체, 제약, 목적 간 삼자 관계를 명시적 혹은 암시적으로 포함한다는 점을 조명했다. 즉, 'X는 Y로부터 Z를 하거나/하지 않거나/되거나/되지 않거나 하기 위해 (부)자유하다.' 따라서 맥칼럼이 강조하려는 것은, 소극적 자유를 '제약으로부터의 자유'로, 적극적 자유를 '무언가를 하기 위한 자유'라고 배타적으로 정의하는 것은 이치에 맞지 않는다는 점이다. 맥락에 따라 자유의 '제약'적인 측면이나 '행사'적인 측면을 강조할 수 있으나, 자유에 대한 완전한 설명은 양 측면 모두를 포괄해야 할 것이다. 센의 적극적 자유에 대한 이해는 토대역량의 존재 및 행사가 비간섭의 부재를 전제로 한다는 점에서 맥칼럼의 설명과 궤를 같이 한다.

센이 토대역량에 권위주의적 의미를 받아들이지 않으려는 것은 '통제 자유'에서 '유효 자유'로 관심을 전환하려는 그의 주장을 보면 더욱 분명해진다.[#3.1] 통제 자유를 옹호하는 사람들은 개인이 자신의 삶과 관련된 모든 것에 직접 통제권을 행사할 때만 자유롭다고 생각하는 경향이 있다. 반면, 센은 개인이 직접 통제권을 행사할 때뿐만 아니라, 다른 주체, 가족, 지역사회, 국가가 개인의 자유를 위한 환경을 조성하는 데 중요한 역할을 할 때 개인의 자유가 증진된다고 주장한다. 이때 센과 토대역량 이론가들은 특히 안전하고 건강한 환경, 공공 인프라, 교육 문화, 언어 등 공공재가 가져오는 유효 자유를 고려한다. 이런 공공재가 창출하는 기회는 개인이 직접 통제권을 행사한 결과라고 보기 어렵다. 그럼에도 공공재는 개인의 자유를 증진하는 데 없어서는 안 될 중요한 역할을 한다.

따라서, 권위주의적 해석 대신 센의 적극적 자유, 그리고 토대역량과 적극적 자유의 연계성은 실질적 자유의 의미로 해석될 수 있다.[Sen, 1992: 41, 64-69][2] 이런 해석은 정치·철학·역사의 다양한 전통으로부터 가치 있는 자원을 끌어낼 수 있다. 누스바움[Nussbaum, 1988a: 183]이 지적했듯이, 실질적 자유 개념은 비록 벌린이 우려하는 마르크스주의의 '권위주의적' 해석은 아니지만, 마르크스의 초기 저술에서 찾을 수 있다. 이는 인간의 가치 있는 기능성과 좋은 삶을 촉진하기 위해 국가에 도덕적 의무를 부여하는 아리스토텔레스 전통의 핵심이다. 실질적 자유에 대한 개

---

2. 실제적 자유를 향한 센의 적극적 자유 해석을 위하여, 우리는 토대역량을 논의한 현대 철학자들의 지지를 이끌어낼 수 있다. 그중에서도 Korsgaard(1993); Pettit (2001); Nussbaum(2000a)를 참고하라. 사실, 센 자신도 『불평등의 재검토(Inequality Reexamined)』(1992)에서 '실제적 자유(real freedom)'라는 용어를 사용한다. 그는 다음과 같이 제시한다. "이처럼 좋지 않은 것들[전염병, 역병, 기근, 만성 기아 등]을 제거하는 것은 … 사람들의 실제적 자유의 증진으로 볼 수 있다"(Sen, 1992: 62, 저자 강조).

념은 자본주의에 비판적인 일부 초기 평등주의 사상가들에게 인기 있는 주제였다.[3]

현대 정치 철학에서 반 파레이스Philippe Van Parijs, 1995; 2000는 토대역량접근과 다소 유사하지만 다른 이론에서, '모두를 위한 실질적 자유'(또는 '실질적 자유지상주의')의 이상을 주장했고, 모든 시민을 위한 보편적 기본소득이 이런 이상을 달성하는 최선의 방법이라고 제안했다. 여기서 주목해야 할 흥미로운 점은, 두 이론의 차이에도 불구하고 센과 반 파레이스 모두 소극적 자유(주로 비간섭과 형식적 권리 측면에서 이해)뿐만 아니라 적극적 자유(가치 있는 삶을 영위할 수 있는 토대역량과 실질적 기회 측면에서 이해)를 타당한 정치적 목표로서 옹호한다는 것이다.

(2) 기본소득과 토대역량접근

먼저, 반 파레이스는 대부분의 전통적 자유주의자와 마찬가지로 특히 재산권이 제대로 집행되는 권리 구조가 있을 때만 사회가 자유롭고 정의로운 것으로 볼 수 있다고 주장한다. 효과적 제재 시스템을 포함하여 재산권에 대한 적절한 규정과 집행이 부재할 경우, 반 파레이스가 지적하듯 자유로운 사회를 구체화하는 것은 어렵다. 대신, 우리는 혼돈 그리고 약자에 대한 강자의 승리만 기대할 수 있을 뿐이다. 따라서, 자유주의의 체계에서는 재산 없는 자유란 있을 수 없다. 게다가, 다른 전

---

3. 예를 들어, 토니(Tawney, 1952: 228)는 자유의 중요성을 이해할 때 '실제(real)' 선택과 '명목상(nominal)' 선택의 구분을 적용한다. "추상적인 자유란 존재하지 않는다. … 그 개념이 무엇을 함의하든, 자유는 대안들 사이에서 선택할 수 있는 힘, 명목적인 것이 아닌 실제적인 선택, 서류상 존재하는 것이 아니라 실제로 존재하는 대안들 사이에서 선택할 수 있는 힘을 포함한다." 유사한 사고방식으로 노먼(Norman)은 자유는 비강제(non-coercion) 그 이상이며 부, 권력, 교육 등 우리의 선택을 가능하게 하는 다양한 것을 포함한다고 강조한다. 이런 사상 전통에 해당하는 사상가에 대해서는 반 파레이스(Van Parijs, 1995: 240-241)를 참고하라.

통적 자유주의자와 마찬가지로 반 파레이스는 재산권과 함께 자기소유권의 중요성을 강조한다. 이는 한 사회에서 재산권이 절대적으로 존중될 수 있지만, 노예제도의 경우처럼 사회 구성원들이 자신을 소유하지 못하는 것이 가능하기 때문이다. 따라서 자유주의적 틀에서는 임의적인 위협이나 강제로 사회구성원들이 하고 싶은 일이 지속적으로 방해받을 수 있다면, 어떤 사회도 자유롭다고 할 수 없을 것이다.

그러나 전통적인 자유주의자들과 달리 반 파레이스는 자유사회의 세 번째 조건, 즉 사람들이 합법적으로 소유한 재산으로 하고 싶은 일을 자유롭게 할 수 있을 뿐만 아니라, 할 수 있는 '최대 가능한 기회'를 가질 수 있는 실질적 자유의 조건을 추가한다. 다시 말해, 반 파레이스는 전통적 자유주의자들이 주장하는 재산권과 자기소유권이 자유를 위해 매우 중요하고 심지어 필요하지만, 그것만으로는 충분하지 않다고 지적한다. 예를 들어, 사회가 재산권과 자기소유권의 제대로 된 집행 구조를 갖추는 것은 가능하지만, 그런 사회에서 개인에게 하고 싶은 일을 할 수 있는 수단과 기회는 부족할 수 있다. 이런 경우 반 파레이스에 따르면, 사회구성원들은 '형식적'으로만 자유로울 뿐, '실질적' 자유를 위해 필요한 수단과 기회는 부족하다. 그러므로, 반 파레이스가 지지하는 정의의 실질적 자유주의 개념은 두 가지 개념을 결합한다. 첫째, 특히 자기소유권을 포함한 재산권 집행 시스템이 제대로 운영되게 하여 사회구성원들은 형식적으로 자유로워야 한다는 것, 둘째, 형식적 자유 외에도 기회가 가장 적은 사람들에게 최대의 실질적 기회를 제공하는 방식으로 기회를 분배함으로써(사람들이 하고 싶은 일을 하는 데 필요한 수단에 대한 접근으로 이해), 또한 사회 구성원들이 실질적으로 자유로워야 한다는 것이다.

반 파레이스는 자신이 옹호하는 모두를 위한 실질적 자유의 이상에 대한 제도적 시사점으로서 모든 시민이 생계를 위해 충분한 수준으로 '무조건적'이고 '보편적'인 기본소득을 지급받아야 한다고 제안한다. 기본소득안에 대한 그의 정의도 마찬가지다.

> 기본소득은… (1) 일할 의사가 없더라도 (2) 부유하든 가난하든 (3) 누구와 살든 (4) 어느 지역에 살든 정부가 모든 사회 구성원에게 지급하는 소득이다. 이런 표현의 선택은 무조건적인 속성으로 인해 사람이 안전하게 의지할 수 있는 무언가, 삶이 확고히 안주할 수 있는 물질적 기반, 그리고 현금이나 현물, 일이나 저축, 시장이나 국가로부터의 다른 소득이 합법적으로 추가될 수 있다는 생각을 전달하기 위한 것이다. Van Parijs, 1995: 35

반 파레이스가 제안하는 기본소득의 제도적 장치는 여러 유럽 복지국가(예: 벨기에, 네덜란드 및 덴마크)에서 수년간 국가 사회보장의 다양한 급여제도 형태로 널리 퍼져 있는 일종의 '최저 소득 보장제'다. 그러나 보편적 기본소득은 몇 가지 중요한 측면에서 이런 전통적 제도와 다르다. 보편적 기본소득은 주로 가사전담(전업) 아내 및 남편, 학생, 심지어 '서핑만 하는 게으른 사람'같이 유급 노동에 종사하지 않기로 한 사람들을 포함한 모든 사람에게 지급한다는 점에서 기본적으로 무조건적이라는 특징이 있다. 대부분의 기존 복리후생제도는 '비자발적 실업자'로 제한되며, 수혜자가 적극적으로 구직활동을 해야 하고, 적절한 교육을 받을 의향이 있어야 하며, 다른 자원으로부터 충분한 소득을 얻을 수 없어야 하는 등의 여러 조건을 건다. 반 파레이스의 기본소득은 그런 제한을 두지 않는다. 또한 전통적인 복지제도는 가계 상황을 고려하지만, 반 파레이스의 기본소득 제안은 가계 상황에 관계없이 모든 시민에게 개별적으로 제공되기 때문에 엄격히 개인적이다.

반 파레이스 자신도 인정하듯, 그가 옹호하는 모두를 위한 실질적 자유의 이상은 개념적으로 '아마티아 센의 접근에 매우 긴밀'하며, 그는 '토대역량의 범주가 [적극적] 자유의 개념을 반영하는 데 자연스러운 후보라는 [센의] 제안을 따를 수도 있었다'라고 인정한다.Van Parijs, 1995: 240, n.45 그러나 토대역량 관점에서 볼 때, 반 파레이스의 실질적 자유의 개념과 실질적 자유를 성취하는 최선의 방법은 모든 시민에게 보편적 기본소득을 제공하는 제도적 장치라는 제안은 특정 측면에서 반직관적으로 보인다.

1. 기본소득은 모든 사람에게 현금으로 지급되는 금전적 가치이므로, 토대역량이 부족한 사람들이 불이익을 받을 가능성이 높다. 토대역량 수준이 낮은 사람은 다른 사람들과 유사한 수준의 인간 기능성을 성취하기 위해 더 많은 소득이 필요할지 모른다. 장애인이 비장애인과 동등하게 이동의 자유를 누리고 일을 하려면 더 많은 소득이 필요하고, 무급 부양 노동을 하는 사람은 그런 노동을 하지 않는 사람들보다 동등한 자유를 얻기 위해 더 많은 소득이 필요할 수 있다. 때로 더 많은 소득 대신 토대역량을 증진하기 위해 교육, 건강, 사회적 존중 같은 특정 재화의 '현물' 분배를 직접 요구할 수도 있다. 예를 들어, 로베인스Robeyns, 2001는 기본소득 제안이 특정 상황에서 서구 사회 여성들을 공정하게 대하지 않았다고 주장했다.[4]

2. 센Sen, 1992: 44-46과 앤더슨Anderson, 1999이 지적했듯이, 우리가 좋든 싫든 더욱 '정치적인' 수준에서 다른 토대역량에 대해 특정

한 '사회적 우선 순위'를 정할 필요가 있다. 예를 들어, 일부 사람들이 학교 공부보다 서핑을 선호하더라도, 여가보다 교육에 우선순위를 부여할 수 있다. 기본소득 제안은 이런 사회적 우선 순위를 정하는 것을 거부한다. 기본소득 체제에서는 유휴 서퍼도 열심히 일하는 시민만큼의 임금을 받게 될 것으로 보인다.

3. 일할 의지 여부, 사회공헌 여부에 관계없이 모든 사람에게 기본소득이 주어지면, 행위 주체성이나 상호호혜성을 요구하지 않으면서 실질적 자유를 증진할 수 있다. 이는 복지 민주주의의 기반인 사회적 연대를 해칠 우려가 높다. 열심히 일하고 세금을 내는 사람들은 그들이 자격 없는 가난한 사람들을 돕고 있다는 사실에 어리둥절하며 분개할 수도 있다. 더욱이, 노동 의무가 없는 기본소득의 보장은, 사회의 노동 윤리를 긍정적으로 촉진하지 않을 것이다.

위에서 언급한 기본소득 제안의 문제점 외에 개념적으로도 토대역량 접근과 반 파레이스의 기본소득 이론은 몇 가지 차이가 있다. 반 파레이스Van Parijs, 1995: 22-24는 '토대역량'이라는 용어 대신 '기회 집합'이라는 더 넓은 용어를 선호한다. '기회'는 개인이 하고 싶은 일을 하기 위해 이용할 수 있는 광범위한 '수단'을 의미할 수 있다. '능력치'가 '수단'의 중요한 구성요소가 될 수 있더라도, 사람들이 하고자 하는 바를 실현하기 위해 요구하는 것이 단순히 수단은 아니기 때문이다. 즉, 반 파레이스의 이론에서 토대역량이란 개인이 이용할 수 있는 기회의 하위 집합

---

4. 예를 들어, 반 파레이스가 장애인을 위한 조건적 추가 소득을 예측하지 않은 것은 아니다. 하지만, 이를 얻기 위한 기준은 엄격할 것이다. 그 이유 중 하나는 모든 조건적 소득 지출이 기본소득에 사용할 수 있는 비용을 감소시킬 수 있기 때문이다.

일 뿐이다. 또한, 반 파레이스는 정의론이 기본적으로 자유사회의 '제도적' 성격에 관심을 가져야 하기 때문에, '할 수 있는 것'(능력)이 아니라 '할 수 있는 기회'(광범위하게 이해되는 기회 집합)의 정의로운 분배 방식에 집중해야 한다고 생각한다. 센이 의도하는 바와 같이 기회 영역과 능력 영역을 모두 포괄하기 위해 실질적 자유 개념을 확장시키는 것은 불필요할 수 있다. 이런 개념적·제도적 차이에도 불구하고 중요한 것은, 센이 사람들에게 특정한 기본 토대역량을 보장하지 않고는 자유를 효과적으로 보장할 수 없다는 것을 강조하므로, 인간의 가치 있는 기능성을 행하고 성취할 수 있는 적극적 자유에 대한 그의 호소가 실질적 자유의 방향으로 해석될 수 있다는 점이다.

센이 벌린보다 더욱 풍성한 적극적 자유 개념을 도입했다고 할 수 있다. 반 파레이스의 이론에 대한 탐구는 그런 해석의 근거를 강화했을 뿐이다. 사실, 토대역량접근의 목적과 함께, 반 파레이스의 이론은 센의 주장을 일반화하는 데도 도움이 되었다. 토대역량접근에 수반된 실질적 자유는 사람들의 '능력'에만 관심을 가져야 할 뿐만 아니라, 더욱 일반적으로 역량 강화를 위한 '기회 기반'에도 관심을 가져야 한다는 것이다.

7.3 토대역량, 가치 구축 및 공적 추론

사회정의와 사회에서 사람들이 동등하게 대우받아야 하는 기준에 대한 모든 제안은 적어도 세 가지 다른 관점에서 평가될 수 있다.Korsgaard, 1993 무엇보다도 좋은 삶을 구성하는 것이 무엇인지에 대한 철학적 제안으로 평가할 수 있다. 여기서는 주로 공익사업, 기본재, 기본소득, 토대역량, 덕목 등의 제안된 기준이 삶을 향상시키고 싶은 종류의 것인지에 초점을 맞출 것이다. 그러나 우리는 정치적 공동체로서 정치적 수단과 제도를 통해 이를 실현하려는지 여부의 측면에서, 사회정의에 대한 제안을 정치적 목표로서의 정당성 측면에서 평가할 수도 있다. 그리고 마지막으로, 경제 및 사회정책을 설계하거나 평가하는 데 정확한 척도를 제공하는지, 사회정의 제안에 대하여 정책적 함의에 미치는 영향력을 살펴볼 수 있다.

그러나 이런 관점 간 구분이 상호연관성을 부정할 필요는 없다. 예를 들어, 토대역량을 삶을 향상시키는 중요한 요인으로 보지 않는다면, 우리는 그것을 정치공동체로서 사회에서 실현하기 위해 노력해야 할 바람직한 정치적 목표로 생각하지도 않을 것이다. 마찬가지로, 아무리 매력적이고 타당한 철학적·정치적 이상이라 할지라도, 사회제도와 정책에서 차별성을 보여줄 수 없다면, 시민들의 신뢰와 지지를 잃게 될 것이다. 그럼에도 정치적 개념으로서 사회정의에 대한 제안을 평가할 때는 정당성의 뚜렷한 요소를 찾아야 한다.

애초에 토대역량접근은 시민들의 토대역량 집합에 반영된 실질적 자유의 조건을 증진한다는 점에서 정치적 이상으로서 정당성을 도출한다. 따라서 도덕적 주체로서 국가(집단으로서의 시민들)는 실질적 자유의 실현을 위한 적절한 조건을 창출해야 한다.[5] 이런 정치적 비전은 시민의 선호-충족에서 정당성을 끌어내고, 국가의 궁극적인 목표는 선호

---

5. 현 단계에서 제기될 수 있는 중요한 문제는 실질적 자유의 조건, 즉 모두를 위한 기본 토대역량의 실현을 위해 최상의 조건을 마련하기 위한 국가 강제 및 개입의 필요성과 정당성이다. 국가는 정의와 재분배를 목표하여 시민 삶에 '개입(interfering)'하도록 정당화될 수 있는가? 만약 그렇다면, 어느 수준까지 가능한가? 이런 문제는 이 장의 #7.4에서 다룬다. 해당 내용은 특정 유형(비임의적, 비지배적, 토대역량 증진적)의 강제와 개입은 모든 시민의 실질적인 자유 및 기본 토대역량의 증진 조건과 양립 가능하며, 필요할 수도 있다고 설명한다.

만족을 극대화하기 위한 효율적인 수단, 특히 시장 메커니즘을 고안하는 것이라고 주장하는 고전적 공리주의에 기반한 것과는 다르다. 또한 이는 시민의 기본적 자유를 보호하는 데서 정당성을 찾으려 하지만, 기본적 자유를 효과적으로 활용하기 위한 시민들의 토대역량 요건, 즉 롤스의 용어를 사용하자면 '자유의 가치'를 명시적으로 다루지 않는 자유주의의 형태와도 차이가 있다. 더욱이, 토대역량접근은 '기술적', '집약적' 또는 '사적' 추론이 아닌 공적 추론이 토대역량을 개념화하고, 결정하고, 우선순위를 정하는 데 중심적인 역할을 한다는 사실에서 그 당위성을 도출할 수 있다.

(1) 공적 추론의 특징

우선, 공적 추론은 '기술적' 추론과 구별되어야 한다. 센Sen, 1987a: 2ff. 이 지적했듯이, 기술적 추론은 '공학적 접근법'에 포함된 것이다. 기술적 추론이 '궁극적 목적보다는 주로 절차 문제에 관심'이 있고, '목표들이 대개 직접 주어지는 것으로 간주되며, 그 목표를 달성하기 위한 적절한 수단을 찾는 것이 목적'이기 때문에 이를 정치 영역에서 인간 문제에 대한 추론의 중심적인 방법으로 활용하는 것은 부적절할 것이다.Sen, 1987a: 4 토대역량접근의 관점에서 더 적합해 보이는 것은 공적 토론 및 논의를 포함하는 더 넓은 의미의 '윤리적' 추론이다. 더 넓은 의미의 윤리적 추론은 공약과 정치적 행동에서 '인간 동기의 다중성', 본질적으로 가치 있는 여러 목표, 그리고 무엇보다도 함께 사는 시민 공동체가 일련의 중요한 기본 토대역량을 인식하고 지지하게 되는 공적 토론과 추론의 과정을 고려한다.

공적 추론에 관한 또 다른 익숙한 오해는 집합 모델이다. 예를 들어 영Young, 2000은 다음과 같은 방식으로 집합 모델을 설명한다.

정치체의 개인들은 정부 기관이 하길 원하는 것이 무엇인지에 관해 선호가 다양하다. 그들은 자신과 일치하든 그렇지 않든 다른 사람들도 선호가 있음을 안다. 민주주의는 정당과 정치적 후보들이 공약을 제시하고 가장 많은 사람의 선호를 충족시키고자 노력하는 경쟁 과정이다.Young, 2000: 19

집합적 개념에서 시민들은 정치적 선호를 포함하여 다양한 선호를 지닌 소비자로 보인다. 따라서, 대중적인 '거수 투표' 또는 투표의 더욱 형식적 방법이 개인들의 선호를 종합하는 메커니즘으로 사용되며, 그 결과는 다수의 선호를 반영하는 한 정당하며 정의롭다. 이 모델에 수반되는 공적 추론의 종류는 두 가지 이유로 기술적 추론과 다르며, 더욱 '민주적'으로 간주될 수도 있다. 첫째, 목적은 직접 주어지거나 미리 결정되는 것이 아니라 집합적 결과에 기초하여 결정되며, 둘째, 전문가와 기술관료만이 아니라, 모든 시민이 투표와 참여의 기회를 지닌다는 점이다. 그러나 집합적 모델은 개인의 선호 만족을 정치의 '핵심' 관심사로 만들고, 투표를 '주요' 정치 활동으로 삼기 때문에 문제가 될 수 있다. 센은 개인의 선호 만족에 대한 기여도에 따라 사회 및 정치제도가 배타적으로 평가되어야 한다는 생각을 거부한다. 반면, 그는 '공적 논의, 토론, 비판, 반대는 정보에 입각한 선택과정의 핵심'이며, '공적 토론과 무관하게 주어진 선호를 취할 수 없다'는 생각을 옹호한다.Sen, 1999a: 153[6]

따라서 센은 민주주의에서의 공적 추론에 관한 기술 모델 혹은 집합 모델보다 더욱 근본적인 무언가를 찾는 것으로 보인다. 그는 실질적 민주주의를 위해 필요한 공적 추론의 유형에 대해 고민한다.

민주주의란 정확히 무엇인가? 민주주의를 다수결의 원칙
과 동일시해서는 안 된다. 민주주의는 투표와 선거 결과에 대
한 존중을 포함하여 자유와 자유의 보호, 법적 권리 존중, 자
유로운 토론과 뉴스의 검열 없는 배포 및 공정한 의견 보장이
라는 복잡한 요구를 지닌다. 선거에서 서로 다른 입장이 각자
의 주장을 펼칠 적절한 기회를 얻지 못하거나, 유권자가 뉴스
를 접하고 경쟁 후보의 견해를 고려할 자유를 누리지 못한다
면, 선거에 심각한 결함이 있을 수 있다. 민주주의는 까다로운
시스템이며, 다수결의 원칙 같은 기계적인 조건만 따로 취하
여 생각할 수 없다.Sen, 1999c: 9-10

센은 민주주의와 그 제도가 시민의 토대역량을 강화하고 증진할 수
있는 다양한 방법을 탐구함으로써 민주주의에서 공적 추론의 더욱 중
요한 역할을 구상한다. 먼저, 민주주의는 내재적으로 가치가 있다.Sen,
1999a 이는 사회참여 및 정치참여를 위한 사람들의 기본 토대역량은 그
자체로 삶과 웰빙에 가치가 있으며, 다른 것에 대한 유용성에 관해 공

---

6. 엘스터(Elster, 1986)는 '집합 모델(aggregative model)'을 '주로 사회적 선택이론에
   기초하여 작동하는 민주주의의 경제적 이론'이라고 설명했다. 민주주의의 경제적 이
   론은 '정치적 과정은 그 자체로 목적이라기보다는 수단이며, 결정적 정치행동은 공
   적 행동이라기보다는 사적 행동, 즉 개인적이고 비밀스러운 투표라는 관점'을 옹호하
   는 아이디어다. 여기에는 보통 정치의 목표가 주어진 이익과 불가분하게 반대되는 사
   적 이익 사이의 최적의 타협이라는 생각이 포함된다(Elster, 1986: 103). 센과 마찬가
   지로 엘스터 역시 정치 이론은 개인적 선호 집합에 기반해야 한다는 관점을 거부한
   다. 집합 모델은 '공론장[정치]이 기능 방식뿐만 아니라 목적 또한 시장과 같아야 한
   다'고 보기 때문이다(Elster 1986: 127). 또한 엘스터는 일부 숙의적 모델 및 참여적
   모델 이론가들이 주장하는 정치가 시장과 결별해야 한다는 생각도 거부한다. 4장에
   서 설명한 센의 입장과 유사하게, 엘스터는 국가가 재분배 및 형평성을 목적으로 시
   장을 규제해야 한다는 혼합 모델을 옹호한다. "공론장은 시장의 기능 방식과 달라야
   하지만, 궁극적으로 경제적 문제를 다루는 결정에 관심을 가져야 한다"(Elster 1986:
   128).

리주의적 방식으로 정당화될 수 없음을 의미한다.[1.1] 일부 사람들은 정치적 자유와 시민의 자유가 경제 성장과 번영에 도움이 된다고 주장한다. 그러나 다른 이들은 둘의 연관성이 우연에 불과하거나 약하다고 지적한다.[Roemer, 1999] 정치적 자유와 경제적 자유의 인과적 연관성이 어느 정도이든, 정치적 토대역량은 독립적인 가치와 장점이 있다. 즉, 사람들이 선거나 여론 비판 같은 기본적인 것에 참여하지 못하거나, 더 일반적으로 사회 및 정치 공동체에 효과적으로 참여할 수 없다면, 이는 그 자체로 중대한 권한 박탈로 취급되어야 한다는 것이다.

둘째, 민주주의와 이와 관련한 사회 및 정치참여 토대역량은 심각한 기근과 빈곤 같은 사회적 실패를 예방하기 위해 중요한 도구다.[Sen, 1999a] 게다가, 제한 없는 언론의 자유, 정치적 항의와 반대의 가능성, 자유롭고 공정한 선거, 비판적인 언론과 미디어 등은 시민들이 자신의 '필요'와 '가치'를 표현하고 통치자와 정부에 관심을 요구할 수 있도록 권한을 부여하며, 어느 정도 영향력을 발휘할 수 있게 한다. 동시에 지도자들은 시민의 비판에 직면하여 선거에서 지지를 얻어야 하므로, 시민들이 무엇을 원하는지 귀 기울일 정치적 유인을 창출한다.

셋째, 민주주의는 또한 건설적인 역할을 한다. 더욱 근본적인 수준에서, 특히 대중의 비판과 시위를 통한 정치적 자유의 행사는 긴급한 경제적 필요에 대한 정책적 대응을 요구하는 데 유용할 뿐만 아니라, 이에 따르는 공적 토론과 논의는 이런 경제적 요구를 개념화하고 우선순위를 정하는 데 '형성적' 또는 '교육적' 역할을 한다. 즉, '경제적 요구가 무엇인지, 그 내용과 영향력을 제대로 이해하려면 논의와 교류가 필요하다고 할 수 있다.'[Sen, 1999a: 153] 그러나 센이 이해하는 공적 추론과 민주주의의 건설적 역할은 사람들의 기초적인 경제적 요구를 파악하고 대응하는 데 국한되지 않는다는 사실을 유의하는 것이 중요하다. 공적 토론과 논의는 재분배, 정의, 존중, 연대 가치의 '구축'에 큰 영향을 미친다. 센의 표현대로 '민주주의의 실천은 시민들에게 서로 배울 기회를 제공하고, 사회가 가치와 우선순위를 형성하도록 돕는다.'Sen, 1999c: 10

어떤 의미에서 공적 추론이 가치 구축에 중요한 역할을 할 수 있고, 또한 해야 한다는 생각은 토크빌의 민주주의에 대한 찬양을 다시 돌아보게 한다. 토크빌Tocqueville, 1965은 법 앞에 만인의 평등을 보장하고 공적 토론과 논의의 기회를 보장하는 민주주의 체제가 위계와 사회계층을 유지하는 정부 형태보다 시민 간 연민과 연대의 가능성이 크다고 주장한 바 있다. 더욱이, "제대로 기능하는 다당제 민주주의에서는 기근이 발생한 적이 없었다"라는 센의 주장에도 연대와 가치 구축의 과정이 있다.Sen, 2003: 33; Alexander, 2005c

일반적으로 국가나 지역에서 기근으로 인한 잠재적 희생자의 비율은 전체 인구의 5~10% 정도로, 상대적으로 적은 경우가 많다. 엄밀히 말하면, 이 상대적으로 적은 비율의 인구가 정부에 투표하지 않더라도 정부가 붕괴할 우려는 없다. 그런데도 민주주의가 제대로 기능하는 국가에서 기근이 정부에 큰 위협이 되는 이유는 무엇인가? 공적 추론과 연대를 통해 다른 시민들이 정부를 비판하고 반대표를 던질 가능성이 크기 때문이다. 공적 추론을 통한 가치 구축의 가능성은 토대역량을 정치적 목표로 제시하고 설득력 있는 대중적·정치적 개념으로서 토대역량접근의 정당성을 강화한다는 점에서 중요해 보인다. 또한, 토대역량과 그 우선순위에 대한 공적 숙의에서 발생할 가능성이 큰 의견 불일치를 해결하는 데 특별한 의미가 있다.

(2) 공적 추론의 내용으로서의 토대역량

토대역량 이론가들이 구상한 공적 추론의 종류는 자신이 옹호하거나 찬성하는 원칙 및 정책에 대해 서로 설명을 제공하는 '도덕적 의무' 혹은 '시민성의 의무'를 통해 표현되는 롤스의 '상호호혜성의 기준'과 공적 추론을 연계함으로써 좀 더 밝혀질 수 있을 것이다. 판사, 입법자, 공무원 같은 공직자들뿐만 아니라 일반 시민도 어떤 의미에서는 공적 추론을 통해 자신의 정치적 행동을 지지할 도덕적 의무가 있다.Rawls, 1993: l-lvii, 213-219 센은, 이런 추론 제공 의무를 상세히 설명하면서, 관용과 타인에게 배우려는 의지를 공적 추론의 두 가지 필수적인 특징으로 추가한다. "공적 추론의 이상은 특정한 사회적 실천, 즉 서로 다른 관점에 대한 관용(동의하지 않는 것에 대한 수용성과 함께)과 공적 논의의 권장(타인에게 배우는 가치에 대한 지지와 함께)과 밀접히 연관되어 있다."Sen, 2003: 31

다시 말해, 센과 다른 토대역량 이론가들은 특히 관련 기본 토대역량의 선택과 정책적 고려를 위해 우선순위를 정함에 공적 추론이 기본적으로 '정치적' 활동이라고주장한다. 이는 롤스와 다소 유사하다. 따라서, 토대역량접근과 관련된 공적 추론은 포괄적 원칙과는 무관하다. 종교적이거나 세속적인 포괄적 원칙의 특징에 영감을 받은 개인은 좋은 삶과 웰빙의 구성요소로 많은 것을 믿고 중요하게 여기는 '사적인' 이유가 있을 수 있다. 하지만 토대역량에 대한 숙의와 결정이 이루어지는 것은 정치적 영역에 속하기 때문에, 시민으로서 개인은 자신의 사적이고 공적이지 않은 추론과 신념이 모두 공적 추론에 반영되고 대표될 수 있는 것은 아니라는 사실을 이해하고 받아들여야 한다. 공적 추론은 이런 의미에서 부분적이거나 제한적일 수 있다. 즉, 시민의 포괄적 원칙과 공적이지 않은 추론(특히 시민들의 토대역량 결핍을 초래할 수 있는 것들)에 대한 일부 요구는 정치적 결정을 내리는 데 제한적이거나 제한된 역할만 할 수 있다.

필연적으로, 숙의 참여자 간 의견 불일치와 갈등이 생겨날 수밖에 없다. 센은 다음과 같이 말한다. "나는 아무도 반대하지 않는 가치를 알지 못한다. 심지어 모성조차도…."Sen 1999c: 12 예를 들어, 관련 토대역량의 선택과 관련하여 의견 불일치가 발생할 수 있다. 어떤 사람에게는 가장 중요하고 시급한 것으로 보이는 것이 다른 사람에게는 사소하거나 덜 시급한 것으로 밝혀질 수 있다. 또한, 의견 불일치는 다양한 토대역량의 성취를 위해 제한적이고, 심지어 때로 부족하기도 한 공공 자원을 배분하는 것에서 발생할 수 있다. 갈등과 의견 불일치가 발생할 경우, 기술적 모델과 집합적 모델의 지지자들은 여러 사적 이익 간 '타협'을 추구하는 해결책에 너무 쉽게 의지하는 경향이 있다.

그러나 센은 관련 당사자들의 주장과 의견을 상호 존중하는 분위기에서 진행된 공적 토론과 논의를 통해 어느 정도 합리적 합의에 이를 수 있다고 믿는다. 상호존중은 동의하지 않는 주장을 수용해야 한다는 것이 아니라, 다른 사람들이 말하는 것을 듣는 태도를 요구하며, 진심으로 모든 이성적인 사람이 지지할 수 있다고 믿는 이유에 따라 우리의 주장을 정당화하는 것을 의미한다. 예를 들어, 간디가 주장했듯, 비폭력이 보편적으로 가치 있다고 주장할 수 있는 것은 모든 사람이 수용할 수 있고 이 가치에 따라 행동하기 때문이 아니라, 이것이 가치 있다고 간주할 만한 충분한 이유가 있기 때문이다.Sen, 1999c: 12 공적 추론을 합의 도출을 위한 효과적 의사결정 절차로 생각해서는 안 된다. 오히려, 공적 추론은 주장과 반론, 반대와 의견 불일치라는 특별한 종류의 '공동체적' 역동이며, 합의를 도출하든 아니든 상호 동의한 정당화 방법을 적용한다.

대조적 관점에서, 토대역량접근의 기초가 되는 공적 추론의 내용은 정치적 자유주의를 지지하는 것보다 훨씬 포괄적이며, 롤스의 것보다 더욱 어렵고 힘든 것으로 보인다. 롤스^{Rawls 1993: 223ff}는 자유민주주의에서 기본적으로 세 가지가 공적 추론을 이끌어야 한다고 주장한다. 입헌 민주주의 체제에서 발견되는 기본적 자유 및 기회, 다른 재화 및 완벽주의적 가치에 우선하는 기본적 자유의 특별 우선순위, 기본적 자유 및 기회를 효과적으로 사용하기 위한 '기본재'의 적절한 척도가 그것이다. 롤스는 토대역량이 공적 추론 내용의 일부로 유의미하게 포함될 수 있다고 생각하지 않는 것 같다. 혹은, 2장에서 지적했듯, 롤스는 기껏해야 기본 토대역량 결정에 관여하는 '포괄적' 관점이 정치적 자유주의와 관련된 공적 추론의 내용에 반하지 않는 한, 토대역량에 '부차적'이거나 '보조적' 역할을 부여할 수 있을 것이다. 그러나 토대역량 이론가들에게 정치이론은 기초적인 시민권 및 정치적 권리뿐만 아니라, 정보를 제공하고 공적 추론을 형성하는 내용으로서 요구되는 기본 토대역량을 포함해야 한다.

공적 추론의 중요성에 어느 정도 동의한다고 하여 모든 토대역량 이론가들이 공적 추론과 토대역량접근의 동일한 연계 방향을 추구하는 것은 아님을 강조해야 한다. 첫 번째 이론가 집단은 특정 세계관이나 좋은 삶의 포괄적 개념에서 미리 일련의 토대역량을 선택하는, 완전히 구체화된 내용 기반 접근 방식을 옹호하는 경향이 있다. 누스바움의 토대역량접근처럼, 공적 추론은 부분적으로 내용 기반의 방향성을, 그리고 부분적으로는 절차적인 방향성을 취하여, 순수 내용 기반 접근과 연결된 문제들을 어느 정도 극복할 수 있다. 이는 입법자, 정책 입안자, 시민이 근거하여 공적 토론 및 숙의를 할 수 있는 일련의 정치적 목표로서 토대역량의 기본적 목록이 기능할 수 있다는 점에서 내용 기반이다. 동시에, 이 목록은 '개방형'이고 목록의 개별 항목이 인권 목록과 유사한 매우 추상적인 수준에서 정의되었기 때문에 다양한 합리적 종교 및 철학 세계관과 양립할 수 있으며, 공적 토론과 숙의를 창출하고 촉진할 수 있는 본질적 속성을 지닌다.

로베인스Robeyns, 2003는 누스바움이 토대역량의 한정적 목록을 지지한다는 사실에 비판적이다. 따라서 그녀는 관련 토대역량 선택을 위한 일련의 '기준'(문화적 감수성, 방법론적 정당화 등)을 나열하는 우회적 방법을 취한다. 그러나 이런 기준으로 그녀 또한 서구 사회의 젠더 불평등 분석을 목적으로 하는 토대역량 목록을 제시한다. 센 자신은 미리 결정된 공적 추론의 내용으로 기능하는 토대역량의 어떠한 특정 목록도 제안하거나 지지하지 않고, 절차적 접근을 옹호하는 경향이 있는 듯하다. 센이 모든 사회정의 이론에서 주목해야 할 많은 기본 토대역량(영양, 보건 교육, 자존감, 정치참여)을 반복하여 지적했지만, 토대역량접근이 공적 추론의 실질적 내용으로서 기능하는 특정 목록을 지지해야 한다는 생각은 수용하지 않는다.

문제는 중요한 토대역량을 나열하는 것이 아니라, 어떠한 사회적 논의나 공적 추론 없이 이론가들에 의하여 미리 결정된 기본 토대역량 목록을 주장하는 데 있다. 전적으로 순수 이론으로부터 비롯된 고정 목록을 보유하는 것은 무엇이, 왜 포함되어야 하는지에 관한 생산적인 공적 참여의 가능성을 부정하는 것이다.Sen, 2004b: 1

사실 센에게 정치적 정당성 관점에서 기본 토대역량 목록을 만드는 '과정'은 '결과'만큼 중요하다. 그러므로 가장 적절한 토대역량 목록을 제공하는 데 초점을 맞추기보다, 다양한 문화와 맥락을 위한 토대역량 목록을 만들 수 있는 공정하고 일관적인 공적 추론의 민주적 절차를 탐색하는 것이 중요하다.

7.4 공화주의와 토대역량접근

이상에서 살펴본 바와 같이 사회정의를 형식적 자유와 소극적 자유가 아닌, 실질적 자유와 실질적 기회의 실현으로 이해하고, 실현되어야 할 기본 토대역량의 결정을 민주주의와 공적 추론과 연계할 때, 국가와 같은 정치적 공동체는 적절한 조건과 제도를 수립하고 유지할 도덕적 의무를 부여받는다. 특히, 도덕적 주체로서 국가는 공공재 제공과 물적·사회적 자원 분배를 보장하여 기본 토대역량 실현을 위한 조건을 최대한 갖출 수 있게 해야 한다. 이는 국가 개입의 정당성에 관한 근본적인 질문을 제기한다. 일반적으로 모든 형태의 강제나 개입은 도덕적으로 잘못된 것이다.

하지만 시민들의 토대역량 전망 증진과 평등 달성의 목표를 추구한다면, 시민들의 삶에 국가가 개입하는 것을 정당화할 수 있는가? 그렇다면 어떤 종류의 국가 개입이 개인의 자유와 양립할 수 있는가? 자유주의자들은 특히 자유를 국가나 동료 시민에 의한 간섭의 부재로 정의했으므로, 자유주의자들의 일반적인 답은 부정적이었다. 역사철학자 쿠엔틴 스키너Quentin Skinner, 1998가 명백하게 밝히고 있듯, 오늘날 정치 철학의 '자유주의적 헤게모니' 및 불간섭으로서의 자유에 대한 집착은 17세기 중반의 권위주의자(혹은 '왕정주의자')의 관점으로 거슬러 올라갈 수 있다. 권위주의자들은 '주권자'의 절대적 권력을 옹호하며 개인의 자유 성취를 위해 불가피한 것으로 간주할 뿐만 아니라, 국가와 법의 소극적 역할도 옹호했다.

국가 권력과 국민 자유의 관계에 대한 연관된 관점이 두드러지게 나타난다. 시민 사회의 구성원으로서 자유롭다는 것은 단순히 자신이 원하는 목적의 추구를 위해 역량을 행사하는 데 방해받지 않는 것이라고 촉구되었다. 국가의 주요 의무 중 하나는 동료 시민의 행동권을 침해하는 것을 방지하는 것이며, 이는 법 집행력을 모든 사람에게 동등하게 부과함으로써 이행하는 의무다. 하지만 법이 끝나는 곳에서 자유는 시작된다. 법적 요구로 행동하거나 행동하지 못하도록 물리적으로나 강제적으로 제약받지 않는 한, 자신의 힘을 자유롭게 행사할 수 있으며 그 수준까지 시민적 자유를 소유할 수 있다.^{Skinner, 1998: 5}

스키너의 분석과 같은 관점의 상징적 설명은 홉스Hobbes에서 찾을 수 있다. 『리바이어던Leviathan』 14장에서 홉스는 다음과 같이 제시한다. "자유LIBERTY는 그 단어의 고유한 의미에 따라 외부의 장애가 없는 것을 의미하며, 이런 장애는 하고자 하는 일을 할 수 있는 인간의 힘을 일부 빼앗을 수 있다."^{Hobbes, 1985: 189} 21장에서 그는 이런 관점을 다시 반복한다. "자유인Free-Man이란 자신의 힘과 지혜로 할 수 있는 일에서, 하고자 하는 일에 방해받지 않는 사람이다."^{Hobbes, 1985: 262} 이런 홉스주의 관점에서 사람들은 물리적으로 강제되었을 때만 방해받고 자유롭지 못하게 된다. 따라서, 누군가 자유롭게 행동했다고 할 때 이는 그 사람이 외부의 제약이나 방해 없이 그렇게 했음을 의미한다. 반대로, 누군가 행동할 자유가 없다고 할 때 이는 그 사람의 힘으로 할 수 있는 행동이 외부 힘으로 불가능해졌음을 의미한다. 홉스는 우리가 일반적으로 생각하듯 인간 행동과 관련하여 의지의 기능을 인정하지 않는 것은 아니지만, 세계와 인간에 대한 그의 '유물론적'(기계론적) 관점으로 인해 의지에 제한된 역할만을 부여했다. 의지는 궁극적으로 행동으로 드러나므로, 우리가 관심을 두어야 하는 것은 행동 자체와 그 행동에 대한 외부 제약의 가능성이다.

자유를 바라보는 이런 방식, 즉 말 그대로 물리적 강제의 부재로 이해되는 자유는 홉스의 법에 대한 관점에도 반영되어 있다. 홉스는 법을 삶에 대한 침해로 보며, 따라서 사람들의 자유 정도는 그가 '법의 침묵'이라고 부르는 것에 따라 크게 달라진다. 순응하거나 지켜야 할 법이 없는 한, 완전히 자유를 소유할 수 있다. 홉스는 '통치자가 아무런 규칙을 정하지 않으면 피지배자들은 재량에 따라 행하거나 예측할 자유가 있다'라고 말한다.Hobbes, 1985: 271 요컨대, 홉스는 물리적으로나 법적으로 강압 받지 않는 한 피지배자는 자유롭다는 관점을 옹호한다. 홉스가 자유주의자가 아니라는 것을 강조하는 게 중요할 수도 있지만, 그는 국가 및 법에 따른 불간섭으로서의 자유라는 현대의 자유주의적 개념을 예견했다.

토대역량 이론가들은 이런 자유의 좁은 개념에 도전하고 거부한다. 토대역량 이론가들에게 자유는 단순히 간섭의 부재가 아니라, 가치 있는 삶에 필요한 역량과 기회의 존재로 구성된다. 이는 토대역량이론가에게 국가와 법에 따른 특정 자격을 갖춘 형태의 개입이 용인되어야 하며, 모든 사람의 토대역량을 증진한다는 조건 아래 그런 개입을 필요한 것으로 간주해야 함을 의미한다. 자유주의적 개념을 벗어나 대안을 찾으려는 사람들이 토대역량 이론가들만은 아님에 주목하는 것이 중요하다. 스키너Skinner, 1999와 페팃Pettit, 1997a의 저서에서 확인되고 설명된 바와 같이, 시민권, 공공 가치, 그리고 무엇보다도 '신로마 자유국가론'과 노예 대 자유 논의에서 등장한 비지배로서의 자유라는 고유 개념을 강조하는 공화주의 정치 전통의 부활과 부흥이 있었다. 공화주의 전통과 관련된 중요 요소를 통합하기 위해 토대역량접근의 이론적 틀을 확장하면, 자유와 정의에 대한 자유주의적 개념에 대한 비판을 급진적으로 만들 수 있는 개념적 자원을 제공할 뿐만 아니라, 자유주의에 대한 설득력 있는 대안으로 부상할 수 있을 것이다.

(1) 신로마 자유론

스키너Skinner, 1984; 1988는 간섭의 부재로서의 자유에 대한 자유주의적 이해를 물리적 또는 법적 강압과 침해의 부재가 아닌, 오히려 자유 국가의 고전적 이상civitas libera과 연계한 정치적 사상과 대비한다. 스키너는 이를 자유의 '신로마 이론'이라고 부른다.[7] 이 관점에서 구체화한 요소들이 고대 로마의 법률 및 도덕 사상으로 거슬러 올라갈 수 있기에 '신로마적neo-roman'이라고 한다.[8] 그러나 이 관점은 후에 이탈리아 르네상스 시대의 '공화주의적 자유republican liberta' 옹호자들, 특히 마키아벨리Machiavelli에 의해 부활되고 주창되었다.Viroli, 1998: Chapter 4 또한 이는 해링턴J. Harrington, 시드니A. Sydney 등의 저술과 영국 남북전쟁 및 영연방 시대 이후 두드러졌다.Skinner 1994; 1998

홉스 같은 권위주의론 경쟁자와 구별되는 이 전통 고유의 특징은 '자유 시민free citizen'과 '자유 국가free state'의 밀접한 관계다. 신로마 전통에서 개별 시민의 자유는 '시민 공동체civil association' 혹은 국가가 자유롭다는 의미 맥락에 내재한다. 즉, 자유 국가에서만 개인은 자유로울

---

7. 스키너는 일부 초기 저서에서 이런 아이디어를 공화주의적 이상이라고 지칭했다. 하지만 후기 저서에서는 이를 신로마 이론이라고 지칭했다.

8. 로마인들에게 '인민에 의한 통치(rule by the people)'를 의미하는 그리스 단어 demokratia에 대응하는 단어가 없다는 점이 흥미로울 것이다. 하지만 로마인들은 그리스 철학자들의 개념을 라틴어로 바꾸어 표현하면서 res publica(공화국, 국가 또는 공동선)라는 새로운 단어를 도입했다. 이 개념은 '자유민의 정부(government of the free)'를 의미할 뿐만 아니라, 준법(법치)과 입헌주의를 포함한다.

수 있다. 따라서, 이 관점의 옹호자들은 개인의 자유나 권리에 초점을 맞추기보다는 기본적으로 전체 시민 공동체 혹은 국가의 자유에 관심을 두었다.

스키너Skinner, 1998: 25ff.가 제안한 것처럼 신로마 이론가들이 '자유 국가'로 의미하는 바가 무엇인지 이해하는 좋은 방법은 '몸의 정치'라는 고대 은유가 그들에게 어떤 의미를 지니는지 살펴보는 것이다.

> 개인의 신체가 마음대로 행동하거나 행동을 자제할 수 있는 경우에만 자유로운 것처럼, 국가와 국가 조직도 원하는 목적 추구를 위해 의지에 따라 권력의 사용을 제약받지 않을 때 자유롭다. 따라서 자유 국가는 자유로운 사람과 마찬가지로, 자치 역량에 의해 규정된다. 자유 국가는 몸의 정치 행위가 구성원 전체의 의지로 결정되는 공동체다.Skinner, 1998: 25-26

홉스나 일부 현대의 순수 권리 기반 자유주의 정치이론의 관점에서 보면, 개인적 자유보다 '자유 국가' 특성에 초점을 맞추는 것이 잘못된 방향으로 보일 수 있다. 하지만 자세히 살펴보면 이런 사고방식이 개인의 자유를 중요하지 않은 것으로 여기는 것이 아니라, 부와 시민적 탁월함 같은 다른 이익과 함께, 자유 국가에 사는 모든 구성원에게 보장되는 부차적 결과로 여겨졌음을 알 수 있다. 예를 들어, 마키아벨리는 이런 관점을 반영하여 권리라는 용어를 사용하지 않고, 부, 번영, 사회적 인정, 시민적 명예와 함께 개인적 자유를 누리는 것을 질서가 잡힌 정부 아래 살아가면서 얻는 '이익' 혹은 '혜택'의 하나로 이야기하는 것에 만족한다. 또한, 마키아벨리는 개별 시민이 자유로운 삶의 영위를 바라는 것은 자유 국가로 살아가는 지역과 지방에서만 가능하다고 명시

적으로 언급한다.Viroli, 1998: Ch. 4

더욱이 레 푸블리카(res publica, 공동선)라는 개념은 신로마 이론가들에게 자유 국가의 의미와 자유 국가만이 개인적 자유를 가능하게 한다는 확언에 대해 더 많은 것을 설명할 수 있다.Skinner 1998: 30ff 신로마 이론가들이 지적하는 자유 국가는 레 푸블리카다. 우선 신로마 전통에서 레 푸블리카는 공리주의에서 말하는 총체적 공리가 아니다. 또한, 신로마 사상가들이 옹호하는 레 푸블리카는 스콜라 정치 철학에서 여러 형태로 채택된 좋은 삶에 대한 아리스토텔레스적 전제와는 상당히 다르다. 신로마 이론가들은 진정 자유라고 인정되기 위해 실현해야 할 하나 이상의 완벽한 목표와 덕목이 있다고 하지 않고, 시민마다 성향이 다르므로 자신이 선택한 목표를 추구하는 수단으로서 자유를 가치 있게 여길 것이라고 주장한다. 따라서, 공익에 대한 공리주의적 혹은 목적론적 이해와 달리, 신로마 이론가들이 말하는 레 푸블리카는 'res(정부)'가 진정 의지를 반영하고, pulica(공동체 전체)의 이익을 증진한다고 주장될 수 있는 일련의 '입헌 제도'를 가리킨다.

'입헌' 체제 아래 '통치자'와 '시민'이 공익을 추구하므로, 법은 중심적 위치를 차지한다. 사실, 신로마 이론가들에게 법은 홉스나 다른 권위주의자들이 고려하는 것과 정반대 의의를 지닌다. 앞서 언급했듯, 홉스와 다른 이들에게는 법이 끝나는 곳에서 자유가 시작한다. 다시 말해, 법이 다른 사람들을 강제함으로써 우리의 자유를 보호하며, 자신의 주위에 원을 그려 다른 이들이 통과하지 못할 보호 구역을 만들어 내는 동시에, 다른 이들의 자유를 간섭하지 못하게 만든다. 대조적으로, 신로마 이론가들에게 법은 개인적 자유를 보존하고 가능하게 한다. 예를 들어 마키아벨리는 다음과 같이 말한다. '사람을 부지런하게 하는 것은 배고픔과 가난'인 반면, '법은 선하게 만든다'Skinner, 1984: 244에서 인용. 유사하게, 시드니와 해링턴 같은 이들과 함께 마키아벨리는 '법의 제국'이 '인간의 제국'보다 훌륭하다고 굳게 믿었다. 따라서, 이런 이론가들은 법에 의한 자유의 보전은 다른 이들을 단순히 강제함으로써가 아니라 특정 방식으로 행동하도록 강제함으로써 가능하다고 주장했다. 법의 '강제적' 힘은 우리를 이기적 행동 패턴에서 벗어나게 하고, 이에 따라 우리의 자유가 달린 시민 공동체 혹은 국가가 자유롭게 유지되도록 쓰인다.Skinner, 1998: 45

더욱 중요한 것은, 신로마 이론가들은 법이 노예제와 노예제 조건에서와 같이 권력과 지배의 '임의적' 사용을 배제하여 개인의 자유를 가능하게 하고 보존한다는 점을 지적하려 했다는 점이다.Skinner, 1998: 417 노예제를 금지하는 법이 없는 한, 주인이 자비롭거나 노예가 매우 '영리'하여 지배를 피할 수 있다 하더라도, 영속적 예속과 의존의 조건에서 노예는 여전히 불쾌한 상태로 남는다. 다시 말해 노예는 항상 주인의 선의에 의존하며 자의적 권력 행사에 취약한 상태에 있다. 마찬가지로 신로마 이론가들은 법 밖에서 특권이나 재량권을 행사할 수 있는 어떤 형태의 정부에서 살아갈 때, 그들은 사실상 노예로 살고 있음을 지적한다.

(2) 비지배로서의 자유

'신로마' 전통의 역사적 선례와 유산에 기반하여, 페팃Pettit, 1997a은 비지배로서의 자유 개념에 기초한 '공화주의'[9] 정치 이론을 주장한다.[10] 페팃은 현대의 정치 철학이 불간섭으로서의 자유 개념에 너무 집중하여 타인의 간섭이 부재할 때도 존재할 수 있는 많은 비자유의 조건에 주목하지 못한다고 주장한다. 이 장 서두[#7.1]에서 지적했듯이, 사회정의에 관한 자유주의적 이론화 방식에 대한 토대역량 이론가들의 불만은 그것이 사람들의 소극적 자유에 초점을 맞추는 경향이 있으며, 가치 있는 기능성을 성취하기 위한 토대역량에 반영되는 실질적 자유에 거의 주목하지 않는다는 것이다. 그러나 페팃은 대다수 여러 자유주의가 간과하고 토대역량접근이 간접적으로만 다루는 것으로 보이는 비자유의 조건에 주목한다. 이런 지배 조건에 주목하고 이를 극복할 방안을 찾는 것은 모두의, 특히 사회의 빈곤 집단 및 취약 집단의 기본 토대역량 실현을 위해 중요하다.

자유국가에 대한 신로마 이론에 영감을 준 노예제라는 고대 주제를 꽤 반영하듯, 페팃이 염두에 두고 있는 비자유의 조건은 사람들이 타인의 자비에 따라 살며, 타인의 자의적 간섭과 강요에 취약하고 노출된 채 살아야 한다는 것이다. 마음대로 아내를 때리는 남편과 이에 대한 구제 가능성이 없는 아내, 직원을 마음대로 착취하고 해고해도 아무런

---

9. 경제, 가족, 시민사회보다 정치 영역을 우선시하는 그리스의 직접 민주주의 모델을 되살려야 한다는 아렌트(Arendt, 1958)의 주장 이후, 공화주의는 다수의 민중적인 개념을 얻게 되었다. 그러나 비지배로서의 자유에 관한 '신 로마'이론의 역사적 연관성을 고려할 때, 페팃의 공화주의는 대중의 '능동적(active)'이고 '직접적인(direct)' 민주 참여를 정치 개념의 최고 목표 중 하나로 삼는 '민중주의(populist)' 공화주의 개념과 구분되어야 한다. 그리고 정치 공동체 구성원 사이의 공유 목적과 가치가 있어야 한다고 주장하는 일부 '공동체주의(communitarian)' 공화주의 개념과도 구별되어야 한다. Pettit (1997a: 7-9)을 참고하라.

10. 현대 정치 철학자 중에서 왈저(Walzer) 역시 비지배 개념을 사회정의의 가장 근본적인 것으로 언급하지만, 사회정의 '영역(spheres)' 혹은 '분야(realm)'라는 더욱 넓은 맥락에서 논의한다. "정치적 평등주의 목표는 지배 없는(free from domination) 사회다"(Walzer 1983: xiii, 저자 강조). 『정의의 영역(Spheres of Justice)』(1983)에서 왈저는 응분, 필요, 자유 교환같이 각 영역에서 다양한 분배 기준이 적용되는 '복합적 평등(complex equality)' 이론을 옹호한다. 왈저의 복합적 평등 이론에 따르면, 사회적 부정의의 본질은 하나의 사회적 영역의 재화가 다른 영역의 분배 양상에 영향을 미치는 지배다. 예를 들어, 돈으로 표를 사고 사회적 지위로 고위직을 보장받는 경우가 그러하다. 따라서 왈저는 사회정의의 핵심이 단일 분배 원칙이나 여러 원칙의 단일 집합이 아니라, 한 영역의 분배 원칙이 다른 영역의 분배를 지배하지 않는 재화 분배를 가능하게 하는 복잡하고 해석적인 사회적 대화라고 한다. 이는 토대역량접근이 이론적 구조를 확장하고 지배 문제를 다뤄야 한다는 우리의 주장을 더욱 확고히 한다.

제재를 받지 않는 고용주, 정해진 절차를 따르지 않으며 권력을 행사하고 개별 시민을 위협하는 관료, 세무관, 경찰 등 이들 모두는 피지배자에 대한 고도의 자의적 권력을 누린다. 아내, 직원, 대중과 같이 지배받는 개인들은 적극적으로 지배자에게 강요받거나 방해받지 않더라도 미래가 불확실하며 여건에 취약한 삶을 살게 된다. 즉, 지배자들은 여전히 간섭할 수 있고, 자의적으로 간섭할 수 있는 역량을 지닌다. 이런 비자유의 조건을 극복하기 위해 페팃은 간섭뿐만 아니라 지배도 없어야 하며, 특히 지배에 대비한 안전성과 면책이 필요하다고 지적한다.

다시 말해, 개인적 자유를 보장하기 위한 레 푸블리카와 법의 필요성에 관한 신로마 이론가들의 주장은 비지배로서의 자유를 달성하기 위한 중요한 방법의 하나가 '헌법 조항'임을 잘 보여준다. 페팃이 부활시키고 발전시키려는 공화주의적 정치 개념에서 비지배로서의 자유 조건은 헌법적 조치를 통해 시민이 다른 시민, 집단, 국가에 의한 지배로부터 안전할 때 비로소 확보될 수 있다. 페팃은 다음과 같이 말한다.

> 헌법 조항 전략은 … 가령 법인 및 선거 관리 같은 헌법적 권위를 도입함으로써, 지배의 제거를 추구한다. 권위는 다른 권력 당사자들의 자의적 간섭과 그런 종류의 간섭을 처벌할 힘을 박탈할 것이다. 따라서 다른 이들에 의한 일부 당사자들의 지배를 제거할 것이며, 그 자체가 그 당사자들을 지배하지 않는다면, 지배의 종식을 가져올 것이다. 헌법적 권위가 관련 당사자들을 지배하지 않는다면, 그 이유는 헌법적 권위가 실행하는 간섭이 그들의 생각에 따른 이익을 추적해야 하기 때문이며, 이것이 공익에 적절히 대응하기 때문이다.Pettit, 1997a: 67-68

비지배로서의 자유가 법률 및 헌법적 권위에 의존하게 하는 것의 한 가지 중요한 이점은 공동 '인식' 혹은 '경계'를 촉진한다는 점이다.Pettit, 1997a: 70 공화주의적 정치이론에서 비지배로서의 자유는 기본적으로 고립과 타인의 부재를 통해 실현되는 것이 아니라, 타인과 상호작용하는 주체의 존재를 통해 실현되는 사회적 이상이다. 이는 공동체의 모든 구성원이 그들이 지배될 수 없으며 지배가 발생했을 때 구제 시스템에 의존할 수 있다는 공적 지식을 공유함을 의미한다. 또한, 이는 모든 개인이 '정신적 평온함' 속에 살 수 있는 필요 배경 조건을 갖추고, '타인의 눈을 보는' 자신감을 누릴 수 있음을 의미한다. 이를 가능하게 하는 것은 다른 어떤 사적 지배에 대한 면책 조항보다도 헌법 조항이다.

또한, 헌법 제도를 중심으로 하는 비지배로서의 자유는 간섭 그 자체에 적대적인 것이 아니라, 임의로 발생하거나 영향받는 이들의 이익 및 생각을 따라가지 않는 간섭에 반대하는 것이다.Pettit, 1997a: 65-66 사실 비지배로서의 자유는 모두를 위한 비지배 조건과 일치하면서 이를 극대화하는 특정 유형의 '비지배적 간섭'을 용인할 뿐만 아니라 조장한다. 예를 들어, 의회, 판사, 경찰은 법을 제정, 해석 또는 시행할 때 시민의 삶에 간섭한다. 그러나 그들의 간섭을 부정적 의미의 간섭으로 간주하지는 않는다. 이는 그들의 간섭이 공정한 법치의 틀에서 자의적이지 않고, 간섭 대상이 되는 사람들의 웰빙과 이익을 고려하는 방식으로 이루어져야 하기 때문이다.

마지막으로, 국가가 수용할 수 있는 유형의 비지배적 간섭, 특히 법안에서 이루어지며 시민의 생각과 이익을 추적하는 간섭은 사회정의의 이름으로 재분배의 특별한 중요성을 상정한다. 이는 어떤 형태의 재분배라도 일정 수준의 국가 간섭을 수반하기 때문이다. 일부 사람에게 세금을 부과하여 다른 이들에게 제공하는 것 같은 가장 기본적인 간섭도 세금을 낸 사람들의 돈의 사용 방식 선택권을 박탈함으로써 간섭을 수반한다. 그러나 토지 소유권, 교육, 자존감, 정치적 공직 등 다른 더욱 실질적 유형의 재분배는 시민의 삶에 더 높은 수준의 간섭을 요한다. 이 모든 문제에서 정치적 개념이 자유의 이상을 불간섭으로 포괄한다면, 불평등한 현 질서를 수용하는 경향이 있을 것이다. 반면 페팃의 공화주의적 개념의 경우와 같이 정치적 목표가 비지배의 조건을 최대화하는 것이라면, 재분배 목적의 비지배적 간섭에 내재적으로 반대할 이유가 없다.

토대역량접근을 공화주의적 정치이론과 비교하면 공통점이 많다. 두 접근 모두 불간섭으로서의 자유에만 토대한 정치적 개념을 옹호하는 자유주의 이론을 비판한다는 점에서 공통점이 있다. 토대역량접근과 공화주의는 불간섭이 자유를 위해 필요하나 자유의 중요한 차원을 포괄하기에 충분하지 않아서 사람들의 토대역량과 비지배 조건에 집중해야 할 것이라는 생각을 공유한다. 또한, 두 접근 모두 개인의 자유를 성취하기 위해 '시민 공동체' 혹은 국가의 중요성을 강조한다. 자유국가를 벗어나 자유로운 시민을 생각하기란 불가능하다. 실제로 법치에 기반하고 시민의 토대역량을 증진하는 민주국가는 개인의 자유를 가능하게 한다. 또한, 두 접근은 국가와 법에 따라 특정 조건의(자의적이지 않고, 지배적이지 않으며, 토대역량을 증진하는) 간섭 형태는 자유와 상당히 일치한다고 믿는다. 예를 들어, 식량, 건강, 교육에 대한 개인 권한을 지원하는 개입주의적 공공정책은 개인적 자유 증진에 중요한 역할을 할 것이다.[Sen, 1989b: 289] 개인 삶에 대한 이런 유형의 간섭은 실제로 모두를 위한 기본 토대역량의 실현을 위해 가능한 한 최상의 조건을 갖추는 데 필요한 종류의 공공재를 재분배하고 창출하는 데 필요할 수 있다.

이런 공통점에도 불구하고 공화주의의 관점은, 토대역량접근에는 비지배로서의 자유의 공화주의적 개념에서 특징적으로 주목 및 강조되는 요소들이 누락되어 있다. 더욱 분명하게 말하자면, 가난하고, 글을 모르며, 건강하지 않아 자신의 선택으로 삶을 영위할 수 있는 특정 기본 토대역량이 부족할 때, 사람들은 취약해지고 특정 유형의 착취와 지배 대상이 될 수 있다. 따라서, 기본 토대역량의 향상은 궁핍과 빈곤에서 벗어날 힘을 부여하고, 자의적 간섭과 지배에 저항하는 데 필요한 자신감을 부여할 수 있다. 하지만 이는 비지배로서 자유라는, 사회적으로 급진적인 이상에는 미치지 못하는 듯하다. 즉, 토대역량접근은 주로 '실질적 자유'와 가치 있는 삶을 영위하는 데 필요한 기본 토대역량을 누리는가에 초점을 맞추는 반면, 공화주의 이론은 더 나아가 '실제 자유'의 삶과 그에 상응하는 토대역량을 누리는 것이 타인의 호의나 선의에 달려있는지를 질문한다.

토대역량접근의 일부 옹호자와 비판가는 토대역량접근의 급진주의 부족에 우려를 제기했다. 예를 들어, 바그치[Bagchi, 2000]는 토대역량접근이 주로 제도가 개인의 교환 권한에 영향을 미치는 방식에 초점을 두며, 인간 역량을 심각한 방식으로 제한하는 생산과 지배의 관계를 직접 다루지 않는다고 지적한다. 바그치는 다음과 같이 말한다.

> 가난한 사람들이 선택권을 행사할 때 마주하는 모순의 상당 부분은 기존 자본주의에서 생존을 위한 경쟁과 투쟁에 기인한다. 경쟁은 국가, 산업, 기업, 가정 외부의 힘만이 아니다. 이는 국가 목표, 국내총생산의 부문별 구성, 기업의 구조, 가족 내 관계 등, 요컨대 모든 인간관계를 재규정하는 것이다.[Bagchi, 2000: 4418]

바그치는 특히 센의 연구에 대해 구체적으로 다음과 같이 논평한다.

센은 마르크스가 부르주아 권리라고 부르는 개념을 넘어 광
범위한 인권 개념으로 나아갔다. 예를 들어, 그는 어떤 방식으
로든 장애가 있는 사람들이 더 많은 자원을 활용할 수 있길
바란다. 또한, 가정 내의 권한을 조사했을 때 교환 거래의 범
위를 넘어서기도 했다. 그러나 발전의 실제 조건에 대한 그의
분석은 교환 권한 영역에 한정된다. 방글라데시나 인도의 의
류 공장 작업환경은 노동자들이 자신의 건강이나 자녀의 건
강 및 교육에 직접 영향력을 미치는 경우 외에는 센의 비판적
조사 대상에서 벗어날 수 있다. 하지만 센의 도덕적 관심은 의
류 노동자가 온전히 역량 있는 인간으로서 기능하는 것을 논
리적으로 이해하고자 할 것이다.Bagchi, 2000: 4418

바그치의 지적은 특히 가정, 직장, 사회 전반의 권력 관계를 직접 다
루지 않으면 깊이 내재한 토대역량 불평등에 대응하기 어려울 수 있다
는 점에서 타당해 보인다.[11] 앤더슨이 상기시킨 것처럼, 사회철학자는
'정치적으로 억압받는 사람들의 염려는 무엇인가? 인종, 젠더, 계급, 카
스트 불평등은 어떠한가?'Anderson, 1999: 288를 끊임없이 계속 질문해야
한다.

---

11. 피터 에반스(Peter Evans)도 토대역량접근에 대해 비슷하게 비판한다. 그는 이렇
게 말한다. "센은 경제학의 선택 기반 공리주의와 개인 웰빙의 관계가 '정신적 조건
과 적응적 태도에 따라 쉽게 흔들릴 수 있으므로, 강건하지 않다'라고 명시적으로 비
판하지만, 정신적 조건(mental conditioning)에 대한 영향에 경제적 영향력과 정치
적 권력이 더 많은 사람들의 이익을 체계적으로 반영할 방법을 탐구하지는 않는다."
(Evans, 2002: 58).

토대역량접근의 범위에 대해 유사한 우려를 제기하는 한 상황을 보자. 페미니스트들은 사회적으로 굳어진 특정 유형의 젠더 차별이 여성의 토대역량을 강화할 뿐만 아니라, 이런 토대역량의 보유가 타인, 특히 이 경우에는 가정, 직장, 사회 남성의 호의와 선의에 의존하지 않게 할 때 극복 가능하다고 주장한다.Hill, 2003; Phillips, 1994 이런 페미니스트들은 특히 전통적인 젠더 기반 사회에서 여성의 토대역량 결핍이 복합적 요인의 결과라고 지적한다. 일부는 소득 부족, 자원에 대한 통제권 등 경제적 요인도 있지만, 한편으로 남성 기반 권력 관계의 사회문화적 요인들 때문이기도 하다.

더욱 근본적으로는 토대역량접근이 정치적 목표로서 중요하게 여기는 공적 추론의 절차와 결과를 남성과 여성, 경제 및 사회적 자원이 다른 개인 간, 사회 내 여러 집단 간의 의존 조건과 지배 관계가 왜곡할 수 있다. 마을이나 마을 의회 같은 전형적으로 미시적 수준의 환경에서는 영양, 교육, 건강 등 기본 토대역량 측면에서 다른 참여자들이 궁핍한 상황이 아닐 때도 지역 지주와 엘리트들이 지배적인 경향이 있다. 국가 혹은 거시적 차원의 공적 논의에서는 부유한 사업가, 좋은 교육을 받고 사회적 위치가 높은 사람들, 부유하고 강력한 국가가 사람들의 토대역량과 공공정책의 우선순위에 관한 공적 추론의 과정과 결과를 지배하고 주도하는 경향이 있다. 토대역량접근 문헌의 기본 정신이 제시하듯, 이런 모든 권력 불균형과 비대칭에서의 실질적 목표는 여성, 빈곤층, 사회적 약자의 교육, 건강, 소득, 직업 토대역량을 강화하는 것이며, 이는 그들의 토대역량 강화가 궁극적으로 타인에 의한 지배와 종속에 저항할 수 있도록 힘을 부여할 것이기 때문이다. 그러나 공화주의가 촉구하는 것처럼, 더욱 힘들고 어려운 목표는 지배 가능성을 제거할 수 있는 헌법적 수단에 관심을 두면서, 비지배 조건을 효과적으로 사용하게 하는 토대역량을 놓치지 않는 일일 것이다. 이에 따른 토대역량접근의 확장은 실질적으로 이론적 기반을 강화하고 토대역량 불평등을 해소하려는 목표 달성에 도움이 될 것이다.

7.5. 자유주의적 정의를 넘어

자유주의는 다양한 방이 많은 대저택이다.Vandevelde, 2005 자유주의자들은 홉스의 정치적 자유에 대한 관점과 벌린의 소극적 자유의 정의를 연상시키는 자유주의를 통해 불간섭으로의 자유를 옹호했다. 그러나 이 이상을 옹호할 때 모든 자유주의자가 동일한 진영에 속하는 것은 아니라는 점을 기억해야 한다. 형식적이고 법적인 현실로서 불간섭을 확립하는 데 만족하는 '중도 우파' 자유주의자들이 있다. 따라서, 이들에게 중요한 것은, 예컨대 재산권 및 자기소유권 같은 불가침의 권리다. 이런 자유주의자들이 형식적 절차만 고려하고 시민의 실제 삶에 어떤 변화를 만드는가에 무관심한 '권리 페티시스트'로 판명될 경우, 이들은 자유지상주의자와 동등한 위치에 놓일 수 있다.

반면, 불간섭을 형식적인 것이 아니라 실질적 가치로 만들어야 한다고 강조하는 '중도 좌파' 자유주의자들도 있다. 이들은 불간섭 가치에 더하여 형평, 인정 재분배, 참여, 빈곤 퇴치 등의 목표를 옹호하며 자유와 다른 가치가 어느 정도 균형과 조화를 이루게 하고자 노력한다. 이런 목표 달성의 좋은 본보기는 사회 및 경제적 불평등은 최하위 계층을 최대한 풍요롭게 하고자 할 때만 허용된다는 롤스의 차이의 원칙에 의해 제시되었다. 이에 대하여 강조해야 할 중요한 지점은 차등의 원칙을 지지하는 도덕적 판단이 단순히 가난한 사람을 돕고 지원하려는 자선적 의도에서 비롯된 판단이 아니라, 사회정의의 요구이자 원칙이라는 점이다. 그 이유는, 올바른 조건과 제도가 있다면 정치 공동체의 합리적인 사람들은 서로의 운명을 나누는 데 동의할 것이기 때문이다. 아무리 효율적이고 공정하게 사회의 기본구조를 설계하더라도 사회적 게임에는 승자와 패자가 존재할 수 있으며, 따라서 정의는 사회의 취약층에 더 많은 관심을 두도록 요구한다.

토대역량 이론가들은 기본재 차원뿐만 아니라 기본 토대역량 차원에서 사회 기본구조에 의해 사람들이 궁핍해질 수 있다는 사실을 강조함으로써, 이런 도덕적 판단을 확장하여 충분히 활용하고자 한다. 사람들이 직면하는 토대역량 결핍과 박탈이 그들이 자초한 것이 아닐 때, 정의로운 사회는 이를 정의의 요구로 다루어야 한다. 무엇보다도 이 요구를 구현하는 한 가지 방법은 더욱 공정한 분배 원칙과 양식을 도출할 수 있게 하는 더 넓은 '정의의 상황' 영역을 인지하는 것이다. 예를 들어, 롤스는 흄에게 영향을 받아서 지리적 영토, 적당한 희소성, 제한적 관대함, 개인과 집단의 선에 대한 상충하는 여러 개념 등 객관적 상황뿐만 아니라 주관적 상황도 언급한다. 토대역량접근 관점에서는 의존성과 취약성, 착취와 지배라는 만연하고 부인할 수 없는 인간 조건을 정의의 상황에 추가하는 것이 중요하다. 또한, 기능성과 토대역량 측면에서, 즉 사람들이 무엇을 할 수 있고, 무엇이 될 수 있는지의 측면에서 사회의 '부유층'과 '취약층'을 규정하는 것이 중요하다.

좋은 삶이란 무엇인가? 좋은 삶을 산다는 것은 무엇을, 어떻게 사는 것을 말하는 것일까? 말할 필요 없이, 누구나 좋은 삶을 살고 싶어 한다. 그러나 굶지 않고 추위에 떨지 않는다고 해서 좋은 삶을 산다고 하지 않으려면, 어떤 삶이 좋은 삶인지에 대한 꽤 광범위한 논의가 필요하다. 사실 좋은 삶에 대한 이미지는 어느 사회에나 존재한다. '꽤 괜찮은' 집에서, '꽤 괜찮은' 옷을 입고,' 꽤 괜찮은 차'를 타면 좋은 삶을 산다고 생각된다. 좋은 삶은 흔히 '성공한 인생'이라는 화법에 드러나는 다양한 이미지로 각인된다.

그러나 어떤 기준으로 인생의 성공을 판단할지, 그런 이미지 속의 개인은 자신이 '좋은' 삶을 살아가고 있다고 생각하는지, 특정 개인의 삶의 어떤 부분은 만족스럽고 다른 부분은 그렇지 않을 경우 이를 '좋은 삶'을 산다고 할 수 있을지, 아주 복잡한 질문이 제기될 수밖에 없다. 더욱이 좋은 삶을 보여주는 어느 사회의 이미지가 곧 다른 사회에서의 좋은 삶을 지칭한다거나, 그렇게 받아들여질 것이냐 하면 꼭 그렇지도 않다. 안타깝게도 좋은 삶에 대한 생각과 기준은 사람마다 다르고, 좋은 삶을 살아가는지에 대한 인식은 특정한 기준에 따른 것이라기보다는, 자신이 살아가는 구체적인 시간과 공간 속에서 결정되어 달라지는 경우가 허다하다. 특정 개인의 문제를 초월해 특정 공동체, 사회로 확대해 보면 이런 다양함과 복잡성은 더 커진다. 한 사회 내에서 삶의 수준이 다르고 취향이 다르고 살아가는 고뇜의 정도가 다른 상황에서 '잘삶'의 판단은 절대이기보다 늘 상대적이기 때문이다.

이런 문제의식을 염두에 둔다면, 개인이나 특정 그룹의 사람들만이 아니라 대부분의 사람이 좋은 삶을 산다고 할 때 그들이 살아가는 사회는 어떤 모습을 보일지도 궁금하지 않을 수 없다. 그래도 누군가의 삶이 좋다거나 나쁘다는 판단이 삶에서 완전히 상대적인 것인가? 과연 어떤 삶의 좋고 나쁨을 상대화할 수 있을 뿐, 이를 비교할 만한 기준이란 없는 걸까? 어떤 방식으로든 이런 기준을 만들 수는 없을까? 잘 삶에 대한 평가가 인간의 보편적 특성을 전제하지 않고 시공간에 제한되며 맥락 의존적일 수밖에 없다고 한다면, 이런 한계를 초월할 수 있는 기준을 제시한다는 것은 늘 비판에 직면할 수밖에 없지 않은가?

그럼에도 일반화될 수 있는 보편적 기준을 제시하며 좋은 삶을 개념화하려는 시도는 이어져 왔다. 철학자가 국가를 운영해야 사회가 정의로워진다고 주장한 플라톤, 행복이란 게 뭔지에 대해 관념적 틀을 벗어나려고 애쓴 아리스토텔레스, 욕망의 동물인 인간을 조율할 수 있는 제도로서의 국가를 기획하려던 홉스, 윤리학에서 경제적 인간의 동기를 끄집어내 새롭게 구상한 스미스, 사회적 불평등의 기원을 추적하며 좀 더 길들여지지 않은 온전한 나다움을 추구하자고 주장한 루소, 정의라는 이름으로 재화의 평등한 분배를 어떤 기준으로 어떻게 할지 운을 떼고 발전시킨 공리주의 철학자들, 이에 대응하며 새로운 분배기준을 통해 인간과 사회의 특징을 자유라는 개념으로 새롭게 설명해내려

했던 자유주의/자유지상주의 철학자들, 공동체 속에서 인간다움이 개념화될 수 있다고 주장하며 공동체의 문화와 사유를 강조했던 공동체주의 철학자들, 인간 소외라는 문제가 해결되어야 한다며 이를 발생시키는 계급·계층의 타파를 올곧게 주장한 마르크스주의자들 등. 이들은 행복, 정의, 자유, 평등 등 우리가 지키고 만들어가야 할 개념으로서의 목표를 설정하는 문제와 더불어, 이를 어떻게 실현할 것이고, 무엇이 이를 실현할 수 있게 하는 견고한 틀이자 수단이 될 수 있을지에 대해 분명하고 설명 가능한 이론을 제시하려고 노력했다. 이런 철학적 논쟁은 존재의 유무, 존재와 앎에 대한 설명, 더불어 살아가는 인간으로서의 도리가 무엇일지에 대해 통합적인 이해 속에서 가장 명분 있는 주장의 자리를 두고 긴 싸움을 이어온 것이다. 하지만 좋은 삶, 잘 삶의 개념과 실현을 위한 설명은 여전히 채워 넣어야 할 쟁점으로 차고 넘친다. 우리가 종으로서의 인간에 대해 모르는 것이 너무 많고, 그것을 제대로 알고 설명할 수 있는 날이 온다 하더라도 이런 인간 한 명 한 명이 좋은 삶을 살도록 하는 일은 전혀 다른 문제로 어렵기 때문이 아닌가 싶다.

이 책은 이런 개념 중 특별히 사회정의에 관심을 기울인다. 저자는 '어떤 사회가 정의로운가'라는 철학적 화두에 대해 하나의 새로운 접근을 제시한다. 롤즈의 「정의론」에 따라 분배로서의 사회정의에 대한 개념이 자리 잡았다고 보는 시각이 있는가 하면, 이 책에서와 같이 자유를 증진하도록 한다는 점에서 사회정의에 대한 접근과 기준이 좀 더 달라져야 한다는 시각이 존재한다. 특별히 저자는 센과 누스바움의 토대역량접근을 바탕으로 근대의 공리주의 및 자유주의/자유지상주의, 롤즈에 이르기까지의 철학적 전제와 사회적 실현의 문제점을 꼼꼼하게 짚고, 보다 정의로운 사회를 실현하기 위해 토대역량접근으로서의 정치철학적 태도를 견지해야 한다는 주장을 담고 있다.

토대역량은 특정 사회현상을 해석하고 설명할 수 있는 이론적 틀로 소개되기에는 아직 부족해 보인다. 따라서 사유체계이자 인간 삶의 현실적 제약과 권한 박탈에 대한 평가적 접근으로 제안될 뿐이다. 하지만 어떤 삶이 좋은 삶인지, 이를 사회가 어떻게 구현해 낼지에 대한 센과 누스바움의 관점은 모든 개인의 인간으로서의 존엄과 가치가 온전히 존중될 수 있는 기반을 제공한다. 물론 비판의 여지는 있다. 이론으로 현상을 설명할 수 있는 구조적 틀이 마련되지 않고, 시공간의 맥락에 의존하는 토대역량이 무엇인지, 왜 그래야 하는지에 대한 논란이 멈추지 않는다. 특정 사회 체제의 정의로움을 판단할 수 있는 평가틀로 이 토대역량이 접근되는 것이라면, 애당초 인간의 좋은 삶(웰빙)을 도모하기 위한 제도의 기획이 어떠해야 할지 이끌 수 있는 강력한 정당화 도구로 기능하는 것이 왜 주저되는가? 이를 위한 기본 목록을 제시한 누스바움과 달리 민주주의적 논의가 먼저라는 센의 차이에서 보듯, 어떤 것이 먼저인가? 인간의 박탈된 권한을 회복하고 가장 기본적인 인간 존엄성을 지키도록 하는 것이라면 다른 개념, 즉 '인권' 혹은 '권리'라는 것과 어떻게 같고 다른가?

(더 많은 쟁점이 있지만) 그럼에도 토대역량접근이 다른 이론적 사유보다 더 타당하게 사회정의에 가깝다고 할 수 있는 이유는 무엇인가? 이에 답하려면 우리나라에서의 사회정의에 대한 논의를 잠시 언급할 필요가 있다. 한국 사회에서 사회정의라는 표현은 아직 '운동권'의 구호로 인식되는 경우가 강하다. 한국에서 '사회정의'라는 말이 그나마 진지하게 논의되는 상황을 돌아보면, 기껏해야 '공정성'과 '형평성'을 내세워 평가하는 정부 정책의 잣대를 판단하는 말로 쓰이는 경우가 있기는 하

다. (이렇게 '진지하게'라는 수사어를 덧붙이는 이유는, 군사정부 시절 정부 정책의 화두가 '사회정의실현'이었다는 점 때문이다.) 그런데 우리 주변에서 이런 공정성과 형평성 논쟁은 어떤 형태로 전개되고 있는가? '공정성' 논쟁은 사회적 재화를 어떻게 기계적으로 배분할 것인지에 매몰된 가진 자들의 밥그릇 싸움으로 치닫고 있고, '형평성' 논쟁은 사회적 소수자들의 인간적 대우를 향한 집단 간 헤게모니 투쟁으로 비치고 있다. 그렇다 보니 왜 공정해야 하고, 어떻게 공정할 수 있으며, 왜 평등한 기회가 주어지지 않았는지, 기계적인 공정과 형평이 아닌 인간의 존엄과 가치가 훼손되지 않도록 할 수 있는 사회적 장치 마련과 공동체적 실천은 어떠할지의 논의로 거듭나지 못하고 있다. 층화된 사회 그룹의 관계가 새롭게 재편되기를 원치 않는 사람들의 세력이 더 강하기 때문이리라. 이들에게 사회정의는 자신들의 사회·정치·경제적 지위가 훼손되지 않는 것일 테니 말이다. 사회정의라는 추상도 높은 개념이 아닌, '잘 삶' 혹은 '행복'에 대한 사람의 접근 또한 이런 기계적이고 분파적인 방식과 크게 다르지 않다.

이 책은 추상도 높은 개념으로서의 정의의 문제를 좀 더 실제적인 인간의 삶과 연계해 들여다보게 하고, 각 사회가 당면한 구조적 문제를 해결할 수 있는 안목을 갖도록 이끈다. 역자가 보기에, 토대역량접근은 기존 사회 질서를 유지하면서 뭔가 겉으로 그럴듯하게 변화, 변혁, 혁신으로 포장하도록 하자는 접근과는 다른 안목이 아닐 수 없다. 이런 안목은 꽤 오랜 기간 이어져 온 다양한 정치철학적 논쟁의 날카로움이 담겨있을 뿐만 아니라, 인도 출신인 센의 사상적 토대와 고대철학에 대한 현대적 해석을 전개해 온 누스바움의 사회적 감각이 녹아 있기 때문이라고 생각한다. 토대역량접근의 등장에 노벨경제학상을 받은 센의 공이

컸다면, 이를 구체적인 삶의 문제와 평가적 접근으로 대중화시킨 인물은 누스바움이다. 이 책에는 센과 누스바움 외에 앤더슨을 비롯한 토대역량접근 철학자들이 나오는데, 이들은 토대역량접근의 개념 및 기본토대역량목록, 그리고 토대역량접근의 쓰임새에서 두 사람과 어떻게 다른지 살펴볼 수 있게 한다.

역자 서문을 마무리하기 전에 용어에 대해 간단하게 짚고 넘어가지 않을 수 없다. 다름 아니라 이 책에서 번역어로 '토대역량'을 선택한 이유를 설명할 필요가 있다. 토대역량이란 말로 번역된 말의 원어는 'capability'이다. 따라서 토대역량접근은 'capability approach'를 번역한 말이다. 그런데 센은 단수형인 'capability'를 주로 쓰고 기본적인 토대역량목록을 'capability set'이라고 표현했다. 누스바움의 경우에는 'capabilities'를 주로 썼고, 자신이 제시한 10개의 토대역량목록은 'capabilities list'로 표현했다. 이 번역서에는 단일하게 토대역량이라고 번역되어 있지만, 본문에는 'capability'와 'capabilities'가 섞여 있는 셈이다. 이를 굳이 구분하지 않은 것은. 이 둘의 구분이 토대역량이라는 단일 개념에 대한 센과 누스바움의 차이가 그다지 크지 않기 때문이다. 그러나 역자들에게 토대역량을 지칭하는 원어가 학자에 따라 단수로 표현되었건 복수로 표현되었건 이는 부차적인 문제였다.

이보다 중요한 문제는 'capability(-ies)'를 한국어로 어떻게 표현할 것인가의 문제다. 지금까지 한국에서 통용되는 'capability(-ies)'의 번역어는 '역량'이다. 누스바움의 책 『Creating Capabilities: The Human Development Approach』2013은 『역량의 창조: 인간다운 삶에는 무엇이 필요한가?』2015로 번역되어 있고, 한국에 센의 토대역량접근이 소개

되던 초기의 연구에서 목광수[2010, 2012, 2022]는 'capability'를 '역량중심'이라고 소개했다. 이런 경향은 최근까지도 이어진다. 송윤진[2019] 및 목광수·류재한[2022]에서도 'capabilities(-ty)'는 '역량접근' 혹은 '역량중심접근'으로 번역된다. 사실 'capability'는 특정 용어로 번역하기 까다롭다. 자유, 선택, 잠재성/가능성, 일상적 활용능력, 기능, 실현성 등을 포괄하는 '어떤 것'이기 때문이다. 이런 점에서 '생활역량'[박성복, 2004], '존재실현'[박성복, 1999], 혹은 '잠재능력'[원용찬, 2009] 등의 용어는 이러한 고민들을 반영하려 애쓴 흔적이 역력하다. 김준혁[2017]은 '가망성을 통한 접근the capability approach'으로 채택하면서, "capabilitism은 가망주의, capability는 가망성, the capability approach는 가망성을 통한 접근, functioning은 활동으로 번역"한다. 이 외에도 '선택역량', '자유역량' 등의 번역어가 일부 쓰이기도 한다. 하지만 이런 다양성에도 불구하고 'capability(-ies)'는 대체로 역량(중심)접근으로 받아들여지는 추세다.

역자는 앞서 이야기한 것처럼 10여 년 전부터 해당 번역어가 '역량'이 아닌 '토대역량'이어야 함을 주장해왔다. 두 가지 이유가 있다. 하나는 '역량'이란 개념에는 이 책에서도 다루는 정치철학적이고 사회적인 개념으로서의 의미가 담기지 않기 때문이다. 역량力量은 한자어로 '힘의 분량'을 지칭한다. 뭔가 할 수 있는 힘이라는 '능력能力'과 차별되는 언어로 영어에 가장 적절하게 조응하는 단어는 'capacity'가 있다. 물을 담고 있는 그릇의 크기로 비유할 수 있듯, 특정 주체가 뭔가를 해낼 수 있는 힘의 크기가 어느 정도인지를 가리키는 용어가 '역량'이다. 따라서 자신이 할 수 있고 또 될 수 있는 것을 위해 자유롭게 선택할 수 있는 힘들의 조합을 의미하는 'capability'와는 상당히 거리가 있다. 둘째, 이미 한국 사회에서 역량이란 말은 '뭔가 해내도록 하는 종합적 수

행력'을 지칭하는 'competency'(혹은 'competence')의 번역어로 자리 잡았다. 외래어로서 해당 언어의 번역어로 '역량'이 적절한지와는 상관 없이 2000년대 초반부터 OECD를 중심으로 도입된 각종 혁신적 아이디어의 중심에는 이 역량이란 개념이 자리 잡고 있었다. 그런데 '역량'으로 번역되는 'competence'는 특정한 능력이나 그 능력의 크기를 나타내는 것이 아니라, 뭔가 성과로 보여줄 수 있는 수행력을 의미한다. 따라서 잠재적 선택지로서 행위 주체가 언제든 자유롭게 꺼내 활용할 수 있는 능력의 조합이라는 개념과는 어울리지 않는다. 이 책에서 채택한 '토대역량'이란 개념은 현재 많이 사용되는 '역량' 혹은 '역량중심'이란 표현보다 더 적절하게 철학적 의미를 담고 있다고 본다. 즉, 토대라는 말을 통해 행위주체의 특정 능력을 지칭하지 않고 언제든 발 디딜 수 있는 선택의 여지라는 점, 여러 능력이 조합되며 기존 역량의 의미를 일부 포함한다는 점에서 그렇다. 이 책의 'capability(-ies)'의 번역어가 서로 다른 방식으로 쓰일 경우 기존 '역량기반competence-based', '역량중심competence-centered'이라는 말과 함께 쓰여 개념적 혼동의 우려가 크다. 번역어에 대한 역자들의 고민이 향후 이 개념을 활용하려는 연구자들에게 나름 중요한 지침이 될 수 있기를 기대한다.

여기에 더해 꼭 덧붙이고 싶은 에피소드가 있다. 이 책이 번역되는 과정을 이야기하지 않을 수 없다. 여느 번역서와 마찬가지로 번역출간이 가능할지를 가늠하려고 출판사를 통해 판권을 확인하고자 했다. 그러나 꽤 오랜 시간이 지나 이 책의 번역서 출판이 어렵다는 이야기를 전해 들었다. 번역판권의 확인 및 출판사와의 거래는 사무적인 절차라고만 생각하고 있던 역자들에게 적잖은 충격이었다. 그 이유가 더 흥미롭다. 이 책의 원저자의 행방을 알 수 없다는 것이다. 이 책 출판 당시

저자와 출판사 간에 해외에서의 번역출간을 위한 어떤 조항도 계약서에 기재되어 있지 않았고, 따라서 해외 번역출간을 위해 저자의 의향을 담아 별도의 계약이 마련되어야 했던 것이다. 2013년 발간된 책으로, 저자의 박사학위 논문이리라 짐작되는데 저자를 확인할 수 없다니? 누구인지 이름도 분명히 있는데, 가명이 아니라면 인터넷에 이후 학술활동 및 소속을 확인할 수 있지 않겠는가? 이런 생각으로 역자들은 출판사의 동의를 얻어 저자를 수소문하기 시작했다. 온라인에는 책 출간 소식까지는 있지만, 안타깝게도 이후 저자 명의의 활동은 사라져 있었다. 박사학위 논문이 책으로 출간된 뒤 학계에서 사라졌다고? 긴 이야기를 짧게 하자면, 꽤 오랜 검색과 수소문 끝에 확인하게 된 저자는 책이 출간된 영국도, 자신이 졸업한 루뱅대학교가 있는 벨기에도 아닌 곳에서 일하고 있었다. 인도, 그것도 인도 중부지역의 한 가톨릭계 여성 고등교육기관의 학장을 맡고 있었다. 그리 크지 않은 단과대학의 총장이라니. 저자 존 알렉산더John Alexander는 인도 출생의 가톨릭 돈보스코 성직자였다. 루뱅대학교로 학술연구를 다녀왔고, 인도로 돌아가 돈보스코의 성직자로 활동하고 있었다. 결국 이메일과 전화가 오가고, 번역출간을 흔쾌히 허락한다는 문서를 공식적으로 받게 되었다. 판권 관련 비용은 학교를 위해 미화 1000달러를 송금하는 것으로 대체했다. 꽤 긴 시간 번역해 공유하고자 했던 책이 번역서로 출간되지 못할 것인지 자못 힘들었던 시간은 이렇게 역자의 글을 통해 저자에게 감사한 마음을 표현하는 시간으로 바뀌었다. 훌륭한 연구물과 더불어 교육계에서 자신의 철학적 신념을 담아 활동하는 저자, 존 알렉산더 신부님께 다시금 감사드린다.

이 책을 함께 번역한 이인영 박사께 감사한 마음이 크다. 박사학위과

정에서 토대역량접근에 대해 공부하고 이를 한국의 교육 맥락에 적용할 수 있게 하면서 이 책을 읽고 공부하도록 했었다. 정확하게 절반만 번역된 후 나머지 절반의 번역을 함께하기를 이 박사께 제안했다. 학위를 마치고 이어진 학술연구활동을 쉬지 않으면서 이 박사가 짧지 않은 시기에 번역의 동지이자 토대역량접근의 동료 연구자로 함께한 것을 기쁘게 생각한다. 이 책의 번역출간을 계기로 토대역량접근의 한국적 해석을 심화하고, 이를 교육적인 정책연구의 중요한 지침으로 함께 연구해나갈 수 있기를 기대한다.

끝으로, 이 책의 번역출간을 맡아준 살림터에 감사드린다. 학술적 의미와 교육적 필요를 내세워 출간을 요청하면서도 많이 팔리지 않을 책임을 너무도 잘 알기에, 출간을 결정하고 지원해주어서 미안한 마음이 더 크다. 무엇보다 책 내용이 역자들의 전문적인 영역(정치철학)이라 하기 어려운 터라, 많은 내용에 대한 이해와 설명을 독자들께 제대로 전달하지 못할까 염려가 크다. 혹 있을지도 모르는 오역과 오탈자는 오롯이 우리 역자들의 내공이 부족한 탓임을 고백한다. 그럼에도 더 가열한 논의가 이어지고, 한국 사회의 많은 논쟁적 이슈들을 이끌어갈 접근으로 이 책에서 소개한 토대역량이 자리하게 된다면, 우리 사회의 '사회정의'의 모습이 얼마나 멀든 무슨 상관이겠는가? 그 방향으로 꾸준히 나아가다 보면 좀 더 정의롭고, 좀 더 인간다운 가치가 존중되는 사회에서, 좀 더 좋은 삶을 살아가고 있지 않겠는가? 그래서 살기 어렵고, 결혼하기 어렵고, 애 낳아 키우기 어려운 이 땅에 대한 이야기가 사라질 수 있기를 기대한다.

역자를 대표하여
유성상

참고문헌

• 센(Amartya Sen)의 저작물

Sen, Amartya. 1970. *Collective Choice and Social Welfare*, San Fransisco: Holden-Day, Inc.

_____ 1977. 'Rational Fools: A Critique of the Behavioural Foundations of Economic Theory', *Philosophy and Public Affairs*, 6, 317-344.

_____ 1978. 'On Labour Theory of Value: Some Methodological Issues', *Cambridge Journal of Economics*, 2.

_____ 1979. 'Utilitarianism and Welfarism', *The Journal of Philosophy*, 76/9, 463-489.

_____ 1980. 'Equality of What?' in *Tanner Lectures on Human Values*, Vol. I, ed. S. McMurrin, Cambridge: Cambridge University Press, 197-220.

_____ 1981. *Poverty and Famines: An Essay on Entitlement and Deprivation*, Oxford: Oxford University Press.

_____ 1982a. *Choice, Welfare and Measurement*, Cambridge, MA: Harvard University Press.

_____ 1982b. 'Rights and Agency', *Philosophy and Public Affairs*, 11/1, 3-39.

_____ 1982c. 'The Right not to be Hungry' in *Contemporary Philosophy: A New Survey*, Vol. 2, The Hague: Martinus Nijhoff Publishers, 343-360.

_____ 1984. *Resources, Values and Development*, Cambridge, MA: Harvard University Press.

_____ 1985a. 'Well-being, Agency and Freedom', *Journal of Philosophy*, 32/4, 169-221.

_____ 1985b. 'Rights as Goals' in *Equality and Discrimination: Essays in Freedom and Justice*, eds. S. Guest and A. Milne, Stuttgart: Franz Steiner Verlag Wiesbaden GMBH, 11-25.

_____ 1985c. 'The Moral Standing of the Market', *Social Philosophy and Policy*, 2/2, 1-19.

_____ 1986. 'Adam Smith's Prudence' in *Theory and Reality in Development*, eds. Sanjay Lall and Frances Stewart, London: The Macmillan Press, 28-37.

_____ 1987a. *On Ethics and Economics*, New Delhi: Oxford University Press.

_____1987b. *The Standard of Living*, Cambridge: Cambridge University Press.

_____1987c. *Commodities and Capabilities*, New Delhi: Oxford University Press.

_____1988a. 'Property and Hunger', *Economics and Philosophy*, 4, 57-68.

_____1988b. 'Freedom of Choice: Concepts and Content', *European Economic Review*, 32, 269-294.

_____1990. 'Justice: Means Versus Freedoms', *Philosophy and Public Affairs*, 19, 111-121.

_____1992. *Inequality Reexamined*, Oxford: Oxford University Press.

_____1993. 'Capability and Well-being' in *The Quality of Life*, eds. Martha Nussbaum and Amartya Sen, Oxford: Oxford University Press, 30-53.

_____1995. 'Gender Inequality' in *Women, Culture and Development*, eds. M. Nussbaum and J. Glover, Oxford: Clarendon Press, 259-273.

_____1997a. *On Economic Inequality*, Expanded Edition, Oxford: Clarendon Press.

_____1997b. 'Inequality, Unemployment and Contemporary Europe', *International Labour Review*, 136/2, 155-172.

_____1999a. *Development as Freedom*, Oxford: Oxford University Press.

_____1999b. *Reason before Identity*, Oxford: Oxford University Press.

_____1999c. 'Democracy as a Universal Value', *Journal of Democracy*, 10/3, 3-17.

_____2000a. 'Consequential Evaluation and Practical Reason', *The Journal of Philosophy*, 97/9, 477-502.

_____2000b. 'Work and Rights', *International Labour Review*, 139/2, 119-128.

_____2002a. *Rationality and Freedom*, Cambridge, MA: Harvard University Press.

_____2002b. 'Open and Closed Impartiality', *The Journal of Philosophy*, 94/9, 445-469.

_____2003. 'Democracy and its Global Roots', *The New Republic* (October 6), 28-35.

_____2004a. 'Elements of a Theory of Human Rights', *Philosophy and Public Affairs*, 32/4, 315-356.

_____2004b. 'Continuing the Conversation', mimeo.

_____2005. 'Why Exactly is Commitment Important for Rationality', *Economics and Philosophy*, 21/1, 5-14.

Sen, Amartya and Williams, B. 1982. 'Introduction', in *Utilitarianism and Beyond*, Cambridge: Cambridge University Press.

• 누스바움(Martha Nussbaum)의 저작물

Nussbaum, M.C. 1986. *The Fragility of Goodness* [Updated Edition, 2001], Cambridge: Cambridge University Press.

_____ 1988a. 'Nature, Function, and Capability: Aristotle on Political Distribution', *Oxford Studies in Ancient Philosophy*, Oxford: Oxford University Press, 145-184.

_____ 1988b. 'Non-Relative Virtues: An Aristotelian Approach', *Midwest Studies in Philosophy*, 13, 32-53.

_____ 1990a. *Love's Knowledge: Essays on Philosophy and Literature*, Oxford: Oxford University Press.

_____ 1990b. 'Aristotelian Social Democracy' in *Liberalism and the Good*, eds. B. B. Douglass et al., New York: Routledge, 203-252.

_____ 1992. 'Human Functioning and Social Justice: In Defence of Aristotelian Essentialism', *Political Theory*, 20/2, 202-246.

_____ 1994. *The Therapy of Desire*, Princeton: Princeton University Press.

_____ 1995a. *Poetics of Justice*, Boston: Beacon Press.

_____ 1995b. 'Human Capabilities, Female Human Beings' in Women, *Development and Culture*, eds. M. Nussbaum and J. Glover, Oxford: Clarendon Press, 61-104.

_____ 1995c. 'Aristotle on Human Nature and the Foundations of Ethics' in *World, Mind and Ethics*, eds. J. Altham and R. Harrison, Cambridge: Cambridge University Press, 86-131.

_____ 1996. 'Compassion: The Basic Social Emotion', *Social Philosophy and Policy*, 13, 27-58.

_____ 1997a. 'Capabilities and Human Rights', *Fordham Law Review* (November), 273-300.

_____ 1997b. *Cultivating Humanity*, Cambridge: Harvard University Press.

_____ 2000a. *Women and Human Development*, Cambridge: Cambridge University Press.

_____ 2000b. 'Aristotle, Politics and Human Capabilities', *Ethics*, 111, 102-140.

_____ 2001a. *Upheavals of Thought*, Cambridge: Cambridge University Press.

_____ 2001b. 'The Cost of Tragedy: Some Moral Limits of Cost-benefit Analysis' in *Cost-benefit Analysis: Legal, Economic and Philosophical Perspectives*, eds. M. D. Adler and E.A. Posner, Chicago: University of Chicago Press, 169-200.

_____ 2001c. 'Comment' in J.J. Thomson, *Goodness and Advice*, ed. A. Gutmann, Princeton: Princeton University Press, 97-125.

_____ 2002. 'Sex, Laws and Inequality: What India can Teach the US', *Daedalus* (Winter), 95-106.

_____ 2004. *Hiding From Humanity: Disgust, Shame, and the Law*, Princeton: Princeton University Press.

_____ 2006. *Frontiers of Justice: Disability, Nationality and Species Membership*, Cambridge, MA: Harvard University Press.

• 그 외 저작물

Ackerly, B.A. 2000. *Political Theory and Feminist Social Criticism*, Cambridge: Cambridge University Press.

Alexander, J.M. 2003a. 'Capability Egalitarianism and Moral Selfhood', *Ethical Perspectives*, 10/1, 3-21.

_____ 2003b. 'Inequality, Poverty and Affirmative Action: Contemporary Trends in India', Research Paper presented for the Conference 'Poverty, Inequality and Well-being', Helsinki: WIDER, United Nations University.

_____ 2004. 'Capabilities, Human Rights and Moral Pluralism', *The International Journal of Human Rights*, 8/4, 451-469.

_____ 2005a. 'Non-reductionist Naturalism: Nussbaum between Aristotle and Hume', *Res Publica: A Journal of Legal and Social Philosophy*, 11/2, 157-183.

_____ 2005b. 'The Sen Difference', *Frontline* (February 25), 22/4, 4-12.

_____ 2005c. 'Indian Democracy and Public Reasoning: An Interview with Amartya Sen', *Frontline* (February 25), 22/4, 13-20.

Alexander, J.M. and Vandevelde, A. 2006. 'Capitalism Recycled', *Frontline* (December 1), 23/23, 86-89.

Alkire, S. 2002. *Valuing Freedoms: Sen's Capability Approach and Poverty Reduction*, Oxford: Oxford University Press.

Anderson, E. 1993. *Value in Ethics and Economics*, Cambridge, MA: Harvard University Press.

_____ 1999. 'What is the Point of Equality?', *Ethics*, 109, 287-337.

Annas, J. 1977. 'Mill and the Subjection of Women', *Philosophy*, 52 (April), 179-194.

_____ 1993. *The Morality of Happiness*, Oxford: Oxford University Press.

_____ 1996. 'Aristotle on Human Nature and Political Virtue', *The Review of Metaphysics*, 49 (June), 731-753.

Arendt, H. 1958. *The Human Condition*, Chicago: University of Chicago Press.

Aristotle. 1976. *Ethics*, Trans. J.A.K Thomson, London: Penguin Books.

_____1992. *Politics*, Trans. T.A. Sinclair, London: Penguin Books.

_____1991. *On Rhetoric*, ed. George A. Kennedy, Oxford: Oxford University Press.

Arneson, R. 1989. 'Equality and Equality of Opportunity for Welfare', *Philosophical Studies*, 56, 77-93.

_____1990. 'Primary Goods Reconsidered', *Nous*, 24, 429-454.

_____2000. 'Perfectionism and Politics', *Ethics*, 111, 37-63.

_____2006. 'Distributive Justice and Basic Capability Equality' in *Capabilities Equality*, ed. Alexander Kaufman, New York: Routledge, 17-43.

Bagchi, A.K. 2000. 'Freedom and Development as End of Alienation?', *Economic and Political Weekly* (December 9), 4409-4420.

Baker, J. 1987. *Arguing for Equality*, London: Verso.

Baker, J. et al. 2004. *Equality: From Theory to Action*, Basingstoke: Palgrave Macmillan.

Barry, B. 1973. 'John Rawls and the Priority of Liberty', *Philosophy and Public Affairs*, 2, 274-290.

_____1989. *Theories of Justice*, Berkeley: University of California Press.

_____1991a. 'Tragic Choices' in *Liberty and Justice: Essays in Political Theory*, Vol.2, Oxford: Clarendon Press, 123-141.

_____1991b. 'Chance, Choice and Justice' in *Liberty and Justice: Essays in Political Theory in Vol.2*, Oxford: Clarendon Press, 142-158.

Berlin, I. 1969. *Four Essays on Liberty*, Oxford: Oxford University Press.

Bentham, J. 1970. 'Of the Principle of Utility' in *The Collected Works of Jeremy Bentham*, eds. J.H. Burns and H.L.A. Hart, Athlone Press, 11-16.

Bojer, H. 2003. *Distributional Justice: Theory and Measurement*, New York: Routledge.

Boltanski, Luc. 1999. *Distant Suffering: Morality, Media and Politics*, Trans. G. Buchell, Cambridge: Cambridge University Press.

Broadie, S. 1991. *Ethics with Aristotle*, Oxford: Oxford University Press.

Chiappero-Martinetti, E. 2000. 'A Multidimensional Assessment of Human Wellbeing Based on Sen's Functioning Theory', *Revisita Internazionale di Scienza Soziale*, 108/2, 207-239.

Cohen, G.A. 1979. 'Capitalism, Freedom and the Proletariat' in *The Idea of Freedom: Essays Presented to Sir Isaiah Berlin*, ed. A. Ryan, Oxford: Oxford University Press.

_____1989. 'On the Currency of Egalitarian Justice', *Ethics*, 99, 906-944.

_____1993. 'Equality of What? On Utility, Goods and Capabilities' in *The*

Quality of Life, eds. M. Nussbaum and A. Sen, Oxford: Oxford University Press, 9-29.

_____2000. *If You are Egalitarian, How Come You are So Rich?* Cambridge: Harvard University Press.

Cooper, J. 1975. *Reason and Human Good in Aristotle*, Cambridge, MA: Harvard University Press.

Crocker, D.A. 1995. 'Functioning and Capability: The Foundations of Sen's and Nussbaum's Development Ethic' in Women, *Development and Culture*, eds. M. Nussbaum and J. Glover, Oxford: Clarendon Press, 153-198.

Daniels, N. 1990. 'Equality of What: Welfare, Resources, or Capabilities?', *Philosophy and Phenomenological Research*, 1 (Supplement, Fall), 273-296.

_____2003. 'Rawls's Complex Egalitarianism' in *The Cambridge Companion to Rawls*, ed. S. Freeman, Cambridge: Cambridge University Press, 241-276.

De Dijn, H. 2003. 'Hume's Nonreductionist Philosophical Anthropology', *The Review of Metaphysics*, 56 (March), 587-603.

Deneulin, S. 2006. *The Capability Approach and the Praxis of Development*, Basingstoke: Palgrave Macmillan.

Denier, Yvonne. 2005. *Efficiency, Justice and Care: Philosophical Reflections on Scarcity in Health Care*, PhD Thesis, Institute of Philosophy, University of Leuven, Belgium.

Drèze, J. and Sen, A. 1989. *Hunger and Public Action*, Oxford: Clarendon Press.

_____2002. *India: Development and Participation*, New Delhi: Oxford University Press.

Dworkin, R. 1975. 'Original Position' in Reading Rawls, ed. Norman Daniels, New York: Basic Books.

_____1977. *Taking Rights Seriously*, London: Duckworth.

_____1985a. 'Liberalism' in *A Matter of Principle*, Cambridge: Harvard University Press.

_____1985b. 'Foundations of Liberal Equality' in *Equal Freedom*, ed. S. Darwall, Ann Arbor: Michigan University Press, 190-306.

_____2000. *Sovereign Virtue*, Harvard: Harvard University Press.

Elster, J. 1982. 'Sour Grapes: Utilitarianism and the Genesis of Wants' in *Utilitarianism: for and Against*, eds. A. Sen and B. Williams, Cambridge:

Cambridge University Press, 219-238.

_____1986. 'The Market and the Forum: Three Varieties of Political Theory' in *Foundations in Social Choice Theory*, eds. J. Elster and A. Hylland, Cambridge: Cambridge University Press.

_____1992. *Local Justice*, Cambridge: Cambridge University Press.

Evans, Peter. 2002. 'Collective Capabilities, Culture and Amartya Sen's Freedom as Development', *Studies in Comparative International Development*, 37/2, 54-60.

Fleurbaey, M. 2002. 'Development, Capabilities and Freedom', *Studies in Comparative International Development*, 37/2, 71-77.

Frank, R.H. 2001. 'Why is Cost-Benefit Analysis So Controversial?' in *Cost-benefit Analysis: Legal, Economic and Philosophical Perspectives*, eds. M.D. Adler and E.A. Posner, Chicago: University of Chicago Press, 77-94.

Frankfurt, H. 1987. 'Equality as a Moral Ideal', *Ethics*, 98, 21-43.

Fraser, N. 1997. *Justice Interruptus*, New York: Routledge.

Freeman, S. 2003. 'Introduction' in *The Cambridge Companion to Rawls*, ed. S. Freeman, Cambridge: Cambridge University Press, 1-61.

Friedman, M and Friedman, R. 1980. *Free to Choose*, London: Seeker and Warburg.

Fukuda-Parr, S. 2003. 'The Human Development Paradigm: Operationalizing Sen's Ideas on Capabilities', *Feminist Economics*, 9/2-3, 301-317.

Glover, J. 1970. *Responsibility*, London: Routledge and Kegan Paul.

Goodin, R.E. 1995. *Utilitarianism as a Public Philosophy*, Cambridge: Cambridge University Press.

Gray, J. 1989. *Liberalisms: Essays in Political Philosophy*, London: Routledge.

Griswold, C.L. 1999. *Adam Smith and the Virtues of Enlightenment*, Cambridge: Cambridge University Press.

Hardie, W.F.R. 1968. *Aristotle's Ethical Theory*, Oxford: Clarendon Press.

Hare, R. M. 1981. *Moral Thinking*, Oxford: Clarendon Press.

_____1997. *Sorting Out Ethics*, Oxford: Clarendon Press.

Harsanyi, John C. 1982. 'Morality and the Theory of Rational Behaviour' in *Utilitarianism: for and Against*, eds. A. Sen and B. Williams, Cambridge: Cambridge University Press.

Hart, H.L.A. 1975. 'Rawls on Liberty and its Priority' in *Reading Rawls*, ed. Norman Daniels, New York: Basic Books.

_____1979. 'Between Utility and Rights', *Columbia Law Review*, 79/5, 826-846.

Hausman, D.M and McPherson, M.S. 1996. *Economic Analysis and Moral Philosophy*, Cambridge: Cambridge University Press.

Hill, M.T. 2003. 'Development as Empowerment', *Feminist Economics*, 9/2-3, 117-135.

Hobbes, T. 1985. *Leviathan*, ed. C.B. Macpherson, London: Penguin Books.

Hume, D. 1998. *An Enquiry Concerning the Principle of Morals*, ed. T.L. Beauchamp, Oxford: Oxford University Press.

_____2000. *Treatise of Human Nature*, eds. D.F. Norton and M.J. Norton, Oxford: Oxford University Press.

Hurka, T. 2002. 'Capability, Functioning, and Perfectionism', *Apeiron*, 35/4, 137-162.

Irwin, T.H. 1980. 'The Metaphysical and Psychological Basis of Aristotle's Ethics' in *Essays in Aristotle's Ethics*, ed. A.O. Rorty, Berkeley: University of California Press, 35-54.

Jaggar, A.M. 2006. 'Reasoning About Well-Being: Nussbaum's Method of Justifying the Capabilities', *The Journal of Political Philosophy*, 14/3, 301-322.

Kant, I. 1997. *Groundwork of the Metaphysics of Morals*, ed. Mary Gregor, Cambridge: Cambridge University Press.

Kekes, J. 2003. *The Illusions of Egalitarianism*, New York: Cornell University Press.

Kittay, E.F. 2003. 'Human Dependency and Rawlsian Equality' in *John Rawls: Vol. III*, ed. C. Kukathas, London: Routledge, 167-211.

Korsgaard, C. 1993. 'Commentary' in *The Quality of Life*, eds. M.C. Nussbaum and A. Sen, Oxford: Clarendon Press, 54-61.

Kraut, R. 2002. *Aristotle: Political Philosophy*, Oxford: Oxford University Press.

Kukathas, C. and Pettit, P. 1990. *Rawls*, Cambridge: Polity Press.

Kuklys, W. 2005. *Amartya Sen's Capability Approach: Theoretical Insights and Empirical Applications*, New York: Springer.

Kymlicka, W. 1989. 'Liberal Individualism and Liberal Neutrality', *Ethics*, 99, 883-905.

_____1990. *Contemporary Political Philosophy*, Oxford: Oxford University Press.

Locke, J. 2003. *Two Treatises of Government and A Letter Concerning Toleration*, ed. Ian Shapiro, New Haven: Yale University Press.

Lyons, D. 1977. 'Human Rights and the General Welfare', *Philosophy and*

Public Affairs, 6/2, 113–129.

MacCallum, G.C. 1967. 'Negative and Positive Freedom', *Philosophical Review*, 74, 312–334.

McDowell, J. 1978. *The Law in Classical Athens*, London: Thames and Hudson.

_____1998a. 'Some Issues in Aristotle's Moral Psychology' in *Mind, Value and Reality*, Cambridge, MA: Harvard University Press, 23–49.

_____1998b. 'Two Sorts of Naturalism' in *Mind, Value and Reality*, Cambridge, MA: Harvard University Press, 167–197.

Menon, N. 2002. 'Universalism Without Foundations?', *Economy and Society* 31/1, 152–169.

Meyer, S. 1993. *Aristotle on Moral Responsibility*, Oxford: Blackwell.

Mill, J.S. 1965. *Principles of Political Economy*, Vols. 2 & 3 of Collected Works, ed. J.M. Robson, Toronto: University of Toronto Press.

_____1974a. 'That the Ideally Best Form of Government is Representative Government', *Considerations on Representative Government*, Everyman's Library Edition, 136–151.

_____1974b. 'On the Connection Between Justice and Utility', *Utilitarianism*, Everyman's Library Edition, 118–135.

_____1980. *The Subjection of Women*, ed. Sue Mansfield, Crofts Classics Edition, Illinois: AHM Publishing Corporation.

_____1995. *On Liberty*, eds D. Bromwich and G. Kateb, New Haven: Yale University Press.

Miller, David. 2001. *Principles of Social Justice*, Cambridge, MA: Harvard University Press.

Miller, F.D. 1995. *Nature, Justice and Rights in Aristotle's Politics*, Oxford: Clarendon Press.

Mulhall, S. and Swift, A. 2003. 'Rawls and Communitarianism' in *The Cambridge Companion to Rawls*, ed. S. Freeman, Cambridge: Cambridge University Press, 460–487.

Muller, J.Z. 1995. *Adam Smith in His Time and Ours: Designing the Decent Society*, Princeton: Princeton University Press.

Nagel, T. 2003. 'Rawls and Liberalism' in *The Cambridge Companion to Rawls*, ed. S. Freeman, Cambridge: Cambridge University Press, 62–85.

_____2005. 'The Problem of Global Justice', *Philosophy and Public Affairs*, 33/2, 113–147.

Nozick, R. 1974. *Anarchy, State and Utopia*, New York: Basic Books.

Okin, S. 1989. *Justice, Gender and the Family*, New York: Basic Books.

Parfit, D. 1984. *Reasons and Persons*, Oxford: Oxford University Press.

_____1995. 'Equality or Priority?', *The Lindley Lectures*, University of Kansas.

Pettit, P. and Brennan, G. 1986. 'Restrictive Consequentialism', *Australian Journal of Philosophy*, 64/4, 438-455.

_____1987. 'Rights, Constraints and Trumps', *Analysis*, 46, 8-14.

_____1988. 'The Consequentialist Can Recognize Rights', *The Philosophical Quarterly*, 38/150, 42-55.

_____1991. 'Consequentialism' in *A Companion to Ethics*, ed. Peter Singer, Oxford: Basil Blackwell, 230-240.

_____1993. 'Introduction' in *Consequentialism*, ed. Philip Pettit, Aldershot: Dartmouth Publishing Company, xiii-xix.

_____1995. 'The Virtual Reality of Homo Economicus', *Monist*, 78/3, 308-330.

_____1997a. *Republicanism: A Theory of Freedom and Government*, Oxford: Oxford University Press.

_____1997b. 'Republican Political Theory' in *Political Theory*, ed. A. Vincent, Cambridge: Cambridge University Press, 112-131.

_____1997c. 'The Consequentialist Perspective' in *Three Methods of Ethics*, eds. M. W. Marcia et al., Oxford: Blackwell, 92-174.

_____2001. 'Capability and Freedom: A Defence of Sen', *Economics and Philosophy*, 17/1, 1-20.

Phillips, A. 1994. 'Dealing with Differences: A Politics of Ideas, or a Politics of Presence?', *Constellations*, 1, 74-91.

_____2004. 'Defending Equality of Outcome', *The Journal of Political Philosophy*, 12/1, 1-19.

Plato. 2003. *Republic*, Trans. Desmond Lee, London: Penguin Books.

Pogge, T.W. 2002a. *World Poverty and Human Rights*, Cambridge: Polity Press.

_____2002b. 'Can the Capability Approach be Justified?', *Philosophical Topics*, 30/2, 167-226.

Putnam, H. 2002. *The Collapse of the Fact/Value Dichotomy and Other Essays*, Cambridge, MA: Harvard University Press.

Rawls, J. 1971. *A Theory of Justice*, Oxford: Oxford University Press. [1999. Revised Edition, Cambridge, MA: Harvard University Press].

_____1980. 'Kantian Constructivism in Moral Theory: The Dewey Lectures 1980', *The Journal of Philosophy*, 77/9, 515-572.

_____ 1982. 'Social Unity and Primary Goods' in *Utilitarianism and Beyond*, eds. A. Sen and B. Williams, Cambridge: Cambridge University Press, 159-185.

_____ 1985. 'Justice as Fairness: Political Not Metaphysical', *Philosophy and Public Affairs*, 14/3, 225-251.

_____ 1993. *Political Liberalism*, New York: Columbia University Press.

_____ 1999a. *Collected Papers*, ed. S. Freeman, Cambridge, MA: Harvard University Press.

_____ 1999b. *The Law of Peoples*, Cambridge, MA: Harvard University Press.

_____ 2001. *Justice as Fairness: A Restatement*, ed. Erin Kelley, Cambridge MA: Harvard University Press.

Raz, J. 1990. 'Facing Diversity: The Case of Epistemic Abstinence', *Philosophy and Public Affairs*, 19/1, 3-46.

Ricoeur, P. 1992. *Oneself as Another*, Trans. Kathleen Blamey, Chicago: University of Chicago Press.

_____ 1996. 'Love and Justice', *The Hermeneutics of Action: Paul Ricoeur*, ed. R. Kearney, London: Sage Publications.

_____ 2000. *The Just*, Chicago: University of Chicago Press.

Robeyns, I. 2001. 'Will a Basic Income do Justice to Women', *Analyse und Kritik*, 23/1, 88-105.

_____ 2003. 'Sen's Capability Approach and Gender Inequality: Selecting Relevant Capabilities', *Feminist Economics*, 9/2-3, 61-92.

Roemer, J.E. 1988. *Free to Lose*, Cambridge, MA: Harvard University Press.

_____ 1996. *Theories of Distributive Justice*, Cambridge: Harvard University Press.

_____ 1999. 'Does Democracy Engender Justice?' in *Democracy's Value*, eds. I. Shapiro and C. Hacker-Cordon, Cambridge: Cambridge University Press.

Sandel, M. 1982. *Liberalism and the Limits of Justice*, Cambridge: Cambridge University Press.

Scanlon, T. 1975. 'Preference and Urgency', *The Journal of Philosophy*, 72/6, 655-669.

_____ 2000. *What We Owe to Each Other*, Cambridge: Harvard University Press.

_____ 2001. 'Sen and Consequentialism', *Economics and Philosophy*, 17, 39-50.

Scheffler, S. 1982. *The Rejection of Consequentialism*, Oxford: Clarendon Press.

_____ 1988. 'Agent-centred Restrictions, Rationality and the Virtues' in *Consequentialism and its Critiques*, ed. S. Scheffler, Oxford: Clarendon Press.

Schokkaert, E. 1992. 'The Economics of Distributive Justice, Welfare and Freedom' in *Justice: Interdisciplinary Perspectives*, ed. Klaus R. Scherer, Cambridge: Cambridge University Press.

_____ 1998. 'Mr. Fairmind is Post-welfarist: Opinions on Distributive Justice', *Discussion Paper Series*, Centre for Economic Studies, University of Leuven, Belgium. Schokkaert, E. and Van Ootegem, L. 1990. 'Sen's Concept of the Living Standard Applied to the Belgian Unemployed', *Recherches Economiques de Louvain*, 56, 429-450.

Shue, H. 1980. *Basic Rights: Subsistence, Affluence and U.S. Foreign Policy*, Princeton: Princeton University Press.

Skinner, Q. 1984. 'The Paradoxes of Political Liberty' in *Tanner Lectures on Human Values*, Cambridge, MA: Harvard University Press, 227-250.

_____ 1998. *Liberty Before Liberalism*, Cambridge: Cambridge University Press.

Slote, M. 1985. *Common-sense Morality and Consequentialism*, London: Routledge and Kegan Paul.

Smart, J.J.C. 1973. 'An Outline of a System of Utilitarian Ethics' in *Utilitarianism: for and Against*, Cambridge: Cambridge University Press.

Smith, A. 1976. *An Inquiry into the Nature and Causes of the Wealth of Nations*, 2 Volumes, eds R.H. Campell and A.S. Skinner, Oxford: Clarendon Press.

Steiner, H. 1990. 'Putting Rights in Their Place', *Recherches Economiques de Louvain*, 56/3-4, 391-408.

Subramanian, S. *Rights, Deprivation and Disparity*, New Delhi: Oxford University Press.

Sugden, Robert. 1993. 'Welfare, Resources and Capabilities: A Review of Inequality Reexamined', *Journal of Economic Literature*, 31, 1947-1962.

Tawney, R.H. 1952. *Equality*, London: Allen and Unwin.

Taylor, C. 1985a. 'Atomism' in *Philosophy and The Human Sciences: Philosophical Papers 2*, Cambridge: Cambridge University Press.

_____ 1985b. 'What's Wrong with Negative Liberty' in *Philosophy and The Human Sciences: Philosophical Papers 2*, Cambridge: Cambridge University Press, 211-229.

_____ 1993. 'Explanation and Practical Reason' in *The Quality of Life*, eds. M.C.

Nussbaum and A. Sen, Oxford: Oxford University Press, 208-231.

_____ 1995a. 'Irreducibly Social Goods' in *Philosophical Arguments*, Cambridge, MA: Harvard University Press.

_____ 1995b. 'Cross-Purposes: The Liberal-Communitarian Debate' in *Philosophical Arguments*, Cambridge, MA: Harvard University Press.

_____1995c. 'Liberal Politics and Public Sphere' in *Philosophical Arguments*, Cambridge, MA: Harvard University Press.

Tocqueville, A. de. 1965. *Democracy in America*, New York: Basic Books.

Vandevelde, A. 1994. 'Het intrestverbod bij Aristoteles' in *Intrest en Cultuur*, ed. L. Bouckaert, Leuven, Belgium: Acco, 37-58.

_____2000. 'Reciprociteit en vertrouwen als gok en als sociaal kapitaal' in *Over Vertrouwen en bedrijf*, ed. A. Vandevelde, Leuven, Belgium: Acco, 13-26.

_____2005. 'Beyond Liberalism', *Frontline* (February 25), 22/4, 18-19.

Van Parijs, P. 1995. *Real Freedom for All*, Oxford: Clarendon Press.

_____2000. 'A Basic Income for All', *Boston Review*, 25/5, 1-16.

Viroli, M. 1998. *Machiavelli*, Oxford: Oxford University Press.

Waldron, J. 1986. 'Welfare and Images of Charity', *Philosophical Quarterly*, 36, 463-482.

_____1988. *The Right to Private Property*, Oxford: Clarendon Press.

Walzer, M. 1973. 'Political Action: The Problem of Dirty Hands', *Philosophy and Public Affairs*, 2/2, 160-180.

_____1983. *Spheres of Justice*, New York: Basic Books.

Williams, A. 2002. 'Dworkin on Capability', *Ethics*, 113, 23-39.

Williams, B. 1973. 'A Critique of Utilitarianism' in *Utilitarianism: For and Against*, Cambridge: Cambridge University Press.

_____1981. *Moral Luck*, Cambridge: Cambridge University Press.

_____1987. 'The Standard of Living: Interests and Capabilities' in A. Sen, *The Standard of Living*, Cambridge: Cambridge University Press.

Young, I. 2000. *Inclusion and Democracy*, Oxford: Oxford University Press.

삶의 행복을 꿈꾸는 교육은
어디에서 오는가?

● **교육혁명을 앞당기는 배움책 이야기** 혁신교육의 철학과 잉걸진 미래를 만나다!

● **비고츠키 선집** 발달과 협력의 교육학 어떻게 읽을 것인가?

● **경쟁과 차별을 넘어 평등과 협력으로 미래를 열어가는 교육 대전환!** 혁신교육 현장 필독서

참된 삶과 교육에 관한
생각 줍기